歌と絵本が育む子どもの豊かな心

―歌いかけ・読み聞かせ子育てのすすめ―

田島信元／佐々木丈夫／宮下孝広／秋田喜代美【編著】

ミネルヴァ書房

はじめに

本書は、発達初期からの歌いかけ・読み聞かせ活動が親子関係や子どもの発達に及ぼす影響について、複数の学問領域にまたがる最近の諸理論、諸研究や保育、幼児教育の現場における実践で明らかになったことを報告するとともに、そこから示唆される子どもの発達に貢献する実践のあり方についての提言を行いたいと考えて編集しました。

赤ちゃんや子どもたちへの歌いかけや読み聞かせ活動は、世界各地で実践されてきた伝統的な子育ての方法の一つです。しかし、子育ての方法といいながら、それらが子どもの発達にとってなぜ大切でどんな効果を生むのかといった知見は、あまり多くはないのです。もちろん、読み聞かせについてはこれまで発達心理学や保育学、児童文学からの貴重な示唆はありましたが、最適な歌いかけや読み聞かせのあり方を推定するのに必要な〝効果を生むメカニズム〟に関する科学的なアプローチについては最近まで多くは語られることがありませんでした。

一方、歌いかけについては、これまで音楽学などからの貴重な貢献はあったのですが、発達心理学領域では最近、ようやく科学的なアプローチが始められた状況で、読み聞かせに比べると知見の集積も少なく、何よりも、読み聞かせと組み合わされて述べられることなどありませんでした。しかし、最近の私どもの研究からは、歌いかけと読み聞かせは密接な関係をもって相互に影響し合い、子どもの発達に増幅的、かつ、独自の大きな貢献を果たすことが示唆されているのですが、こうした知見についての言及は皆無でありました。

そこで本書では、歌いかけや読み聞かせが乳幼児期の親子関係や子どもの発達に及ぼす効果について、最近の発達心理学的アプローチを中心とした諸研究の成果のもとに、児童文学・脳科学・保育学・音楽学などの複数の学問的立場の知見や、さまざまな実践現場のレポートを通して、総合的に追究してみたいと考えています。その上で、伝統的に子育てにおいて繰り返されてきた、歌と絵本による語りかけ、そして親子の絆を深める子育ての意義と、それらの活動が親子関係や子どもの発達に及ぼすメカニズムを解明するとともに、子どもの発達段階に応じた最適な子育て支援の方法について提言していきたいと思います。

最終的に、本書では、歌いかけ・読み聞かせを中核とした乳幼児期の子育て実践のあり方の解明を目的としています。しかし、そのために理論的、研究的アプローチを大切にしました。それは、両アプローチを通して、読者に実践活動そのものに対する意識を高めていただき、目の前の子どもたちに最適な実践法を編み出していただきたいとの願いからであります。そのための実践に必要な理論的、研究的視点や情報を提供し、読者の皆さまに利用していただくことを期待しているところです。

また、実践報告、ないし実践評価研究などの実践的アプローチそのものも大切にしました。

本来、実践法は目の前の子どもたちとのやりとりのなかで、彼らと相談しながら最適な方法論を、次々に変化させる形で編み出す必要があるのですが、現実に行われている実践例や、実践的研究から出てくる示唆は大いに参考になると考えるからです。

本書は、序章で最近の世界規模で行われている読み聞かせや歌いかけに関する研究の勃興の理由、およびそれを支える理論について考察したあと、三部（計一〇章）、そして終章から構成されています。

第Ⅰ部「歌いかけ・読み聞かせの統合的活用と子どもの発達」では、本書における総論として、歌いかけ活動と読み聞かせ活動の関係を明らかにし、両者を統合的にとらえた上で、子どもの発達への貢献という観点から理論的、研究的、実践的に考察しています。

第Ⅱ部「歌いかけ活動からみえてきたこと」では、歌いかけ活動に絞って、音楽学的アプローチからの理論的、実践的考察を始め、発達心理学に基づく実践的研究や考察の結果から、実践のあり方について提案していくことを目指したものです。

第Ⅲ部「読み聞かせ活動からみえてきたこと」では、読み聞かせ活動に絞って、脳科学、児童文学的アプローチを始め、発達心理学的理論をもとに行われた実践的研究や考察の結果から、家庭、地域、幼児教育・保育施設に広がる実践、さらに生涯発達の観点からの実践のあり方についいて提案していくことを目指したものです。最終的に、終章において、それらの知見の結晶をご覧になれることと思います。

以上のような構成を通して、歌いかけ、読み聞かせが子どもの発達に大きな影響を与えることを読者の皆さまと共有したいと考えていますが、必ずしも頭から読んでいく必要はありません。序章のあとは、歌いかけに興味があれば第Ⅱ部から、読み聞かせであれば第Ⅲ部からお読みいただき、その後、両者の関係を第Ⅰ部で吟味していただいても結構です。

また、本書の報告の中核となったプロジェクト研究からは、公文教育研究会による歌いかけ・読み聞かせ、親子遊びを中心とした〇～二歳児対象の本格的な家庭教育プログラムの開発、実践の開始、また大学と自治体との共同研究のもとに幼児期から青年期に至る家庭・地域・学校での読み聞かせ・読書活動に関する実践が行われており、同時にそれらの実践の評価研究も進行しているなど基礎研究と実践のコラボレーションへと発展しています。今後の報告にもご期待いただきたいと存じます。

なお、本書刊行には、企画が始まってから予想以上の時を必要としてしまいました。分担執筆者の方々や出版社、何よりも早期刊行を期待しておられた読者の皆さまには心からお詫び申し上げたいと思います。

二〇一八年二月

編著者代表　田島信元

歌と絵本が育む子どもの豊かな心

——歌いかけ・読み聞かせ子育てのすすめ

目次

目次

序　章　「歌いかけ・読み聞かせ」活動の理解を深める発達心理学理論

田島信元

1　最近の「歌いかけ・読み聞かせ」活動への注目と課題

「歌いかけ」や「読み聞かせ」は、伝統的な子育ての方法として、乳児期から幼児期にかけて家庭や保育所・幼稚園などで実践されてきた身近な活動です。しかし最近では、特に読み聞かせ活動においては、小学校、中学校といった公的な義務教育の現場や、地域の公立図書館などにおいても盛んに実践されはじめてきた比較的新しい活動の一つともいえます。実践的に、言語力やコミュニケーション力、思考力などの子どもの発達への貢献が期待されるからなのです。

歌いかけ活動への注目は、読み聞かせ活動に比べると派手ではありませんが、やはり最近、子どもの発達に対する歌いかけ活動の効用について世界規模で基礎研究が始められています。このように、伝統的な育児法の価値を見直すという形で、歌いかけや読み聞かせが子どもの発達に大きな影響を及ぼすものとして急速に注目を浴びてきているのです。

また、こうした歌いかけや読み聞かせといった身近な育児活動の見直しが、実践的、研究的にほぼ同時期に起こってきたことに注目する必要があります。私たち発達心理学徒は、両活動は深い関連性をもっており、両活動が組み合わされて統合的に機能するときには、子どもの発達への大きな貢献が期待できると踏んでいます。

以上のような育児における歌いかけ、読み聞かせ活動の価値の再評価という波ははっきりと来ているのですが、しかし、それがなぜ大切でどんな効果を生むか、またその効果を生むメカニズムについての知見は十分なものではないとも考えます。まだまだ、再評価を支える基礎理論の整理、基礎理論を支える実証研究の少なさは認めざるを得ません。さらに、実践面においても、子どもの発達段階に応じてどのように歌いかけ、読み聞かせることが発達支援につながるのか、といった発達心理学的知見に基づいた支援法の知見は多くはないといえましょう。しかも、歌いかけ活動と読み聞かせ活動の関係についての理論的検討、実証的知見は世界的にみてもまだまだの状況というのが現状です。

そこで本章では、本書の序論として、歌と絵本による育児法が、どのようなプロセスで子どもの発達に影響を及ぼしていくのか、歌いかけ、読み聞かせ活動の相互作用的な関係性も含め、発達心理学における理論的観点から見通しを立ててみます。実証研究的、実践的な観点は他章に譲りますが、そこを見通した上で、〝理論的、実証的、実践的な資料に基づき、子どもの発達段階に応じた最適な歌いかけや読み聞かせ活動のあり方について考えてみる〟という本書の意義と目的を概観してみたいと思います。

2　「歌いかけ・読み聞かせ」活動を理解するための基礎的な発達心理学理論

ヴィゴツキーの支援理論

歌いかけや読み聞かせは共に、親からみれば子育ち（発達）支援活動の一環と考えられます。この点で、大人の支援的関わりの積極的側面に注目したのが発達支援理論の祖といわれるヴィゴツキー（Vygotsky, L. S.）でした（ヴィゴツキー、一九七〇：一九七五：二〇〇一）。

①発達の三要因と文化的学習・発達の仕組み

彼の基本的立場は子どもの発達を、すでに大人が体現している文化的活動を、大人との共同行為を通して獲得していく過程（文化獲得ないし文化的学習過程）としてとらえるところにあります。

ここで文化とは「歴史‐文化的」に形成されてきた「人間および対象の世界」、いわば社会的、文化的環境であり、子ども自身がどのようなことを身につけるのかを方向づける「（発達の）源泉」となるというのです。もちろん、認知発達心理学の祖といわれるピアジェ（一九六七）が想定したように、それらは子ども自身の能動的な獲得活動があって初めて身につくわけで、この子ども自身の力をヴィゴツキーは「（発達の）原動力」と呼んでいます。この二要因までは、ほぼピアジェの考えに共通するものですが、ヴィゴツキーの立場で重要なことは、発達の源泉と原動力のみが発達を推し進めていくのではなく、「（発達の）条件」としての、大人による、大人と子どもの社会的相互交渉過程を通しての、子どもに対する支援が必須であることを主張したことです。いわば、「人間・対象世界（源泉）」と「子どもの能動的獲得活動（原動力）」の間の相互作用を有効に媒介する、あるいは支援する要因の存在を発達に必須のものとして位置づけたことにあります。この発達の三要因はどれも、発達において欠けてはならないもので、これをヴィゴツキーの三角形（三項関係）と呼んでいます（第9章の図9-1参照）。

ここで大事なことは、三要因間の相互作用的な働き方であり、具体的には次のようになると説明しています。子どもは、通常、自分だけで周りの環境を探索することは多くの場合制約を受けているので、はじめはすでに文化を獲得している大人との社会的相互交渉（対話＝コミュニケーション）活動を通して、共同作業（コラボレーション）なり支援を受けながら、環境の獲得活動を行います。これを「精神（対人）間機能（社会的対話活動）」といいます。しかし一度、そうした大人との対話のなかでの共同作業や支援で機能する精神活動が達成されると、子どもは大人を自分自身の内面に引っ張り込んで、大人との共同作業そのものを子ども自身の内面で行うようになるというのです。これを「精神内機能（自己内対話活動）」といいます。まさに、外から見ると子ども一人でやっているのですが、子どもにしてみれば、あくまで、子どもの頭のなかの大人に援助を受けながら共同作業を再現（再構成）しているに過ぎないというのです。もちろん、単に復習しているのではなく、自分なりの解釈を加えて自分なりのものにしていくのですが、ヴィゴツキーに言わせれば、この二重過程こそが子どもが外界の対象を身につける基本的な手続きなのです。彼は、このような過程を、「一つの課題解決が、最初は社会的場面で、のちに個人内場面において、最低二度起こる」という定式化を行い、これを「文化的発達の一般的発生原理」と呼んで、発達の社会的起源性（社会的対話活動から始まり、子どもの自己内対話活動を通して定着すること）を強調するのです。

②発達支援論としての「最近接発達領域」論

それでは、ヴィゴツキーの理論に基づく第三の要因である、大人の子どもに対する支援的媒介活動についてはどういう考え方が示されているのでしょうか。この点に関し、ヴィゴツキーは「最近接発達領域（Zone of Proximal Development：ZPD）理論」という著名な考えを提示しています。これは、大人―子ども間の相互交渉過程を通しての大人による支援的活動と子どもの発達との関係を明らかにした概念です。もともとは、成熟と学習の相互依存的関係を表すモデルとして考えられ、問題解決場面において子どもが独力で解決可能なレベル（現時点での発達水準）のほかに、大人ないし認知的により有能な仲間のガイダンスのもとでならすぐに可能となる、少しだけ高度なレベル（潜在的な発達可能水準）を仮定し、この（二つのレベルに囲われた）付加的な範囲を最近接発達領域と呼んで、支援が影響を与え得る部分はまさにここにあると主張したものでした（図序-1参照）。つまり支援の本質は、子どもが成長・発達しつつある領域に働きかけるところにあり、したがって、支援的働きかけにより、発達の可能水準が現時

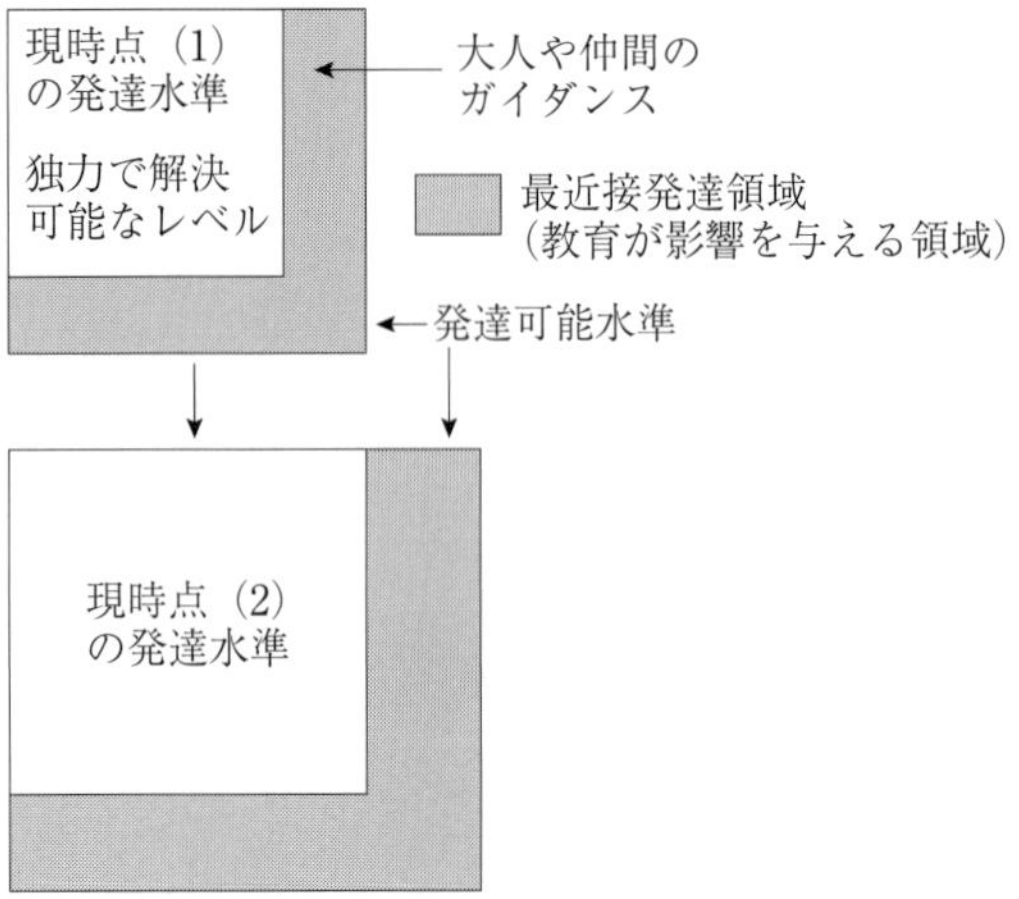

図序-1　最近接発達領域の発展

出所：ヴィゴツキー（1975）より作成。

点の発達水準へと変わると同時に、新たに発達可能水準が広がるという意味で、支援は発達に依存しながらも、常に先導的な役割を果たすものと考えられたのです。

この概念は「より有能な大人や仲間（社会的相互交渉の参加者）が、子ども一人ではできない活動にその子どもが参加できるよう、子どもとの相互交渉を構成する方法を示したもの」としてとらえることができます。最近接発達領域は大人や仲間の手助けを受け入れて問題解決が可能になる部分ですが、その相互交渉過程は、最初、大人の援助でのみ解決可能であったものが、その意味で課題解決に向けての共同作業（活動）における大人の責任が大きい状態から、徐々にその責任を子どものほうに分担させられるようになり、ついには子ども自身で問題解決の責任をすべて担うことができるようになるという過程をふむのです。こうして大人が担っていた責任を子どもが自分自身のものとして取り込み（内面化し）、最終的に自分自身の力で自己統制的に解決可能となるという自立化の過程こそ、文化獲得過程としての発達そのものであり、発達における支援（大人の役割）の重要性が強調されることになるのです。

トマセロの文化的認知発達理論

ヴィゴツキー理論の人間の生物学的特質と文化的特質の交絡という側面を独自の概念で展開したものに、トマセロ（Tomasello, M.）の認知発達理論があり、近年注目を集めているところです。

人間の生物学的基盤に注目した比較認知科学者であるトマセロは、人間との遺伝的一致率が非常に高い類人猿であるチンパンジーとの機能的な比較を通して、人間に固有の能力として、「発達＝文化獲得」の問題を論じています（Tomasello, 1999）。彼は文化を、後天的に開発された道具であるとし、人間にはこの道具を使用する能力がきわめて高いことを指摘しました。それには次のような二つの特徴があるというのです。

①文化的活動の基盤としての模倣活動

その一つは、人間にはチンパンジーでは決してみられない特別な模倣学習能力があるというのです。模倣というと、相手の行動を見てその行動のコピーを行うという印象をもたれ、受身的な学習活動というイメージがつきまとっているのも事実ですが、トマセロによれば、そうした模倣は〝相手の行動の結果のみに注目し、相手の行動の意図や目的とは関わりなくその行動のコピーを行うもの〟で「Emulation learning（見真似学習）」と呼び、チンパンジーなどの霊長類や人間の場合は乳児期前期にみられるといいます。しかし人間の場合、生後九か月前後から相手の行動の意図や目的を的確に読みとり、相手とのやりとりのなかで学習する模倣活動がみられ、これを「Imitative learning（模倣学習）」と呼んで、人間が大人から文化を継承し、かつ、発展させていく人間特有の模倣として注目しているのです。

トマセロの模倣論は、ヴィゴツキーの文化的学習・発達論と軌を一にしたものであることがおわかりだと思います。まさに、母と子の社会的相互行為（社会的対話）過程を自己内の過程（自己内対話）に移行することこそ、単なる結果のコピーではなく、母と子の共同行為で共有された意図を実現（再現）すると同時に、そこに子どもなりの工夫も入れてくる大変積極的な学習・発達過程なのです。

②九か月革命と共同注視

もう一つは、上記のような積極的な模倣学習が起こる親子の相互行為的活動の場に関わるものです。子どもは、出生後半年間くらいは養育者である大人との二者関係が優勢で、自分自身に向けられる養育者の注意に関してはよく見てとることができるのですが、大人が注目している外界の事物を注視することは少ないのです。もしも同じものに注目していたとしても、それは偶然であって、赤ちゃんと外界のモノ、赤ちゃんと大人の関係はほぼ独立しているというのです。これが変化し始めるのが生後半年を過ぎる頃から、とりわけ劇的な変化がみられるのが生後九か月を過ぎた頃なのです。この時期を過ぎると子どもは、外界のモノにのみ意識するのではなく、外界のモノに対する大人の反応と意図にも注意を払うようになるのです。つまり大人の反応に寄り添って外界を理解するという活動が開始されるわけです。これは「共同注視」と呼ばれる活動であり（Tomasello & Barton, 1994）、大人が注目している外界の事物を注視し、その大人の様子を観察すること＝共同注視を通して、大人がもっている新奇な言葉・記号が何を指すかを大人の意図に近い形でマスターすることができるようになるというのです。

このような状況ができて初めて、先に示した〃相手の行動の意図や目的を的確に読みとり、相互行為的に学習する「Imitative learning（模倣学習）」〃が可能となるのです。そして、こうした「共同注視」活動のもとで「模倣学習」活動が始まることを、トマセロは「九か月革命」と呼んで、人間の文化的発達の基盤となる重要な出発点であると指摘しました。それは、人間は、他者の行為の結果のみをコピーする形の「見真似学習」しかできないチンパンジーと異なり、模倣相手の意図を読むことができるため、その行為の戦略を明確にマスターすることができ、その結果、先人の発明をほぼ完全に受け継ぐことができるからなのです。この差は大変大きいといえるでしょう。チンパンジーも、個体としては行為に工夫を加え、文化をつくることができることは観察されているのですが、ある個体の発明に新たな発明を加えることは、ほとんどみられないのです。しかし人間の場合は、先人の意図そのものを完全に相続することで、さらに新たな戦略を創造し、発展させることができるというのです。

③ラチェット効果と文化習得・創造

以上のように人間社会では、いったん創られた発明は白紙に戻ることなく、代を重ねるにつれて洗練されていくようになり、高度な文明社会を築き上げてきたと考えられます。トマセロは、この人間に特徴的な蓄積的文化発展を「ラチェット効果」と呼びます。ラチェットとは一方向にしか回転しない追歯車です。チンパンジーの場合は一代限りで消滅してしまう文化獲得が、人間においては元に戻ることなく、改良を積み重ねられる方向にシフトしていくという構造が、このラチェット効果の示すものです。

人間には、文化の体現者である養育者を媒介として、世界を理解する能力が備わっています。そしてそれは、発達過程を通し、過去に生産された文化という遺産を媒介として世界に立ち向かっていくための基盤となるのです。ここで重要なことは、この人間に特有の文化的進化が、過去の「習得」と、それを基盤とした未来に向けた「創造」によって成り立っているという点です。私たちは発達過程において、過去の遺産を模倣しなければなりません。しかし、その模倣が文化として、道具として機能し、使いこなせるようになると、それに新たな発明をつけ加えていくようになるわけです。私たちは、ゼロから創造することはない。むしろ、ある文化をそっくりそのまま引き継ぐことにより、新たな段階の創造が可能になるのです。

従来の心理学研究では、ともすれば「習得」は軽視され、むしろ創造性を抑圧する「すり込み教育」として批判される傾向にあったのですが、このようにみた場合、それはやや異なった視点から吟味される必要があるでしょう。私たちは「習得」を通して、個体発生において「文化的に」系統発生を繰り返す、といえるかもしれません。しかしそれは運命的なものではなく、常に新たな方向性が与えられ、その「創造」は新たな系統発生として次代の人々に受け継がれていく、というのがラチェット効果の意味するところであると思います。

3　「歌いかけ・読み聞かせ」に関わる発達心理学的知見

ブルーナーの「言語発達に及ぼす読み聞かせの影響」に関する理論

これまでは、歌いかけ・読み聞かせ活動に関連すると思われる基礎理論を説明してきましたが、直接的に読み聞かせに関わる実証的知見を提示した研究者がいます。ヴィゴツキーの理論に影響を受けたブルーナー（Bruner, J. S.）という認知発達心理学者です。

ブルーナーは、早くから文化要因によって子どもの発達が異なる様相を示すことを発見し、その理由として、家庭や学校などで親や教師、友人といった文化的成員とのコミュニケーション活動、とりわけ、そのなかで獲得する言語という文化を解釈する道具の獲得の影響を重視し、文化要因の吟味の必要性を強く主張しました（Bruner, 1983）。

その上で、子どもの言語獲得のあり方について吟味したのですが、言語獲得には子どもがもつ生得的な言語獲得装置の存在を前提としつつも、それが作動するのは社会文化的文脈のなかでこそ可能になると考えたのです。具体的には、「言語獲得支援システム（Language Acquisition Support System：LASS）」と名づけられる母親からの援助システムが子どもの生得的な能力を活性化する上では必須となるという見解をあげ、養育者が語りかけや読み聞かせなどを通して、子どもが言葉の機能、語彙、文法などを発見しやすいようにさまざまな手がかりを与え、言語獲得の足場となるコミュニケーションの場をつくっていることを明らかにしたのです（詳しくは第9章参照）。おそらく彼の研究が、「読み聞かせと子どもの発達」に関する初の本格的な実証的試みであったといえましょう。ただし、言語発達にのみ焦点化していることや、そのため親の支援のあり方について親主導の側面が強調され、しかもその一端のみしか明らかにされていない点は残念なところです。しかし読み聞かせ活動を科学的に解明し、実践者や研究者が読み聞かせ活動の重要性に注目したという点では大きな貢献を果したと思います。

コールの「読み聞かせ・読書の成立条件と子どもの発達」に関する仮説モデル

ブルーナーが念頭に置いたのはヴィゴツキー理論なのですが、ヴィゴツキーの発想である社会・文化・歴史理論に忠実に従って、しかも、読み聞かせ・読書が子どもの文化的発達の根幹となるという考えを示した人にコール（Cole, M.）がいます。

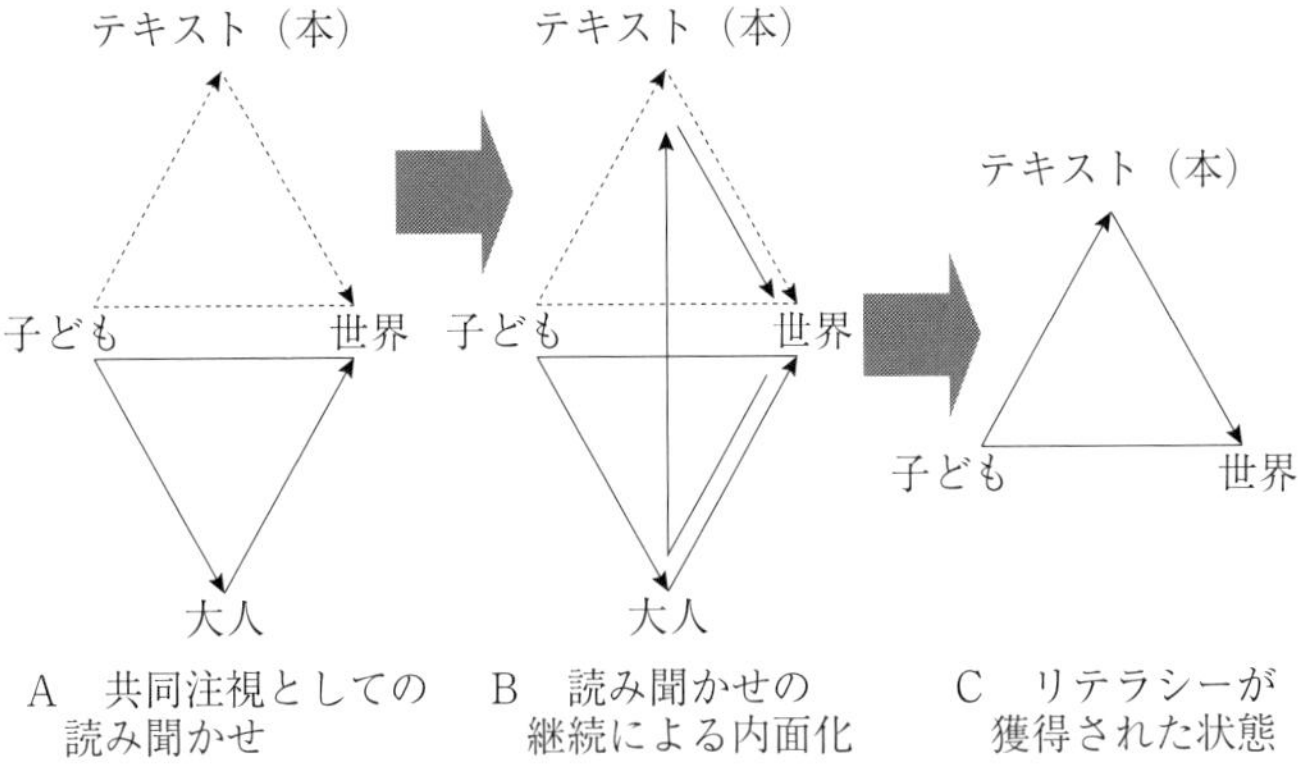

図序-2　言語リテラシー獲得のメカニズム

出所：Cole（1996）より作成。

コールはまず、言語的コミュニケーション、とりわけ言語リテラシーという文字をツールとした活動が人間社会の文化的独自性を形成してきたことを進化論的、歴史的に考察したあと、言語も文字ももって生まれてこない乳児が、社会（生活世界）を知って発達していく過程で、どのように言語や文字を獲得していくかという点に関して、親子間の相互行為、すなわち読み聞かせ活動に焦点をあてて、その過程のモデルを提出しているのです（Cole, 1996）。そのポイントは次の三つです。まず、親自身において「本を介して生活世界を知る」という活動が成立していることと、子ども自身において「親を介して生活世界を知る」という活動が成立していることの二点が前提となります。その上で、三点目として、本の読み聞かせという親子間の活動が必須となるのです（図序-2参照）。

ここでは読み聞かせ（A・B）から子どもが読書

（C）に至る過程を示しています。まず図中のAで示されるように、子どもは親（大人）を介して環境（世界）を知る体勢はできているのですが（実線部分）、まだ本（テキスト）を介しての環境の理解はできず（点線部分）、本は物理的な事物としてしか解さないところから読み聞かせが始まります。しかし、この段階でも子どもは親が本を読んで聞かせているときの音声言語には興味を示し、少しずつ本を特別な事物だと理解していくようになり、Bで示される状況ができます。Bでは、親は子どもと積極的に本を共有し、本を介して環境を紹介します。すると子どもは、親の援助のもとで本を介して環境を知る体験をします。すると、「子ども→テキスト（本）→世界（環境）」の点線が徐々に実線化してきて、最終的にCが示すように、子どもが一人で本を介して環境世界を理解することができるようになるというわけです。つまり、子どもが読み聞かせ（読み合い）という親との共同行為を通して、共同行為そのものを自己内に取り込み（ヴィゴツキーの「文化的発達の一般的発生原理」の過程）、子ども自身が本を介して環境世界を知るようになる、というのです。

以上のように、コールは言語や文字に基づく活動を人間の文化的発達の根幹におき、その獲得は親子の相互行為に基盤があるとしているのですが、その獲得のメインの過程こそ、○歳台後半から主流となってくる親子間の読み聞かせ活動であるという主張は、まさに読み聞かせ活動がいかに子どもの発達に基盤的なものであるかということを示唆しているのです。

わが国の読み聞かせ研究の貢献

ブルーナーらの研究に基づき、わが国においても発達心理学的、保育学的視点から、読み聞かせの機能と言語獲得の関係についての調査が行われてきました（例：秋田・無藤、一九九六）。これらの研究の貢献は、親自身が、親子の活動である読み聞かせは「空想したり、親子のふれあいをする」場となるとともに、「文字を覚え、文章を読む力や生活に必要な知識を身につける」場となるという、ある意味で、二側面、もっと言えば、二段階にわたって子どもの発達に影響するのだという意識をもっていることが明らかにされたことです。

親の意識として、親子のふれあいに影響を及ぼすことを示唆すると同時に、その土台の上で文字を覚え、文章を読む力や生活に必要な知識を身につける、といった認知的発達への影響を感じていることは、まさに実践レベルにおける慧眼ではないでしょうか。これは、ブルーナーが提示した、親の子への関わり方が言語発達を支援している、という知見を超えていると考えられます。単なる関わり方ではなく、「親子のふれあい」という情動的なつながりをつくることに貢献して初めて、ブルーナーのいうような効果もみられるのではないかと思います。

しかし、先述したように、情動的なつながりと認知的技能の獲得がどう結びついていくのかといった、発達のメカニズムや様相の知見はまだ見出されてはいませんでした。

歌いかけに関する新たな研究の出現

ところが、この発達のメカニズムの解明に迫る研究が、「歌いかけ・歌唱」の分野で出現してきたのです。読み聞かせ活動に関する注目度に比べると、これまで歌いかけ活動については、実践レベルでも、研究レベルでも低調そのものだったと思います。実践レベルでは現在もその状況は脱していないと思うのですが、実は、研究レベルにおいてトレヴァーセン（Trevarthen, C.）という母子関係の理論的、実証的研究分野の重鎮であるイギリスの発達心理学者が大変重要な理論を提起してきたのです。

しかしその端緒は実践的研究分野からの報告にありました。トレハブらの研究（Trehub et al., 1997）は皮切り的役割を果たしています。彼らはまず、乳幼児への歌いかけの実態調査から始め、その結果、①歌いかけをする人は、母親（七四％）、父親（一四％）、兄弟（八％）、その他（四％）の順で母親の割合が圧倒的に多い、②いつも歌いかけをしている人は、母親（七二％）、父親（二六％）でやはり母親である、③歌いかけをする場面は、遊びをしながら（三六％）、眠る前（一九％）、ご飯の前（一九％）、車のなか（一〇％）、おむつ換え中（六％）、お風呂場（六％）という状況で何かの動作をしながら歌いかけをしている場合が多い、④歌いかけの曲の種類については、遊び歌（六二％）、子守歌（一一％）、流行歌（一〇％）、創作歌（八％）、その他（宗教歌、民謡など）（九％）と大半は遊び歌が占めていた、と報告しています。

続いて行われた乳幼児への歌いかけの音声学的特徴についての分析には興味深いものがあり

ます。歌いかけ場面において音声分析を行った結果、母親、父親ともに、明らかにピッチが高く、テンポが遅かったのです。これはまさに新生児、乳児に対する養育者の独特な語りかけ口調である「マザリーズ」の特徴と軌を一にしたものでした。しかも、幼児期においても同様の特徴を維持していました。乳幼児に対する歌いかけ状況を第三者に判断してもらった結果、普遍的に〝微笑みを伴う音、柔らかな音、気持ちを込めた音、温かい音〟といった、より情動的な関わりあいが想定される音声の特徴をもっていたというのです。歌いかけの性質に焦点は置かれていますが、子どもとの相互交渉を土台にした働きかけであることを示唆しています。

その観点から、歌いかけ活動の子どもへの影響に踏み込んだ観察がロックら（Rock, Trainor & Addison, 1999）によってなされました。六〜七か月の乳児への母親の遊び歌と子守歌で歌い聞かせる場面を分析したところ、遊び歌は明るく、明瞭、かつリズミカルで、微笑みを伴う、しかも目立つような発声であるのに対し、子守歌では軽やかで、スムーズかつ鎮静的な発声というように対照的な状況でした。その上、歌の種類によって子どもに与える影響が異なることが示唆されるというのです。事実、歌いかけ場面の子どもの映像を分析した結果、遊び歌を聴いているときの子どもは、母親の顔や目を見たり、声を発したり、リズムよく体を動かしたりする行動など、外界に注目する反応を多く示したのに対し、子守歌では、自分の体を見たり、着ている洋服を見たり、おしゃぶりをいじったりする行動など、自分自身に注目する行動を多く示していたのです。

以上のような先駆的な研究が示すところは、まず第一に、歌は子どもの情動を調整する役割を中心とする「情動的コミュニケーション」活動の成立（Saarni, Campos & Camras, 2006）への貢献が示唆されることです。この観点からは、歌いかけや音楽的なコミュニケーションは、前言語期といわれる生後約一年間において、極めて重要な母子間のやりとりであると考えられます。とりわけ、遊び歌が外界への興味、子守歌が自分自身への興味、自己鎮静化に影響するといった、歌の種類によって関連する領域が異なることが明らかになったことは、子どもへの影響の大きさが強く示唆されるところです。

歌いかけと子どもの発達に関する基礎理論

既述のように、歌いかけに関する研究は比較的最近になって注目されはじめたのですが、それは、母子関係と子どもの発達に関する先駆的な研究者、トレヴァーセンが最近、「コミュニケーション的音楽性（communicative musicality）」という概念を提起したことに起因します（詳しくは第5章参照）。

彼は、母親と乳児とのやりとりを詳細に分析（マイクロ分析）した結果、そのやりとりには音楽的即興性の特徴と、フレーズに区切られた基本的な情動的コミュニケーションの基礎構造が埋め込まれていることを明らかにしました。そして、人間と多くの動物の赤ん坊は、共通してリズミカルな身振りで動機や感情の変化を表現することに加えて、人間の乳児のコミュニケーションには、特別な創造性と伝達能力があると主張したのです（Trevarthen, 1993）。

乳児は、生後二か月になると、養育者との間で順番を守って交替しながら、動作を通して相互に主観をぶつけ合うという〝対話〟を成立させ（これを「間主観的相互作用」という）、相手の身振りに興味をもち、多くの感情に共鳴したり、模倣したり、原会話レベルで積極的に相手になろうとします。そして、こうした間主観的、相互主観的な活動は、本質的に、音楽的な要素で構成されているというのがこの理論の主張なのです。実際、乳幼児と養育者とのコミュニケーションを音楽論的に解析した結果、音楽に備わっている要素（リズム・メロディ・ナラティブ）がすべて含まれていることも実証されています（Malloch & Trevarthen, 2009）。

また、〇歳半ば頃の乳児との遊びでよく使われる子守唄、あやし歌や手遊び歌などの遊び歌は、言語や文化が違っても、その構成は類似しているのです。こうした歌は乳児にとって容易に予測可能なビート、リズム、メロディを特徴としており、子どもの本能的能力を活性化する役割をもっていることを示唆しているというのです（Trevarthen, Kokkinaki & Fiamenghi, 1999）。以上のような養育者と乳児のコミュニケーションの音楽性という視点は、歌いかけ活動の構造と機能の特徴を明らかにすることになります。まさに、歌いかけ活動は養育者の乳児への語りかけ、両者間のコミュニケーション活動と軌を一にした、中核的活動といってよいでしょう。そして、前述したように、その役割は、子どもに情動を伝え、子どもの情動を制御する役割をもった「情動的コミュニケーション」成立への貢献がメインとなると考えられるのです。

この情動的コミュニケーションというのは、生後二年以内に確立される比較的原初性の高いもので、社会的、認知的発達などの基盤となると考えられているものです。歌いかけ活動の機能を検討する上での貴重な理論として考慮されるべきだと考えます。具体的には、まず養育者の情動的働きかけへの反応から始まり、それをもとに意味を読みとって交流する指示的コミュニケーションの成立と同時に、自身の行動を調整することが可能になり、最終的に他者の情動反応の理解のもと、他者と適切にコミュニケーションできるようになるという方向性をもつもので、子どもの情動的、社会的発達はむろんのこと、そうした発達の基盤のもとに成立すると考えられている認知発達にも影響を及ぼすものと考えられるのです。

4 「歌いかけ・読み聞かせ」活動は生涯発達を支援する

子どもの基盤的な発達を支援する

これまでみてきた発達の基礎理論と歌いかけ・読み聞かせ活動に関わる発達理論をあわせて考えますと、歌いかけや読み聞かせ活動は、「歌い合い」や「読み合い」活動というのが本質であると考えられます。すなわち、歌や絵本を文化ととらえ、歌や絵本そのものを対象とした、しかも言語によって媒介される「共同注視」的なやりとりの過程であるといえましょう。そして、そうした相互行為的、相互意図的なやりとりのもとに、意図を共有する人間的な「模倣活動」を通して、文化そのものを受け継ぐとともに、自分なりのものにしていく過程で文化を発展、創造していくことにつながっていく、というのですから、乳幼児期にみられる最も典型的、かつ重要な活動であり、その結果、子どもの発達、さらには生涯発達を通して人間という種の保存を保障することになる必須の活動であるということが理解されることでしょう。

こうした性質をもつと考えられる歌いかけ・読み聞かせ活動について、本書で展開しているように（第1章以下、参照）、生涯発達心理学、脳科学、保育学、音楽教育学、児童文学といった領域を通して科学的、実践研究的にメスを入れてきた私たちにとっても、その結果はかなり青天の霹靂の感があったのです。これまでやや無意識となっていたほど家庭では当たり前のように行われてきた歌いかけ・読み聞かせ活動が、子どもの発達にとって発達初期に必須の良好な親子関係形成を促した上で、社会力、情動力、思考力といった基盤的で広範囲の発達領域に貢献するということが示唆される結果を得たことは、当初あまり予測していなかったのです。

親の発達にも効果的

しかも、単に子どもの発達だけではなく、歌いかけ、読み聞かせる側の親や大人たちにとっても大きな発達を促すことになるという示唆を受けるに至ったときは、まさに、見事なまでの生涯発達支援のツールであることを確信した次第です。いや、大人たちが発達しないで、子どもたちの発達を促すことなどあり得ない、ということを教えられた気がします。この点こそ、歌いかけ・読み聞かせ活動がもつ特質であり、早期教育やお稽古事などで行われているような意識的、明示的なプログラム（カリキュラム）との大きな違いかもしれません。

生涯発達への視点の必要性

これまでは、歌いかけ、読み聞かせ活動における発達初期から学童期に重点をおいた検討をしてきたのですが、先述したように、歌いかけたり、読み聞かせたりする主な担い手の成人期以降の人々への効用という側面もあり、大人たちが真の歌唱、読書から自身の発達を推進していくことが、子どもたちへの適切な関わりを生むことにもなるのです。事実、私たちの社会実践型研究において実施された、大人になりかけの小学生や、大人としては大いに任務を果たしてきた高齢者が共同で読み聞かせ手となって乳幼児に読み聞かせを行う地域実践活動では、小学生、高齢者それぞれにおいて高い達成感をもつことがわかっています（宮下ほか、二〇一二；二〇一三）。こうした観点からは、歌いかけ、読み聞かせ活動は、生涯歌唱、生涯読書へとつながっていくことが理想であり、かつ、必然としていかねばならないと考えます。子どもたちへの効用が、大人や仲間との共有体験だということを考えても、歌いかけ、読み聞かせ活動を通して子どもも大人も生涯歌唱・読書活動に向けてそれぞれが発達していく実践現場を構築していくことが大切だと思います。私たちもそのスタートを切りはじめていますが、これからの発展が大いに期待されるところです。

文　献

秋田喜代美・無藤隆（一九九六）「幼児への読み聞かせに対する母親の考えと読書環境に関する行動の検討」『教育心理学研究』第四四巻、一〇九－一二〇頁。

Bruner, J.（1983）. *Child's talk: learning to use language.* New York: Norton.（寺田晃・本郷一夫（訳）（一九八八）『乳幼児の話しことば――コミュニケーションの学習』新曜社）

Cole, M.（1996）. *Cultural psychology: A once and future discipline.* The Belknap Press of Harvard University Press.（天野清（訳）（二〇〇二）『文化心理学――発達・認知・活動への文化－歴史的アプローチ』新曜社）

Mallock, S., & Trevarthen, C.（2009）. *Communicative musicality: Exploring the basis of human companionship.* New York: Oxford University Press.

宮下孝広・田島信元・佐々木丈夫・石川忍・伊東直登（二〇一二）「社会的活動としての読み聞かせ活動――二〇一一年度塩尻市読み聞かせコミュニケーター育成講座・読み聞かせ交流会の分析」『生涯発達心理学研究』第四号、八三－八七頁。

宮下孝広・田島信元・小澤真由美・石川忍・佐々木丈夫（二〇一三）社会的活動としての読み聞かせ活動――二〇一二年度塩尻市読み聞かせコミュニケーター育成講座・読み聞かせ交流会の分析」『生涯発達心理学研究』第五号、一三七－一四二頁。

ピアジェ、J.、波多野完治・滝沢武久（訳）（一九六七）『知能の心理学』みすず書房

Rock, A., Trainor, L., & Addison, T.（1999）. Distinctive messages in infant-directed lullabies and play songs. *Developmental Psychology,* **35**, 527-534.

Saarni, C., Campos, J., & Camras, L.（2006）. Emotional development: Action, communication, and understanding. *Handbook of Child psychology: Vol. 3.* 226-299.

Tomasello, M.（1999）. *The cultural origins of human cognition.* Cambridge: Harvard University Press.（大堀壽夫ほか（訳）（二〇〇六）『心とことばの起源を探る――文化と認知』勁草書房）

Tomasello, M., & Barton, M. (1994). Learning words in non-obstensive contexts. *Developmental Psychology*, **30**, 639-650.

Trehub, S., Unyk, A., Kamenetsky, S., Hill, D., Trainor, L., & Saraza, M. (1997). Mothers' and fathers' singing to infants. *Developmental Psychology*, **33**(3), 500-507.

Trevarthen, C. (1993). The function of emotions in early infant communication and development. In J. Hadel, & L. Camaioni (Eds.), *New perspectives in early communicative development*. London: Routledge, 48-81.

Trevarthen, C., Kokkinaki T., & Fiamenghi GA Jr. (1999). What infant's imitations communicate: with mothers, with fathers and with peers. In J. Nadel and G. Butterworth (Eds.), *Imitation in infancy*. Cambridge: Cambridge University Press, 127-185.

ヴィゴツキー、L. S.、柴田義松（訳）（一九七〇）『精神発達の理論』明治図書出版

ヴィゴツキー、L. S.、柴田義松・森岡修一（訳）（一九七五）『子どもの知的発達と教授』明治図書出版

ヴィゴツキー、L. S.、柴田義松（訳）（二〇〇一）『思考と言語（新訳版）』新読書社

第Ⅰ部　「歌いかけ・読み聞かせ」の統合的活用と子どもの発達

第1章　「歌いかけ・読み聞かせ」活動は発達の根幹をつくる

田島信元

1　なぜ、「歌いかけ・読み聞かせ」活動を問題とするのか

発達心理学の観点からの吟味の必要性

最近、子どもへの「歌いかけ」や「読み聞かせ」といった、発達初期の子育ての分野、あるいは幼稚園、保育所などの乳幼児教育・保育分野での伝統的な大人からの働きかけについて、子どもの発達に大きな影響を与えるのではないか、ということに注目が集まっています。

確かに、そうした実践分野では、子ども自身が大変興味をもつという事実があって実践が積み重ねられてきたと考えられるのですが、子どもの発達のどのような側面に、どのようなかたちで影響を及ぼすのか、ということについては、あまり明らかにされてはきませんでした。しかし、子どもの成長・発達、すなわち「子育ち」の仕組みと様相を明らかにし、そうした知見に基づく「子育ち支援」のあり方を提言してきた筆者ら発達心理学徒は、最近の〝異常な〟ほどの注目に対して、きちんとした知見を提供すべきではないか、と考えるに至った次第です。

つまり、私たちは「歌いかけ」と「読み聞かせ」という日常的な養育行動が、それぞれ、または双方がどのように相互に影響しあって、その結果、どのように子どもの発達に関連していくのかを理論的、実証的に検証する必要性を強く感じた次第です。それは、決して学問的興味だけからくるのではありません。詳しい影響関係が示唆レベルでも明らかになれば、単に、「歌いかけや読み聞かせをしましょう！」と言うだけでなく、どのように歌いかけ、読み聞かせをすれば、子どもの発達に効果的な支援となり得るか、という実践上の貴重な知見が得られると考えるからです。

「歌いかけ・読み聞かせ」活動と子どもの発達に関する共同研究の実施

以上のような問題意識のもとに、白百合女子大学・生涯発達研究教育センターでは、「歌いかけ・歌唱」、「読み聞かせ・読書」について三〇数年来の実践活動を積み重ねて来られている日本公文教育研究会（現、公文教育研究会）と共同で、一〇年ほど前より発達心理学的観点からの基礎資料収集および現場レベルの資料の収集・分析を行ってきました。

具体的には、以下のような問題を立てて、これまでの発達心理学の知見をまとめるとともに、実際に観察・調査を行って検証することを試みてきました。

第一に、歌いかけ、読み聞かせとはどんな活動なのか、その構造を改めて心理学的に明らかにすることでした。同時に、歌いかけ活動と読み聞かせ活動の間にはどのような関係（共通点と差異点、および相互の関係性）がみられるのか、また、そうした活動は、どのような機能（働き）を持ち、活動主体である子ども自身や親にどのような影響を与えるのか、さらに、歌いかけや読み聞かせがどのように歌唱や読書活動、そしてどのような子どもの後の行動（発達）へとつながっていくのだろうか、ということを明らかにすることでした。

第二には、第一の知見をもとに、発達心理学の観点からは、どのように歌いかけや読み聞かせを行うことが、子どもにとって効果的な支援、いわば望ましい「子育ち支援」になるのか、そのあり方を明らかにすることでした。

なお、今回の共同研究は、これまで読み聞かせにのみ焦点化されてきた発達心理学的知見に範をおくのではなく、歌いかけという活動も考慮に入れた、ヴィゴツキーやトマセロの基礎理論、そして歌いかけや読み聞かせについてのトレヴァーセンやコールの理論から出発していす（序章参照）。その意味では歌いかけとの関係を含め、これまでの読み聞かせに関する知見を、より広い文脈のなかで再点検しようと考えました。しかも、長年の実践を通して実感されてきた知見を基盤に、科学的な検証のメスを入れるというもので、これまでの研究では見られない、分析的で、かつ統合的な知見を提案してみたいというねらいがありました。

これまで、出発点としての基礎研究（乳幼児期の基礎データの収集・統計学的分析）はほぼ終了し（第5章、第9章参照）、その成果のもとに、乳児期および幼児期初期に焦点化し、歌いかけ・読み聞かせを中核とした家庭教育実践プログラムの作成・実施とその評価研究を行いました（第2章参照）。

その上で、読み聞かせに焦点化して、脳科学的観点からの理解（第8章参照）、児童期の子どもと高齢者が共同して社会実践型地域活動としての乳幼児に対する読み聞かせ・交流活動の実施とその評価研究（第10章参照）へと展開してきました。

さらに、乳幼児期から児童期、青年期にかけての読み聞かせ・読書活動および発達への影響過程に関する発達的研究も行ってきたのですが（田島ほか、二〇一四：大熊ほか、二〇一五）、ますます、乳幼児期にみられた研究の成果について確信を得るとともに、いかに発達初期の体験が児童期以降の豊かな活動につながっていくのか、についての知見が強く示唆されたのです。

そこで本章では、諸研究の出発点としての最初の基礎研究の成果（田島ほか、二〇一〇）について、先に示した二つの問題をもとに、第2節で、歌いかけ・読み聞かせの構造と機能、母子行動や子どもの後の発達への影響のあり方、第3節で効果的な歌いかけ、読み聞かせのあり方、支援条件の解明について、要約的に紹介したいと思います。その上で、第4節では、第3節までの発達心理学的、発達支援論的知見から抽出される歌いかけ・読み聞かせ方のポイントをあげると同時に、第5節では、生涯発達心理学の観点から、改めて歌いかけ・読み聞かせに対する支援者側の「構え」の重要性を提案しています。

2　乳幼児期の「歌いかけ・読み聞かせ」活動の構造と機能、および発達への影響過程

「歌いかけ・読み聞かせ」活動の二段階発達と両活動の関係

〇〜六歳台の母子の歌いかけ、読み聞かせ場面を観察したところ、明らかに〇〜一歳台の段階（第一段階）から二〜六歳台の段階（第二段階）に至る「歌いかけ・読み聞かせ活動の構造（母子の活動のあり方）と機能（活動の働き）」の発達的な変化過程がみられたのです。そして、その過程では、全ての発達領域の基盤となるようなダイナミックな発達の姿が示唆されたのです。

まず、第一に、歌いかけと読み聞かせは、それぞれ親子の共同体験として始まり、親子の絆（子どもの居場所）づくりを育むことを通して、言葉に関わる発達がみられます（第一段階）。そうした活動の基盤づくりのもと、第二として、歌いかけ、読み聞かせという社会的活動は、ともに早い段階で、自立的な個人的活動（歌唱、読書活動）に収束するとともに、さらに一段高いレベルの社会的活動へと発展していきます。その結果、単に言葉に関わる発達に留まらず、広く社会・情動的発達と認知発達に貢献していくことが示唆されました（第二段階）。

また、歌いかけ・読み聞かせ活動は、それぞれ独自の側面をもちながらも、発達的には深く

関連し合っていることがわかりました。

このような状況を図に表してみると、図１－１（第一段階）、図１－２（第二段階）のようにあらわされると考えています。詳しくは以降で説明いたします。

また、このような歌いかけ、読み聞かせ活動の二段階にわたる発達的特徴は、そうした活動が展開する親子関係のあり方と大きな関連が見られました。そこで、次に、歌いかけ、読み聞かせ活動と親子関係の発達的特徴について具体的に説明してみましょう。

「歌いかけ・読み聞かせ」に共通する発達の第一段階の特徴（図１－１参照）

まず、第一段階（〇～一歳台）では、歌いかけ、読み聞かせ活動に共通の構造的、機能的特徴が現れました。

とりわけ、〇歳台前半は、歌いかけ活動が先導する形で、母親と子どもの間で音声刺激の共有を楽しむような相互同調的な行為の出現があり、情動の共有を基盤とした母子一体感を形成していく状況が示唆されました。続いて〇歳台後半になると、一緒に歌や絵本を楽しむ体制（共同注視体制）の確立がみられ、情動や情報を共有しながら、さらに、それらの共有刺激を子どもが自身のなかで再構成し始めていることを示唆するような子どもの自発的な身体的行動や発話行動が観察されたのです。

また、以上のような母子関係の発達的変化には、母親の子どもを尊重した支援的、共同行為

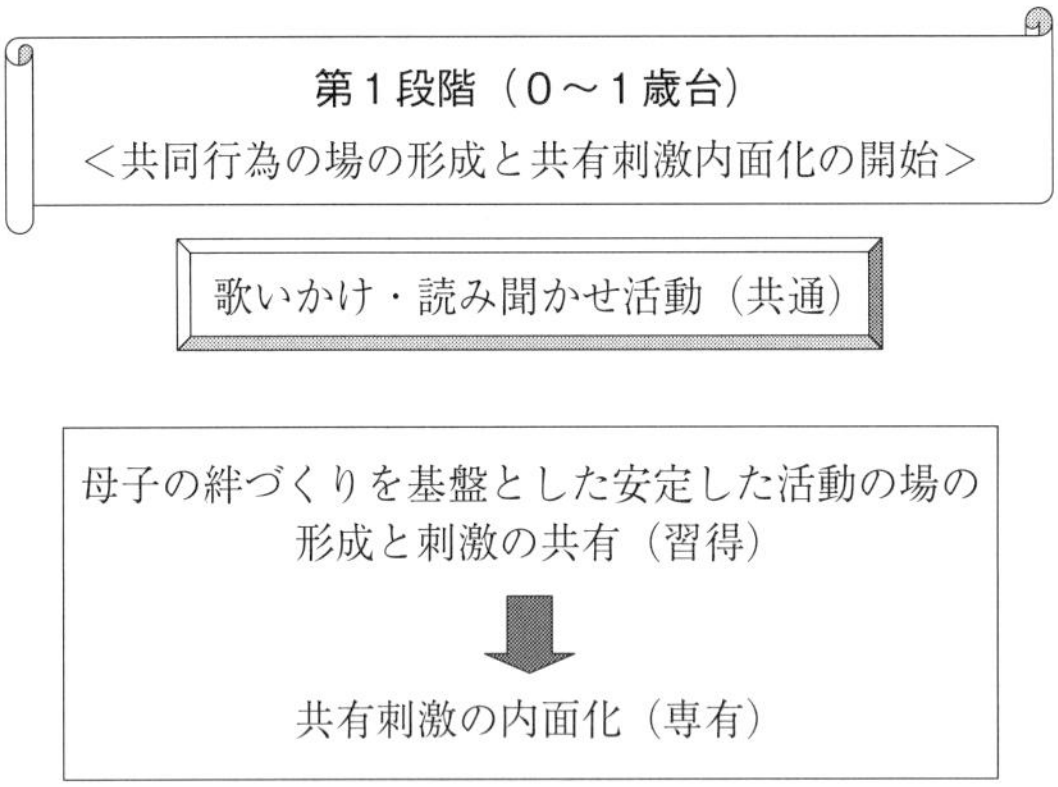

図1－1　歌いかけ・読み聞かせ活動の構造と機能の発達過程（第一段階）
出所：田島ほか（2010）より改変。

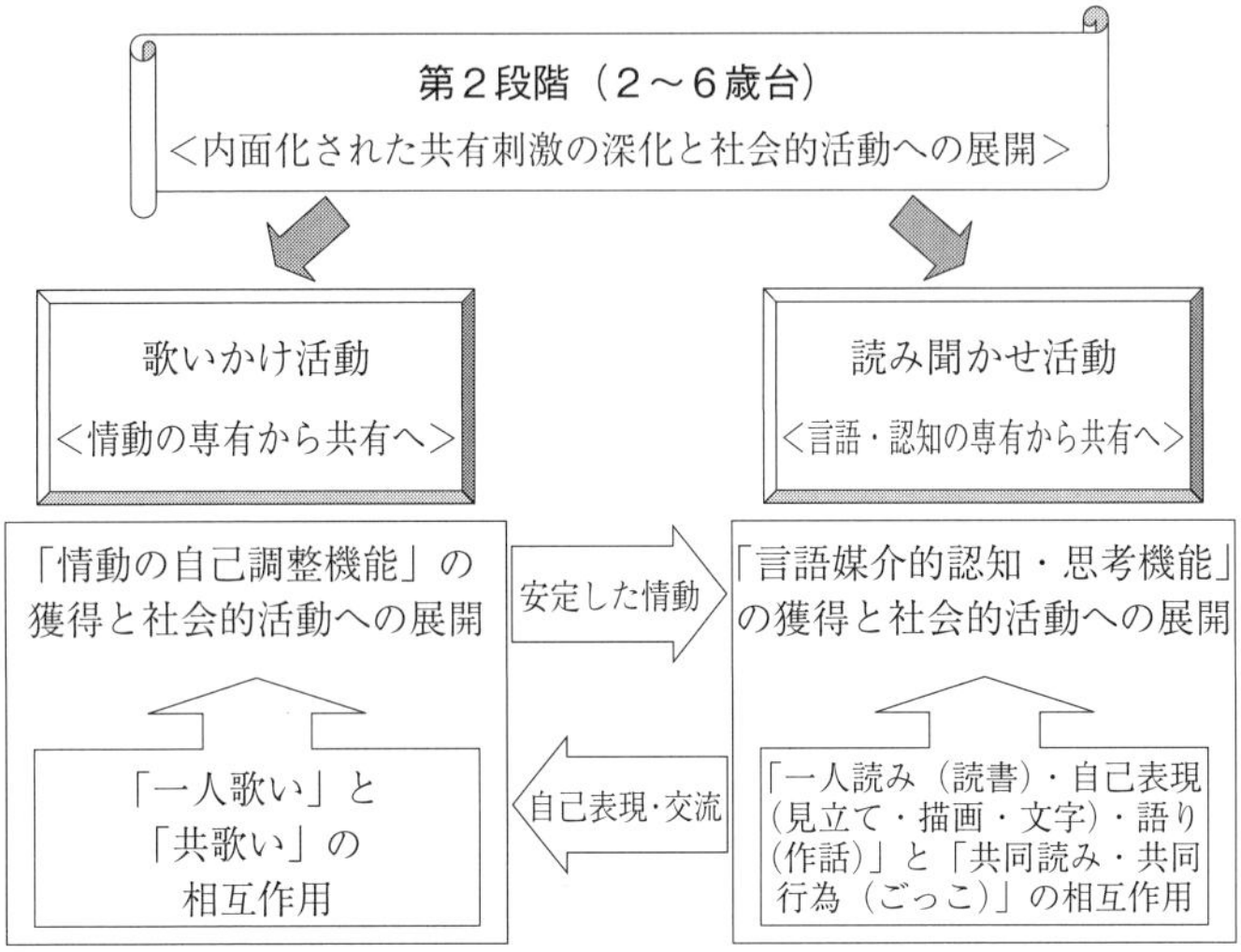

図1－2　歌いかけ・読み聞かせ活動の構造と機能の発達過程（第二段階）
出所：田島ほか（2010）より改変。

的関わりが関連していました。

さらに、両活動ともにこうした子どもを支援する母親の多くの行為が、子どもの情緒の安定（親子の絆づくり）や大人との社会的相互行為能力の高さ、および言語能力の発達と密接に関連していることが示されたのです。

このように、歌いかけ・読み聞かせ活動は、生誕直後からの親の子どもへの「語りかけ」の儀式的、特殊領域的な活動として始まるのですが、「語りかけ」は決して親からの一方的な働きかけではなく、親子間のコミュニケーション活動である、というトレヴァーセン理論の主張のとおり、まさに最初から「歌い合い・読み合い」といった親子間の社会的相互行為として機能していることがわかりました。とくに、〇歳台の「歌いかけ」には「マザリーズ」と呼ばれる〇歳台の親の子どもへの語りかけの音声学的特徴に共通するものがあり、そうしたリズムと抑揚に巻き込まれて、子どもの親との共鳴的、一体感的な活動が生じ、子どもの親への働きかけのきっかけを与えていることが示唆されました。

また、〇歳台前半の「読み聞かせ」では、黙ってじっと聞き入っているというよりは、対話的であり、一時的には親の読み聞かせの声に耳をそばだてながらも、すぐに母親に対して反応しようとする状況が観察されたりするのですが、〇歳台後半に入りますと、今度は、読み聞かせている本に対して積極的に働きかけていく状況がみられるようになります。ただ、まだ、じっと聞き入っているのではなく、本をなめたり、本をめくることに興味をもって読み聞かせのペースとのちぐはぐさがみられたりもするのです。しかし、親のほうは子ども自身の活動にペースを合わせて、子どもと対話しているかのように、子どもの自発的な活動にあわせた反応を示します。当然、読み聞かせの内容はどんどん飛んでいったり、子どもが焦点化する特定の場面で滞留したりします。しかし、このような過程を通して、徐々に子ども自身が親の読み聞かせという働きかけに応答的に反応するようになっていき、まさに親子が絵本を介して（絵本を材料に）対話しているような状況が多くみられるようになっていくことが明らかにされたのです。このように、〇歳台は絵本を媒介とした母子の対話的活動が中心なのですが、一歳台になると、そうした対話的活動だけではなく、少しずつですが、子どもは絵本に注目しつつ黙って聞いたり、ときには、ぶつぶつとつぶやきながら一人で本をめくっていく場面も観察され、ヴィゴツキー理論が主張する社会的対話的活動の内面化、すなわち、子どもが親の言葉を自分のなかで再現しながら自分なりに一人読みをしていくという、「自己内対話活動」の始まりもみられるようになってきます。

以上のように、第一段階の歌いかけ・読み聞かせ活動場面にみられる子どもの発達は、まず、母子間の情動的な信頼関係（愛着関係）の形成を促進しながら、子どもが母親の援助を受けて共同注視、「子－絵本（歌カード）－母」という三項関係に基づく社会的対話活動のなかでの学習環境設定を行うということに大きく貢献することが共通に示唆されました。そして次第に、社会的対話活動の内面化を通した自己内対話を中核とする個人的活動へと進んでいく様子もうかがえました。これはまさに、歌いかけ・読み聞かせは子どもに対し、母親との間に信頼の絆づくりのもと、子どもの社会・情動的な発達を育み、そこを居場所とした子どもの活発で、自立志向的な探索的、認知的活動を行う場が形成されてくる、いわば発達の基盤づくりの時期であることを強く示唆していると考えられるのです。

歌いかけ、読み聞かせに共通する発達の第二段階の特徴（図1－2参照）

一方、第二段階（二～六歳台）のデータからは、歌いかけ活動と読み聞かせ活動は、ともに、親子の間での（社会的な）やりとりを通して聞き込んだ歌刺激や言語刺激が、今度は、子ども自身によって徐々に再現され、自分の言葉として表現する「自己表現活動」、いわば一人歌い（歌唱）活動や一人読み（読書）活動が多出してくるようになります。まさに、親が歌いかけ、読み聞かせた言葉を、子どもが「模倣」しているかのようなのです。しかし、これは単なる親の言葉の「まね」ではありません。序章で説明したヴィゴツキーがその仕組みを述べているのですが、「社会的なやり取りを通して共有した活動は、その後、子ども自身の内部での活動として再現される」という、「文化的学習・発達の一般的発生原理」に基づくものと考えられます。子どもたちは、先に親子の間で、社会的に経験した活動を、今度は自分の内部に取り込んで（内面化して）、その活動そのものを再現する（自分で表現してみる）ことを通して、親から得た刺激を自分なりのものにしていく、「自立化」の過程を通るというのです。この自立化の過程についてワーチ（一九九五）は、「専有（自分なりのものにする）」という言葉で表し、単なる親の行動をそのまま取り込むというのではないことを強調すると同時に、発達は「共有（習得）から専有に至る過程」であるとして、ヴィゴツキー理論を支持しているのです。

まさに、子どもの頭のなかで親子のやりとりが再現され、親が提供した歌・言語を親の代わりに自分自身で発するという「親の役割取得・交代」を、しかも自分なりに実行するのです。この点についてもワーチは、ヴィゴツキーと同時代の著名な言語学者バフチンの概念を引用し、子どもは、自分で自分自身に歌いかけ、読み聞かせて、同時に聞いているといった「腹話術」の実行を通して、親の言葉を自分のものとしていると主張しているのです。先にあげた、子どもによる親の言葉を取り込んだ自己表現活動こそ、ヴィゴツキーは、子どもが文化的環境のなかで果たしていく文化的学習・発達と言っているのです。もちろんこうした発達の過程は、「歌いかけ（歌い合い）→歌唱」、「読み聞かせ（読み合い）→読書」だけに限るのではなく、ヴィゴツキーはあらゆる発達の領域で起こっていることと考えており、そのため「一般的発生原理」と呼んだのでしょう。

こうした子どもの発達プロセスは、親の役割を子ども自身が取得して、自分でやってみるといった「大人の役割取得・交代」であり、「垂直的越境活動」（田島ほか、二〇一五）と言うことができると思います。つまり、子どもは自分ひとりではできないが、親に手伝ってもらいながら共同的にできる領域から、親の手伝いそのものを自分で担うことで自分なりに、ひとりでできるようになっていく専有領域とするのです。その意味では、子どもは親が担っていた領域に「越境」していくことで、自立化（共有から専有への変化）という発達の過程を推し進めていくといえるのです。

以上のことは、同時に、自分でできるようになったことは、逆に、親に対してやってあげるという形の、まさに役割取得・交代をして親と子どもがやりとりをするという、一段階上の社会的活動へと進んでいくことを示していると言えましょう。すると、必然的に一段階発達したレベルでの役割取得・交代が起こって、さらにもう一段階発達した社会的やりとりへと進む、と考えられます。このように、初期の発達とは「親子のやりとり」→「子どもの親役割取得・交代」→「一段階発達した親子のやりとり」→……ということを螺旋的に繰り返して上位の発達レベルへと進んでいくことだと考えられます。

二歳過ぎの第二段階に至った歌いかけ・読み聞かせ活動は、二歳までの第一段階での豊かな親子間の歌いかけ、読み聞かせ（歌い合い・読み合い）が基盤となって、まずは役割取得としての「一人歌い・一人読み」という自己表現活動が出現し、さらに、一段高いレベルでの親と子どものやりとりである「共歌い・共同読み」活動へと進んでいくことになります。こうした螺旋型の発達過程を通して、歌唱・読書活動もレベルが高まっていくと考えられます。

歌いかけ・歌唱活動と読み聞かせ・読書活動の機能的差異と相互性

こうして、歌いかけ・読み聞かせ活動は、ともに、第一段階では社会的交流を通して子どもの内面に取り込まれて豊かな自己表現活動を導くのですが、しかし、第二段階になると、両活動は独自の機能を発揮し始めると同時に、相互に補完的関係を示してくるようになるということがわかってきました。具体的には、以下のような結果と示唆が得られました。

歌いかけ活動では、二～三歳台になると母子の情動の共有に基づく子どもの情動の安定化・活性化が顕著にみられるのですが、三～四歳台になると「一人歌い（自分で自分に歌いかけること）」が観察されるようになります。これは、親の歌いかけが子どもの内面で再現（再構成）され、自分で歌うことで自分の情動の安定化や活性化をするという「情動の自己調整機能」が働き始めたことを示唆するものです。

さらに、「一人歌い」は自己表現活動として母親への働きかけという「社会的交流の深化」へと展開していくことが示唆され、四～五歳台になると「一人歌い」とは区別された、「共歌い」の出現が観察されたのです。このように、初期の歌い合い（共歌い）が内面化された「一人歌い」が、さらに新たな「共歌い」を導き、他者との新たな情動の共有（＝情動の安定化・活性化）した対人関係を導くというプロセスを通して、さらに充実した歌による「情動の自己調整機能」が完成することが示唆されました。

こうした過程を通して、子どもは情緒の調整とともに、積極的な自己表現活動が盛んになり、対大人だけでなく、対子どもとの対人関係能力や言語能力も高まってくることが示唆されました。しかもこれらの能力は、第一段階と違って、母親の子どもを尊重した支援的、共同行為的関わりが足を引っ張る時期もみられており、「一人歌い」を通して盛んに自立的な情動の自己調整をしていることも示唆されたのです。

一方、読み聞かせ活動においても、二〜三歳台になると母子間の言語情報の共有に基づき、母親の言語情報が子どもの内面で再現され、自分で自分に読み聞かせることで、言語情報そのものが興味の対象として注目され、絵本の内容を描画で表現したり、ごっこ（見立て）遊びを行うといった自己表現活動（専有活動）が観察されたのです。そして、三〜四歳台には絵本という文脈を離れ、自分なりの言語を使って一人で絵本の内容について語り始める「（素）語り」活動や、絵本の続きを考えるといった内容を発展させる「作話」活動を行うなどの「自己内（一人）読み聞かせ＝読書機能」が働き始めることを示唆するような「一人読み」が観察されました。さらに、「一人読み」は自己表現活動として母親への働きかけという「社会的交流の深化」へと展開していくことが示唆され、四〜五歳台になると母親と相互に読み聞かせをし合うなどの「共同読み（読書の共有）」の出現が観察されたのです。このように、最初、社会的な読み聞かせが内面化された個人的な「一人読み（聞かせ）」が導かれると、さらに社会的な「共同読み」を導くという「社会（共有）↓個人（専有）↓社会（共有）」という一連の発達プロセスが見えてきたのです。すると、一連のプロセスの最後の母親との社会的コミュニケーション活動の深化を通して、新たな言語情報の共有が生起し、そのことによって、さらなる深化した読書機能が完成する、という二連目の発達プロセスへと発展していくという、先述した螺旋型の発達システムの存在が示唆されると思います。

以上のように、第二段階では、歌いかけと読み聞かせ活動は、構造的には、第一段階の基盤のもと、母子の間で共有した情動と言語刺激の内面化からくる「一人歌い・一人読み」といった自己内対話活動（自己表現活動・専有活動）が深化するとともに、その自己内対話活動が新たな社会的活動の引き金となり、より発展した社会的交流となる新たな「共歌い・共同読み」が生起し、さらに深化した「一人歌い・一人読み」の源泉となっていきます。

一方、機能面については、当然ながら共有する刺激の違いにより、歌いかけは「情動の自己調整機能」、読み聞かせは「言語を介した認知・思考機能」を獲得していくのですが、情動調整機能をもつ安定した対人関係と、言語媒介的認知・思考機能が基盤となる豊かなコミュニケーション活動が相互に影響しあって、さらなる情動調整機能、および言語媒介的認知・思考機能を基盤とした読書活動の深化を促進していくとともに、総合的な言語発達の達成に関わっていくことが示唆されるのです。

以上の結果から、歌いかけ・読み聞かせ活動の構造と機能は、社会的対話活動が盛んな第一段階から、個人的、自己内対話的活動が盛んになる第二段階へと変化すること、特に、第二段階における自己内対話活動を導く母子間の社会・情動的相互行為が、子どもの言語発達に強く関連してくることから、子どもの発達は社会・情動的発達が基盤となって、言語、認知発達が促進されることが示唆されました。

まさに、歌い合い・読み合いともいうべき社会的相互行為が、子どもの内部で再現され、「一人歌い（かけ）」、「一人読み（聞かせ）」といった、個人内相互行為としての「歌唱」・「読書」に至るということ、また、そのような履歴をもつ歌唱・読書は、必ず、新たな段階の歌い合い（共歌い）・読み合い（共読み）という社会的相互行為（自己表現活動の他者との共有）に至るのです。このように、歌いかけ・歌唱活動、読み聞かせ・読書活動は、「共有活動↓専有活動↓より高次の共有活動↓より高次の専有活動……」といった螺旋的発達を辿っていくことが示唆されたのです。

3　発達に寄与する「歌いかけ・歌唱」「読み聞かせ・読書」支援のあり方

本研究の結果から示唆される実践場面での知見

「生まれたらただちに歌を　聞かせましょう」「歌二百　読み聞かせ一万　かしこい子」という標語のもと、公文教育研究会では主プログラムの読み・書き・計算能力養成教材の基盤となる副プログラムとして、生誕直後からの歌いかけ、読み聞かせ、とくに読書活動は高校生までを対象に家庭において実践するよう保護者や生徒に推奨してきましたが、今回、そうした活動の構造と機能について発達心理学の観点からモデルを立てて検証した結果、予想以上の基盤的効用が推測され、子どもの発達に大きな影響を及ぼすことが示唆されました。この観点からいうと今後の実践活動に反映していくべきいくつかの知見が示唆されてきます。

①智慧の子を育てる

歌いかけ活動と読み聞かせ活動は、二歳以降、それぞれ「情動の共有と内面化に基づく情動の自己調整力の獲得」、「言語・認知の共有と内面化に基づく思考力の獲得」という独自な機能をもつとともに、社会的活動と個人内活動の密接な交流を可能とする言語能力（記号操作能力）の獲得を促進するという共通の基盤も多く、相互に影響し合って、発達の本質的な基盤づくり、すなわち、他者との交流を介した自力発達の力を身につけるのに貢献する活動であり、乳幼児期には両活動を組み合わせて、ともに実践していくことが効果的だといえます。この観点からは、歌いかけ・読み聞かせが導く「賢い子」というのは、決して知識をたくさん蓄えた知的な子どもというよりは、他者との共同行為がきちんとでき、それを基盤に身につけた言語能力を使って、必要なとき他者と関わりながら、自ら知識を創発的に蓄え、駆使できる熟考的認知・思考能力をもった子どもであり、かつ、それを基に、他者の気持ちを察しながら、自分の気持ちを調整しつつ社会的活動、対人的活動に展開していける子どもであって、いわば〝知的な子〟ではなく、〝智慧の子〟であるといえましょう。

②まずは、歌いかけから始める

歌いかけ・読み聞かせ活動の第一段階（〇～一歳台に相当）は、母子の相互行為を通した母子間の絆づくりを基盤とする、子どもにとって安心できる安定した活動の場づくりと、そこでの共同行為経験を通した共有刺激を子ども自身によって内面化しはじめる時期であるため、基本的には、母親の語りかけの一環としての働きかけである必要があります。そのため、〇歳台の前半ではまずは歌いかけを先行させ、母親の声で、語りかけるように歌いかけることが重要となりましょう。母親自身の歌いかけの代わりに最初からCD等を聞かせることは意味がないと考えます。読み聞かせも含めて、母親の歌や語りの特徴的な声（マザリーズと呼ばれる音楽のようなピッチとリズムをもった語りかけ）に子どもは共鳴し、発声し、同時に母親の存在を感じ取って、一体感を楽しむことが、子どもにとっての母子の絆を土台とした最適の活動の場となるのです。

③まずは、親子の緊密なやりとりから始める

〇歳台の後半からは、いよいよ歌詞カードや絵本を対象とした母子の相互交流が盛んになり、歌や絵本の中味（刺激）について母子間で共有的に扱われることとなり、このとき歌いかけでは歌詞カードの絵やCDなどの導入も可能となりますが、本格的に開始される読み聞かせにおいては、絵本のCDや、ビデオ絵本の導入は早計であり、あくまでも絵本を対象とした母親の生の声を中核とする親子の緊密なやりとりをしながらの相互行為である必要があると思います。

当然、両活動とも、子どものペースを尊重し、逸脱行為に関しても許容しながら、母親がフォローする形の相互行為を進めていくことが重要となります。

④まずは、量より質をあげる

第一段階の時期は、歌いかけ、読み聞かせの両活動は独立しておらず、子どもにとっては同じ価値をもつものであり、その点では、歌いかけの効用が読み聞かせのそれより先行すると考えられます。つまり、歌いかけを先行して読み聞かせを導入することが子どもにとって自然でありましょう。また、母親のほうが歌いかけ・読み聞かせを先導するというより、楽しそうに歌ってみせたり、読んでみたりと、子どもを誘うような形式をとることが有効です。たしかに多くの歌や絵本を歌いかけたり、読み聞かせをしてあげたい気持ちは大切で、その際、一日何曲、何冊、歌いかけ・読み聞かせるという目標をもつことも母親にとっては励みにもなるのですが、発達初期は子どもの状態をどれだけの配慮をするかが重要であり、子どもが積極的に求めてくる状況をどれだけつくったかという結果として、どれだけ歌いかけ・読み聞かせたかを記録する、という形の目標にするべきでありましょう。とりわけこの時期は、母子相互行為のなかで、質的に対象刺激を共有し、母親の活動を子どものペースで模倣するかたちで自分のものにしていく過程が始まるので、じっくりと歌いかけ・読み聞かせる時期なのです。

⑤子どもの自立に合わせて、歌と絵本を組み合わせてみる

第一段階の後半（一歳台）は、特に言語刺激に敏感になる時期で、共有された言語刺激が豊

富な読み聞かせ活動において、共有刺激の子どもによる内面化（模倣）が盛んに始まります。ここでは、歌いかけを導入して楽しい読み聞かせの場づくりを準備し、読み聞かせを始めたら、子どもの様子を見ながら、子どもの積極的な言語的働きかけに軽く反応しながら読み進めていく必要があります。まさに、じっくり考えながら、ときにやり取りしながらという共同読み聞かせ（読み合い）を始める時期です。この頃の子どもは自分から積極的に読んでほしいと要求してきたり、とりわけ同じ絵本を何度も読むことを要求するようになりますが、これは子どもが絵本の共有された言語刺激を、一度には特定の部分のみを内面化し始めていることを示す現象であり、何度も読んで全体を把握していく過程ですので、大いに受容してやることが、子どもにおいて共有経験を真に自分のものにすることにつながると思われます。好みの絵本を中心に、時々新規の絵本を導入するという感覚でしょう。歌いかけについても上記の現象が少し先行して現れ始め、好みの歌がはっきりしてきます。

⑥思考活動と自己表現（表出）活動を組み合わせる

第二段階（二～六歳台）になると、子どもは歌いかけ・読み聞かせ活動で共有した歌や言葉を子ども自身の内部で再現するという内面化を盛んに行いながら、自分のものにしていくという個人的活動と、身につけたものを自己表現し、他者に積極的に関わっていくという社会的活動を交互に、ないし、ほぼ同時に繰り返す状況がみられます。繰り返すごとにそれぞれの活動が深まり、広がりを見せて、歌いかけの独自機能（情動の自己調整機能）、読み聞かせの独自機能（言語媒介的認知・思考機能）を深化・達成していくとともに、独自機能が相互に影響しあって、言語発達・対人関係発達・認知発達を達成していきます。そのため、子ども自身の個人的活動、社会的活動いずれもが子ども自身によって積極的に展開されている状況がみられるので、まずは、子どもの自力的、自発的活動を尊重するとともに、歌いかけ・読み聞かせをする場合も、間接的に誘う気持ちで、母親自身が子どもの背後で自由気ままに歌ったり、子どもの反応をみながら淡々と読み聞かせを進めるなどの配慮が必要となります。この場合は、母親が先導的に一緒に歌うことを要求したり、絵本の文字に注目させたり、読むよう要求したり、読後感想を求めたりなどの行為は禁物です。しかし、誘いに乗って、子どもの自発的な社会的行動として子どものほうから関わってきたときには、積極的に自己表現活動を発展させる目的で、お互いに歌い合ったり、一緒に歌う「共歌い」や、お互いに読み聞かせの役割を交代したり、お互いに感想を言い合ったり、文字などの新たな刺激を導入しながら読み聞かせたりなどの「共読み」や、読み聞かせ後の発展活動としてのごっこ遊びや絵本に刺激された作話遊びなどの共同行為を積極的に進めるべきでしょう。大事なことは、常に、子どもの反応を見ながら、その場の子どもの活動の性質を勘案して活動することなのです。

4　子どもの心の成長を育む「歌いかけ・読み聞かせ」のポイント

本章で最も大事な、初期段階の成果に基づく歌いかけ・読み聞かせ方について、前節と多少、重複するところがありますが、より実践的な観点からのポイントをあげておきたいと思います。

これまでお示ししてきたように、歌いかけ・読み聞かせ活動は、まさに「歌い合い・読み合い」活動から「一人歌い・一人読み（歌唱・読書）」活動へ、そして、さらに高度の「歌い合い・読み合い（共歌い・共読み）」活動へと変化していきますが、その過程を通して、子どもの豊かな情感・感受性と活発な思考を伴う歌唱・読書活動へと発展していきます。このような人間としての基本的能力を育む歌いかけ、読み聞かせ活動は、素晴らしい子育て・自分育ての技といってもよいでしょう。しかも、大人にとっても歌いかけ・読み聞かせは、自身の感受性や思考力のリフレッシュにも大いに役立つ活動であることがわかっており、それほどこの活動は人間にとって基盤的なものといえるのです。そこで、〝親子で育ち合う〟歌いかけ・読み聞かせ、歌唱・読書活動、さらに共歌い・共読みをより効果的に進めていくための、いくつかのポイントについて述べてみたいと思います。

まずは、親の声で語りかけるように歌いかけ、読み聞かせる

歌いかけ・読み聞かせは、まず、親子で向かい合ったり、並び合ったり、重なり合ったりして歌いかけたり、目の前にある歌カードや絵本などを介してやりとりすることから始めることが大切です。最初は親自身の地声で歌ったり、読んであげることが大切で、優しく感情豊かに、語りかけるように、ときには対話（会話）を交えながら歌い、読んであげると、そこに含まれる感情や言葉といった情動的、知的な情報が子どもに自然な形で伝わっていくのです。まさに、人との豊かな交わりのなかで出てきた情報を瞬時に身につけてしまう「学ぶ本能」を刺激する関わりです。ＣＤ、ＤＶＤ、ＴＶなどで歌やお話を聞かせるのは、その後のことです。その意味で、歌いかけ・読み聞かせの出発点は「歌い合い・読み合い」活動といわれるのです。

徐々に、背景的に歌いかけたり、淡々と読み聞かせる

歌い合い・読み合い活動が進んでくると、とくに自分が気に入った歌や絵本については、子どもは次第に自分の頭のなかで、親（歌い手・読み手）の声を思い出しながら聞いているという〝自己内歌いかけ・読み聞かせ（自分で自分に歌いかけたり、読み聞かせる）体験〟という活動に移行してきます。二歳以下の小さいお子さんでも、ときに一人で歌カードを見たり、絵本を開きながら、所々で声を上げたり、あたかも字を読んでいるかのように発話しながらページをめくっている姿がみられるようになりますが、これが自己内歌いかけ・読み聞かせ体験の現象

です。これは、思考活動の原型ともいうべきもので、まさに、子どもは考えながら親による歌やお話を聞いているのであり、こうして歌いかけ・読み聞かせから歌唱・読書への移行が始まっているのです。この段階になると、子どもの思考を邪魔しないように、あまり会話は挟まず、背景的に歌いかけたり、淡々と読み聞かせるようにしましょう。もちろん、子どもの方から求めてきたときには対応してあげることは当然ですが、このような歌い方、読み方への移行・使い分けのタイミングは、聞き手である子どもの様子を見ていると容易に判断できると思います。

決して、本章で示した具体的な年齢の段階にはこだわってはいけません。大事なことは、二段階にわたって変化、発達していくということを理解しておくことが重要であり、その時期は、一人ひとりの子どもの体験の仕方によって異なってくるのです。

また、発達が遅れていると感じられた場合も、そのときの子どもの年齢にあわせるのではなく、短くても結構ですから、必ず、第一段階の経験から共有し直してください。発達は、とりわけ基盤的性質をもつ発達領域では、いつでも取り返しが効くのです。しかし、必ず、発達の原点に戻って体験をし直すことが肝心であり、取り戻しも速く、逆に、追い越してしまうこともあるのです。

歌いかけ・読み聞かせ後の展開活動が重要

歌いかけ・読み聞かせそのものは、だんだんと子どものなかに取り込まれ「自分による、自分に対する歌いかけ・読み聞かせ」としての歌唱・読書活動へと移行してきますと、今度は、親は歌いかけ・読み聞かせ後の展開活動（事後活動）に重点を移すと効果的になります。この展開活動では、歌いかけ・読み聞かせ中の子どもの思考活動の成果を子ども自身が外に表明する実践の場となりますので、後の高いレベルの社会的活動（共歌い・共読み）に容易につながっていくと考えられます。

年少の子どもは、歌・お話の内容に基づいて描画をし合ったり、〝ごっこ遊び〟に誘ったりするのがよいでしょう。年長の子どもには、歌やお話の内容を口頭で語り合ったり、替え歌やお話の続きを創造する〝お話づくり〟に挑戦したりすると、豊かな歌唱・読書活動につながっていきます。ただし、歌いかけたり読み聞かせた後に、歌やお話の感想を求めることはやめましょう。しばしば強要的となり、子どもにとっても、感想をいわなければならないとか、結果を評価されるのではないか、といった気持ちも起こって義務感、ないし受身的な態度となり、歌いかけ・読み聞かせ体験や歌唱・読書活動そのものを敬遠し始めることにもなりかねません。

年少児には母親、年長児には父親の関わりが有効

一般に、子どもにとって年少段階では母親に好奇心発揮の場と情緒安定の場を求め、二歳を過ぎるころから、父親には好奇心の発揮の場、母親には情緒安定の場を求めるといった親への期待の分化傾向がみられるようになります。とくに読み聞かせは学ぶ本能、好奇心発揮の場と

しての役割が大きいので、徐々に父親が読み聞かせの役割を担えるようになると最高です。育児としてはやりやすいといわれる読み聞かせです。お父さんの育児参加にもぜひ期待したいものです。

5 「歌いかけ・読み聞かせ」は子どもと大人の心の成長を育み続ける

本章で要約的にお示しした歌いかけ、読み聞かせの発達心理学的視点からの分析を通して、乳幼児期にお母さんやお父さんと子どもとの間でたっぷりと歌いかけ・読み聞かせの体験をすることは、子どもの心を社会情動的側面と思考力など認知的側面の二重の側面で育むことが示唆されました。

子どもは言葉に敏感に反応する生得的な力をもって生まれてきますので、歌いかけ、読み聞かせをはじめとする親の豊かな語りかけは、子どものこころに安心感・安定感を与え、確かな親子の絆とでもいうべき関係性を育むことになります。そしてこのことは、子どもに親をはじめとする他者との積極的な関わりの場を提供することになり、もう一つの生得的な力である「学ぶ本能」が発揮される舞台となって子どもに刺激的な学びの場を提供することにつながることが示唆されたのです。事実、歌いかけ、読み聞かせ活動がともに、まず、子どもの社会力・言語力、後に、知力・思考力といった発達指標と強く関連していたのです。まさに、歌いかけ、読み聞かせ活動は子どもの基盤的、全般的な発達を招くことになると考えられるのです。

しかも、歌いかけと読み聞かせは、それぞれが独自の側面をもつとともに、その独自性のもとにお互いが相互に助け合って、ますますその独自性が活きてくるという状況を示しており、是非とも、組み合わせて活用されることが有効であることが示唆されました。現実に、保育所・幼稚園、とりわけ地域の子育てセンターなどでの読み聞かせ会では、当然のように、手遊び歌などで子どもの心をなごませ、ラポール（信頼関係）を形成したり、子どもの心を活性化させたりしたあとで、本番の読み聞かせ活動が展開するのです。また最後には、事後活動的に歌で締めくくって、読み聞かせ会が〝楽しいものであった〟という印象を残すなどの工夫がみられています。当然、また、お話し会に出てみたいという次回への参加に対する強い動機づけを形成しているものと考えられます。

歌いかけ、読み聞かせ活動は、〇歳台の初期からみられる親子の交流の典型であり、その後の子ども自身の「歌唱活動」「読書活動」につながり、その過程を通して、幼児期までにおいても、子どもの社会力の基盤を形成するとともに、言語力、知力や思考・発想力といった認知力に至るまでの広範な成長を促す基盤的で、強力な子育て活動であることが示されたと思います。その上、児童期以降もさらに高度の「社会力→認知力」へと展開する子ども自身の発達力が進展していく過程を支援する重要な教育的活動であることも検証され始めています。単に、絵本の理解や語いの獲得だけではないのです。歌いかけ・読み聞かせや、その後に続く歌唱・

読書活動は是非とも習慣化し、子どもだけでなく、成人期、中年期のお父さん、お母さんもともに読書に親しむことで、高齢期に至るまでの生涯発達の糧にしていくことが可能となる、重要な活動といえるでしょう。

文献

大熊美佳子・宮下孝広・田島信元・奥村桃子・岩崎衣里子（二〇一五）「児童期・青年期の読書環境が読書活動のあり方、認知・社会的発達に及ぼす影響過程」『生涯発達心理学研究』第七号、一〇七－一二〇頁。

田島信元・中島文・岩崎衣里子・佐々木丈夫・板橋利枝・野村宏美（二〇一〇）「乳幼児の発達に及ぼす『歌い聞かせ・読み聞かせ』活動の構造と機能の発達――理論・仮説と検証研究」『生涯発達心理学研究』第二号、一三二－一五六頁。

田島信元・宮下孝広・大熊美佳子・岩崎衣里子・松本美幸・伊東直登（二〇一四）「乳幼児期から青年期に至る『読み聞かせ―読書』活動の実態と促進要因の検討」『生涯発達心理学研究』第六号、一〇五－一四二頁。

田島信元・小谷恵・内田直人・佐野公美・三木陽子・宮下孝広（二〇一五）「越境横断活動が幼児・児童の拡張的学習・発達に及ぼす影響――「カルピス」共同作製・飲用体験の家庭・保育所・小学校間越境的活動の効果」日本教育心理学会第五七回総会発表論文集、三六－三七。

ワーチ、J. V.、田島信元・佐藤公治・茂呂雄二・上村佳世子（訳）（一九九五）『心の声――媒介された行為への社会文化的アプローチ』福村出版

第2章　「歌いかけ・読み聞かせ」が豊かな子育てと発達を支援する
——公文の実践からみえてきたこと

佐々木丈夫・板橋利枝

1　家庭教育として誕生した公文式

二〇一七年現在、公文式は世界五〇の国と地域で四三五万人に学ばれています。その原点は、創始者公文公《くもんとおる》自身の経験と、彼が父親としてわが子のために行った家庭教育にありました。六〇年以上も前（一九五四年）のことです。小学校二年生だった毅《たけし》少年のポケットから、あまり良くない点数の算数のテスト用紙が出てきたのです。心配した母親は、当時高校の数学教師をしていた夫に相談しました。父親である公文公は、高校教師としての自身の見地からわが子に対する教育方針を考え、最終的に「高校生になったときに困らないような学力をつけておきたい」と思い定めました。その結果、小学生の間に微分・積分を終わらせることを目標とした家庭教育としての学習教材をつくることにしました。

わが子のためにと、ルーズリーフノート用紙に手書きでつくったその教材がすべてのはじまりとなったのです。

このような経緯から、公文式教室の展開は算数・数学からスタートしました。

しかし、公文公自身は、数学教育よりも国語教育が先になされるべきであり、「中学までは国語の力さえつけておけば大丈夫と考えて読書に力を入れて育てた」と著書のなかで何度も述べています。そして実際に、家庭でわが子に実行した最初の教育は、語いを増やし読書好きの子どもを育てることを目標とした、歌いかけと読み聞かせだったのです。

特に「歌いかけ」については、長男の幼児期から意識的になされており、このことが後で述べる「歌の教育効果」の強い主張につながっていきます。将来わが子を読書好きにしていくための第一歩として、「歌を覚えることによって語いを増やすこと」を目指した実践だったのです。

2　数学と読書力の関係

「わが子から始まった公文式学習」を普及していくために、公文教育研究会（以下、公文と略する）を創設したのは一九五八年。公文公は当初より幼児期からの知的働きかけは推奨されるべきと主張していましたが、彼自身に意識変革を迫ったのは一九七七年に現れた二名の「幼児で中学生課程の方程式を学習する生徒」でした。「幼児で分数くらいはできる子はいるだろうとは考えていたが、方程式までは予想していなかった」と後に述べています。

そのような子どもたちが全国で二四名を数えた一九八三年、成育歴に関して最初の詳細な調査を行いました。方程式以上の学習レベルに達した幼児生徒すべての家庭を社員が訪問し、面接しての聴き取り調査を行いました。その結果、その全員に高い読書能力があること、そして非常に豊かな読み聞かせが早期から実践されていたことを見出しました。つまりこのような子どもたち全員に、語りかけ・歌いかけ・読み聞かせなどが意識的に豊かに行われており、乳幼児期から積極的な「ことばの働きかけ」を受け、「ことば」に囲まれた豊かな時間を過ごしていたという共通項があったのです。

このような、その後も継続して行われるようになった実地調査と、本部に集積される全生徒の指導データ分析から、「乳幼児期の豊かなことばの働きかけは、能力開発に非常に効果が高い。数学をできるようにするためにも、まずは乳児期からの働きかけによって読書能力を高めるべき」だという確信に達したのです。

3　読書力の育成を目指して

「歌」から「すいせん図書の選定」へ――歌いかけ・読み聞かせと読書運動の推進

公文式教育は「小学生に微積分が解けるようにする」ことを目指して始まりました。そして現在、その目的を達成するためにも、子どもたちを「読書好き」にして、高い「読書力」をもった子にすることを優先することを考えて生徒指導にあたっています。もちろん読書は単に数学力向上の手段としてだけでなく、人生を豊かにしていくためにも非常に重要であることは言うまでもありません。

より高い「読書力」へ……。そのスタートラインが「歌」でした。これは伝統的な育児の方法であった歌・歌いかけのもつ「教育効果の再発見」であり、語いを増やす効果があるという観点からは新発見だと考えています。また、公文式の教室では、何千人もの障害児が学習を続けていますが、「歌・歌いかけ」が障害児の教育に大きな効果をもたらす事例も多く得ることができました(1)。

こうした事例に自信を深めた結果、公文公は、幼児教育・障害児教育のスタートとして「歌を聞かせるべき」だと宣言するに至り、成育歴調査をさらに拡大するとともに、その効果の啓蒙と普及に力を尽くすようになりました(2)。

一九八六年秋には、さらに「歌・歌いかけ」の素晴らしさを世に広めようと、「第一回　全国童謡歌唱コンクール」を日本童謡協会と共催しました。第三二回を迎える現在は、「童謡こどもの歌コンクール」と名称を変更し、秋に実施される全国大会での金賞受賞者には三笠宮寛仁親王牌が贈られています（第6章参照）。

「歌」で高めたことばの力は、読書につながっていかなければなりません。

公文が組織的な読書運動に最初に取り組んだのは「子どもたちを読書好きにするためのガイ

ド」としての「くもんのすいせん図書一覧表」の選定でした。一九八〇年のことです。

この「くもんのすいせん図書」の特徴のひとつは、大人が子どもに読ませたい課題図書のリストではなく、「子どもたちが選んだ本のリスト」であるという点です。もちろん内容も吟味しましたが、古今東西の図書のなかから、まずは「子どもたちに人気が高い」ことを第一条件として、子どもの目線から選定し直していったのです。

このリストの最大の特徴は、読みやすいものから深い内容の本へと段階に分けた「読書の順序表」としてつくられている点です。現在、5A～Iの一三段階（レベル）ごとにそれぞれ五

(1) こうした公文式教室での障害児指導実践事例をまとめたもののひとつに、『つくしんぼ、のびた～できる喜びをどの子にも／私の障害児指導』（くもん出版）というシリーズの書籍があります。一九八五年に第一号を発行。現在は休刊中ですが二〇〇七年には第一九号が発行されました。一部欠本により入手できない号がありますが、この『つくしんぼ、のびた』のバックナンバーの入手につきましては、くもん出版・お客様係（電話〇一二〇―四九四―六一五）にお問い合わせください。なお、こうした書籍のほかに、障害のある生徒の指導のための指導者用マニュアル等により、「歌と読み聞かせ」をベースとした障害児指導の事例記録の蓄積が現在も継続されています。

(2) この当時公文が発行した「歌・歌いかけ」に関する出版物を紹介します。

・一九七九年：『〝公文が選んだ〟母と子の童謡集』（公文公監修・公文数学研究会編）
・一九八五年：『くもん式の母と子の童謡カード』（全三集：九〇曲）
・一九八六年：『翔子――優秀児へ子育て現在進行形』（金川純子著／「歌がひらく能力」がテーマ）
・一九八八年：『歌がわが子の頭をよくする』（公文公・小田林浩子共著）

〇冊、計六五〇冊の本を配列した「読書の順序の目安として利用できるリスト」となっています。この工夫によって、文字の読める子どもたちにとっては、だれもがやさしいところから読みはじめることができて、自分にあった「ちょうど」の本と数多く出合いながら少しずつ高いレベルの本を読んでいけるようになっています。そして一人読みに入る前の乳児・幼児のためには、読み聞かせる本の選定のために十分活用してもらうことができるのです。

読む本、そして読み聞かせてもらう本のレベルはもちろん個人別ですが、読書能力をおおよその年齢レベルにあてはめれば、乳・幼児（5A〜2A）、小学校低学年（A〜C）、高学年（D〜F）、中学生（G〜I）としています。この「くもんのすいせん図書」は、現在も毎年継続的に絶版本等の見直しを行い、改訂を繰り返して精度を高めています（リストは公文教育研究会のホームページから無料でダウンロードできますので、ぜひご利用ください）。

公文の「読書好き育成」への取り組みは、一九八一年の「読書力養成」を目指した国語教材の開発、公文式国語教室の開設へと続きます。そして教室への「くもん文庫」の設置と「図書援助制度」運用を推進して現在に至っています。

二つの幼児教育スローガンの選定とその推進

「家庭での歌いかけ・読み聞かせ」を家庭教育の最も重要な出発点として位置づけ、その考え方の普及と実践の推進に取り組むために、公文公は二つのスローガンをつくりました。それが「生まれたら　ただちに歌を　聞かせましょう」と、「歌二百　読み聞かせ一万（回）　かしこい子」というスローガンです。この二つは現在も公文式の乳幼児教育の根本の指針となっています。

「生まれたら　ただちに」とは、乳児期から歌とともに成長していく環境を整えていくことの提唱です。公文式では、将来読書好きに育てるためにも、また公文式が目指している「自学自習力」をつけて、自分から学習をしていく子に育てるためにも「まず歌から始めていく」ことを強く推奨してきました。この時点では、科学的な因果関係は不明でしたが、事例からはその効果が強く推測されていました。

「歌いかけ」は、どんな働きかけに比べても簡単で、安価で、だれでも、しかも一人でも実行できる方法であり、公文公が晩年に最も強く推進していた活動でもありました。

このような活動がさらに広く浸透していくことを願って、公文では二〇〇五年に「絵本子育てをサポートするサイト」ミーテ(3)を開設、また歌いかけ・読み聞かせの社会的実践運動として「こそだて　ちえぶくろ」活動に取り組んでいくことにしました。なお、ほぼ同時期には「歌いかけや読み聞かせの効果を科学的に研究していくための共同研究班」も組織しています。

次節では、それらの社会貢献活動の具体的な内容について紹介します。

4　共同研究の実施——発達心理学と脳科学からのアプローチ

さて、公文では「生まれたら　ただちに歌を　聞かせましょう」「歌二百　読み聞かせ一万かしこい子」の二つのスローガンのもと、乳幼児に対する歌いかけ・読み聞かせの育児法の素晴らしさを世のなかに伝えていく努力を継続してきました。しかしその活動を推進していく過程で、この伝統的な「子どもに歌い、話しかけ、読み聞かせる」育児方法が思いのほか評価されていないことにも気付かされることになりました。特に「乳児に対する読み聞かせの効果」については、これほどブックスタートが普及した現在においてさえ、なお疑問視する方もいます。

一方、乳児期ではなく「幼児期全体」に対しては、歌いかけ・読み聞かせは子どもの発達に効果をもつと経験的に認められており、家庭だけでなく幼稚園や保育所などでも実践されてきたことは周知の通りです。しかし、実践的な価値は経験的には深くわかっていたものの、それがどのように養育者と幼児の相互行為や、言語・コミュニケーション・情動調整力・言語リテラシーなどの諸能力の発達に寄与し、将来の高度な学習を支える基盤となるのかは、明確には解明されていませんでした。

そこで、乳児期・幼児期の全体を通して「歌いかけ・読み聞かせの効果」について明らかにするために、二〇〇六年に「子育ての科学共同研究班」を組織し、科学的なアプローチを試みることにしました。

共同研究の最大のテーマは、発達心理学と脳科学、そして実践者の立場から「子育てにおける歌いかけ・読み聞かせ」の意義と方法について考えていくことです[4]。二〇〇六年二月に第一回会合を実施して以来、二〇一三年三月まで、毎月定期的に班会議を

(3)　「絵本子育て」をサポートするサイト、ミーテについて

自治体で実施している「ブックスタート」や、三六頁で紹介する「こそだて　ちえぶくろ」などに参加することで、乳児期に読み聞かせをするきっかけができても、実際に家庭で始めてみると、子どもの反応はさまざまで思うようにならないことも多くあります。そんなとき、同年齢（月齢）での他の家庭での読み聞かせの工夫事例があると大変助かるとの声を多く聞きました。

そこで、各家庭での「読み聞かせ情報」を多くの人に提供するために運営を始めたのが無料のＷＥＢサイト mite（ミーテ）（http://mi-te.kumon.ne.jp/）です。

ミーテのサイトでは全国のお父さんお母さんが日々の読み聞かせの記録を日記形式で綴っており、どのような年齢の子どもに、どんな絵本を、どんな風に、どれだけ読んだという読み聞かせ情報がリアルタイムで蓄積されています。

全国の先輩お母さんの記録を参照するとともに、自分の読み聞かせを中心とした子育て記録も簡単につけることができ「世界でたったひとつのわが子の読み聞かせ日記」ができあがります。ＷＥＢ上で同じ「子育て仲間」で応援しあったり、心温まるコメントのやりとりが行われています。ぜひ多くの方にご利用いただき、ご家庭で素敵な読み聞かせの時間を続けていただくことを願っています。

開催しながら、脳科学ではＮＩＲＳやｆＭＲＩ、非接触型視線測定装置等の機器を使い、発達心理学からは、事例調査を積み重ねることで実験・調査を継続してきました。

共同研究の成果については、その発展形も含めて、本書の第1章・第5章・第8章・第9章・第10章でそれぞれ言及しています。

また、一般読者向けには、脳科学からのアプローチの結果は、『読み聞かせは心の脳に届く』（泰羅雅登、くもん出版、二〇〇九年）に、発達心理学からのアプローチの結果は、『〇歳からの「くもん」歌と絵本が育てるあかちゃんの脳とこころ（ｅｄｕコミュニケーションＭＯＯＫ）』（田島信元ほか、小学館、二〇一二年）にまとめられています。

ここからは「ことばで育む親子のきずなづくり」を掲げて公文が取り組んだ子育て応援活動、「こそだて　ちえぶくろ」とその実践活動の成果について紹介させていただきます。

5　公文の子育て応援活動「こそだて　ちえぶくろ」について

「こそだて　ちえぶくろ」活動（二〇〇七年～二〇一六年）とは

公文では半世紀以上にわたる教室での実践事例から、生後すぐから歌を歌いかけられ、本の読み聞かせを継続されていくことで、親と子のきずなが強まるとともに、豊かな情感と感性が

写真２－１　公文教室での読み聞かせ実施の様子(例)

育つことを学んできました。「こそだて　ちえぶくろ」は、この事例から学んだ「歌いかけ・読み聞かせの子育て」を全国の多くの家庭で実践していただくことを願って、二〇〇七年度から九年間にわたって実施した公文の社会貢献事業のひとつです。

「こそだて　ちえぶくろ」の主な対象は〇～三歳児の親子です。全国の有志の公文式教室で、公文の指導者が「歌いかけ」や「読み聞かせ」の具体的なお手本を示しながら、参加親子と一緒に歌と絵本で楽しい時間を過ごすプログラムです。

教室での実施は二～三回シリーズ（間隔は二週間から一か月）、実施時間は各回三〇分程度。絵本や童謡のＣＤ・記録ツール等が入ったセットを無料で提供し、教室での体験を家

（４）共同研究班メンバーは、以下の通りです。
・白百合女子大学／田島信元教授　・白百合女子大学／宮下孝広教授
・東京医科歯科大学／泰羅雅登教授　・京都大学／中村克樹教授
・昭和女子大学／　中村徳子准教授
・公文教育研究会　・くもん出版

庭に持ち帰ってもらい、日常的に「歌いかけ」と「読み聞かせ」を通した豊かな親子のふれあいをもってもらうことを主眼としていました。

二〇〇七年の活動開始から、活動を終えた二〇一六年三月までに、全国一万二〇〇〇名の公文の指導者が、一六万組以上の親子にこのサービスを提供してきました。この活動の成果は、「Baby Kumon」という新しい有料のプログラムに活かされて、現在に至っています（第6節：七六–七七頁参照）。

「こそだて　ちえぶくろ」活動の特徴について

さて、その「こそだて　ちえぶくろ」のコアコンセプトは「ことばで育む親子のきずなづくり」としました。いうまでもなくスキンシップは、親子のきずなを育む非常に大切で不可欠な方法ですが、「教育を主とする団体として社会にフィードバックできる活動を」との観点から、活動の中心を〝親子の豊かなことばのやりとり〟に絞り込んで展開することにしたのです。

この活動の最終のねらいは、家庭で「歌いかけや読み聞かせ」を楽しく実践してもらうことです。家庭での実践を継続していただくためには「わかりやすくシンプル」で「保護者に負担がかからない」ものでなければなりません。乳児にしてあげることで好影響を及ぼすことは非常にたくさんありますが、だからといって「あれもこれも」では、多くの保護者にとって実行が難しくなってしまいかねません。まずは、本当に根本的な「歌いかけ・読み聞かせ」に絞りこんでお伝えしたかったのです。

さらに重要な点は、〝お母さんが集う場所〟として公文式の教室を提供し、歌いかけや読み聞かせ、そして子育てについて語り合える〝人〟を、指導経験豊かな公文式の指導者に依頼したことです。子育てに関する情報は、書籍・雑誌・インターネットなど各種の媒体を通じてあふれている時代ですが、子育てへの励ましとなる本物の応援は、生きた実際の〝人〟を通じてこそなされるものだという考え方からです。

また「こそだて　ちえぶくろ」で提供していたカリキュラムは、五〇年間にわたる実践から生まれた「お母さんが働きかけやすく、子どもたちがよく反応する」内容を主としたツールから構成しました。作成上で最も心がけたのは、事例からの学びとともに、共同研究の成果を踏まえた上で、「子どもへの一方的な刺激」ではなく、「歌と読み聞かせを介した親子の触れ合い」を繰り返しできるように工夫してある点です。

6　「こそだて　ちえぶくろ」追跡調査からみえてきた「歌いかけ・読み聞かせ」の効果

「こそだて　ちえぶくろ」に参加した親子は、参加後も家庭で「歌いかけ・読み聞かせ」をしているでしょうか。お母さんは「子育ては楽しい」と感じているでしょうか。また、子ども

表2-1 調査の概要

	実施時期	回答数	子どもの年齢(平均)
第1回調査	2008年10月(参加半年後)	110名	2歳5か月
第2回調査	2009年10月(参加1年半後)	59名	3歳3か月

は健やかに成長しているでしょうか。

「こそだて ちえぶくろ」に参加した親子のその後の様子を二年にわたって追跡調査をしました。その調査結果からみえてきた、「歌いかけ・読み聞かせ」がお母さん、子ども、そして親子関係にもたらした変化について板橋ほか(二〇一二)にもとづき報告します。

「こそだて ちえぶくろ」追跡調査の概要

「こそだて ちえぶくろ」に参加した親子を対象として、質問紙調査を二回実施しました(表2-1)。

【質問①】(第一回調査・第二回調査共通)

「歌いかけ・読み聞かせ・子育て・親子関係」について(二〇項目)

※第一回調査では、「こそだて ちえぶくろ」参加直後と現在(参加半年後)の様子について質問しました。

【質問②】(第二回調査のみ)

子どもの「社会性」や「言語の発達」について(二〇項目)

※第二回調査では、「こそだて ちえぶくろ」未経験の親子の様子と比較するために、複数の保育園にご協力いただき、「こそだて ちえぶ

くろ」の参加経験のない二～五歳（平均年齢四歳五か月）の子どもをもつお母さん一七二名を対象に同様の質問紙調査を実施しました。

「歌いかけ」と「読み聞かせ」に対する母親の意識の変化

調査データを分析した結果、「こそだて　ちえぶくろ」参加直後・参加半年後・参加一年半後、それぞれの時期におけるお母さんの「歌いかけ・読み聞かせ・子育て・親子関係」に対する気持ちや行動の様子は図２－１のようになりました。どの時点においても、お母さんは「歌

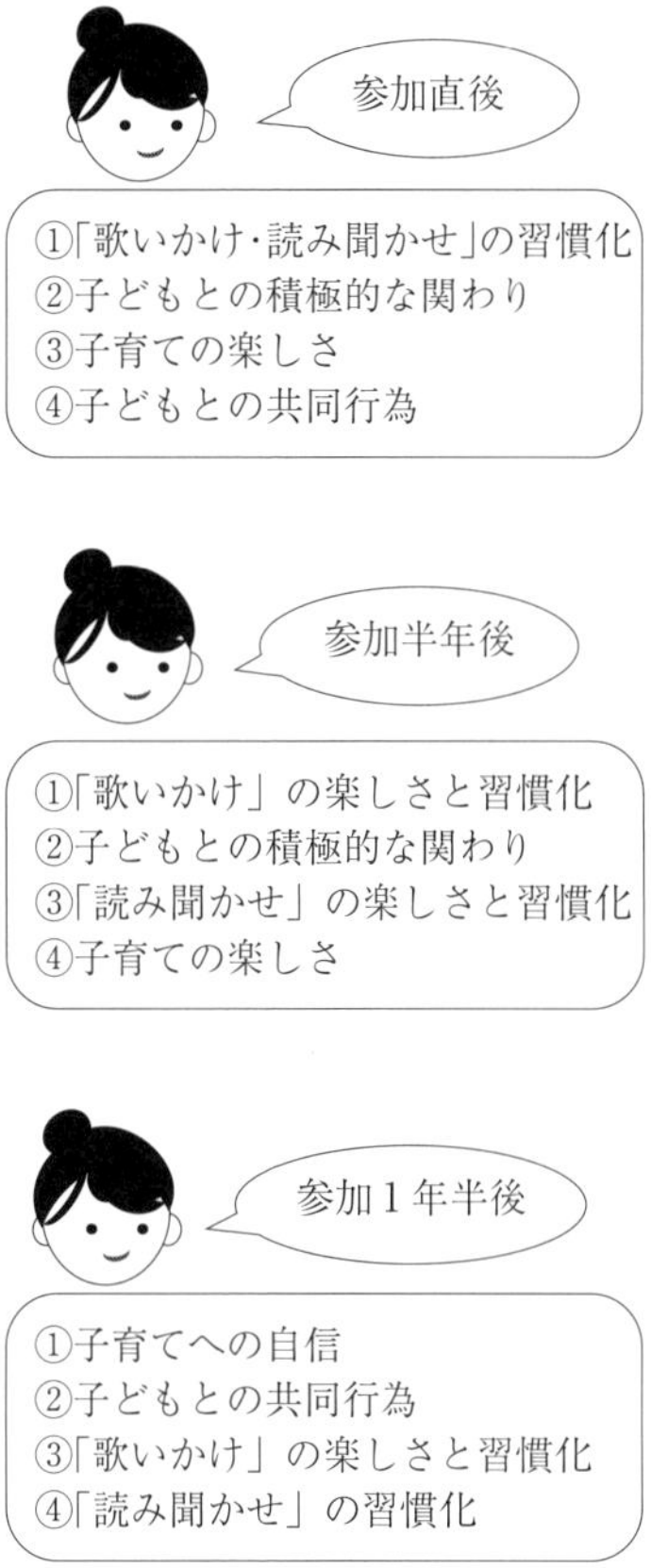

図２－１　「こそだて　ちえぶくろ」参加後のお母さんの気持ち・行動の変化

いかけ」や「読み聞かせ」などで子どもと積極的に関わり，楽しい子育てをしている様子がうかがえます。

「こそだて　ちえぶくろ」参加直後の時点で，早くも，お母さんは，「歌いかけと読み聞かせが習慣になった」と感じています。「こそだて　ちえぶくろ」への参加が，「歌いかけ・読み聞かせ」をするきっかけとなり，家庭でも「歌いかけ・読み聞かせ」を続けることで，親子の間で習慣となってきたようです。

そして，参加半年後，参加一年半後も，「歌いかけは楽しい・習慣化している」「読み聞かせは楽しい・習慣化している」という結果から，「歌いかけ・読み聞かせ」が親子の間で習慣として確実に定着したことがわかります。

ここで注目したいことは，参加直後は「歌いかけ・読み聞かせ」がひとまとめになっていましたが，参加半年後と参加一年半後は，「歌いかけ」と「読み聞かせ」がそれぞれに分かれたことです。「歌」や「絵本」を使って親子でたくさんのやりとりをすることで，お母さんは「歌いかけ」と「読み聞かせ」それぞれの良いところに気づき，「似ている部分もあるけれど，違うもの」だと感じるようになってきたのではないでしょうか。そして，子どもの様子に応じて「歌いかけ」をしたり，「読み聞かせ」をしたりするようになり，そのような子どもと向かい合った深い関わりが，お母さんの「子育ての楽しさ」や「子育てへの自信」につながっていると考えられます。

「子育てが楽しくなった」母親が増えた

ところで、子育てに「歌いかけ・読み聞かせ」を取り入れることにより、お母さんの気持ちや行動は具体的にどのように変化していくのでしょうか。次に、「こそだて　ちえぶくろ」追跡調査結果からわかった「歌いかけ・読み聞かせ」がお母さんの気持ちや行動、そして親子関係に与える影響についてみていきましょう。

「歌いかけ・読み聞かせ・子育て・親子関係」についての質問（二〇項目）に対する、お母さんの「こそだて　ちえぶくろ」参加直後・参加半年後・参加一年半後の各回答を比較し、分析しました（図２－２）。

参加半年後の回答は、参加直後の回答と比べて「読み聞かせの習慣化」「歌いかけは楽しい」「子育てに自信がある」「笑顔になることが多い」「子どもと接する時間が長い」など二〇項目すべてにおいて数値が上がり、そのうちの一九項目の数値の上昇は統計的に有意な差があるという結果が出ています。

さらに、「こそだて　ちえぶくろ」参加半年後と参加一年半後の結果を比較すると、「読み聞かせは楽しい」「歌いかけは楽しい」「（子どもと）コミュニケーションがとりやすい」「親子の関わりの大切さがわかる」「子どもに何かしてあげたい」「子育てが楽しい」の六項目の数値が有意に上昇している結果となりました（図２－２）。

これらの結果から、お母さんは「歌いかけ・読み聞かせ」を通して子どもと接する時間が増

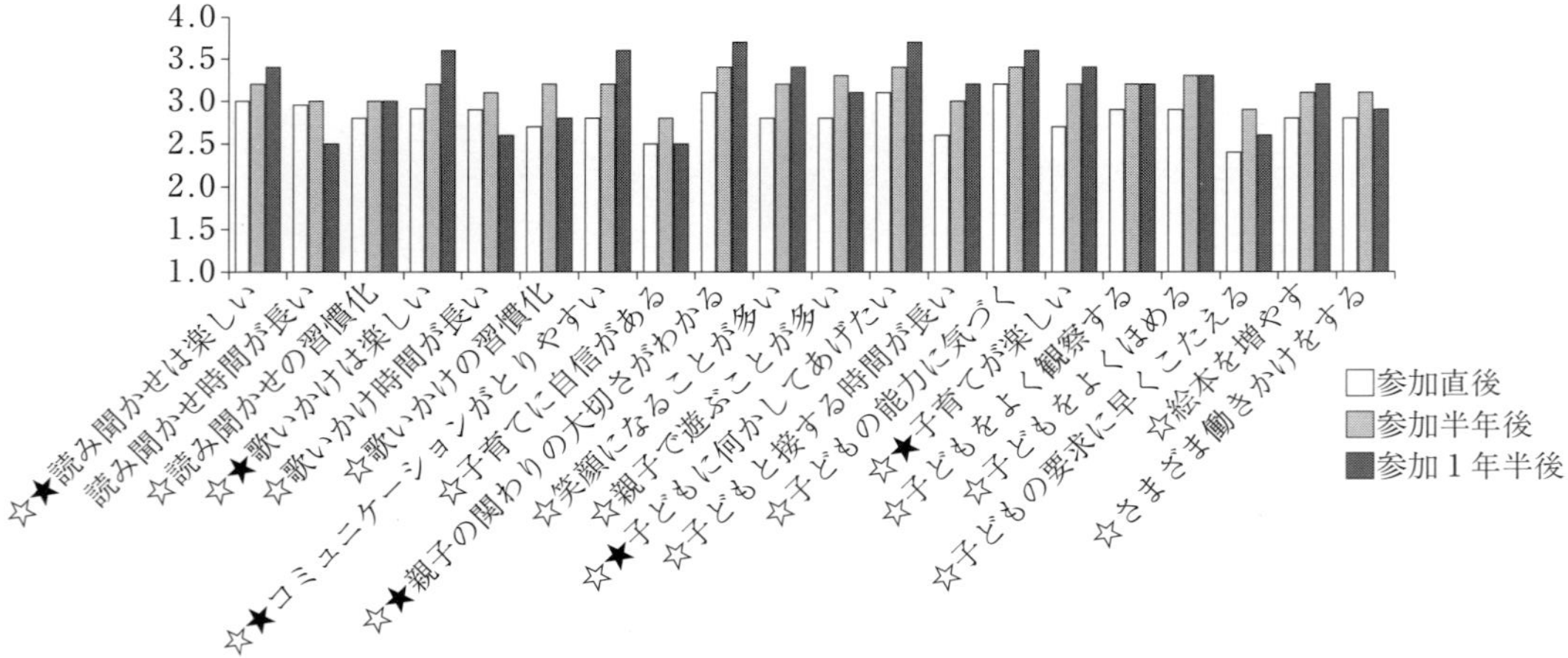

図2-2　「こそだて　ちえぶくろ」参加直後・半年後・1年半後の「読み聞かせ・歌いかけ・子育ての様子」の変化

注：数値は4を最高値とした4段階評価の平均値。4：全くその通り，3：ほぼその通り，2：あまりそうではない，1：全くそうではない。
☆は参加直後と比較して参加半年後に有意に上昇した項目。
★は参加半年後と比較して参加1年半後に有意に上昇した項目。

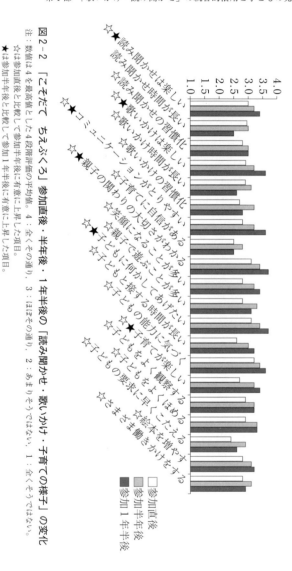

えたことで、心と心のコミュニケーションがとれるようになり、親子の関わりの大切さを感じ、積極的に子どもと関わっていこうという気持ちがさらに強くなっていくという良いサイクルができてくると考えられます。

なによりもうれしいことは、「子育てが楽しくなった」と多くのお母さんが感じていることです。子どもの成長・発達にともない、お母さんの思い通りにいかないことも増えていくなかで、お母さんが「子育てが楽しい」と感じることができるのは、良い親子関係の土台（親子のきずな）が育まれているからであり、そのことにも「歌いかけ・読み聞かせ」が大きな役割を果たしているといえるでしょう。

「歌いかけ・読み聞かせ」が子どもの発達にもたらすものは……

ここまでは、「歌いかけ・読み聞かせ」がお母さんの気持ちや行動にもたらす影響・効果をみてきましたが、子どもの発達にはどのような影響や効果があるのでしょうか。「歌いかけ・読み聞かせ」の効果は、子どもの年齢や発達にともない変化していくのでしょうか。また、「こそだて　ちえぶくろ」参加経験の有無によって何か違いが生じるのでしょうか。

二歳児・三歳児・四歳児の各年齢の「こそだて　ちえぶくろ」参加経験のある子どもと参加経験のない子どもの比較調査の分析結果からみていきましょう（図２-３）。

二歳児の「こそだて　ちえぶくろ」参加経験のある子どもは、参加経験のない子どもと比較

2歳児
・ひとりで絵本を読む（見る）
・文字に興味をもつ
・注意を守る
・10まで数えられる
3歳児
・ブランコなどの順番を待てる
・自分でつくったものを見せたがる
4歳児
・自分でつくったものを見せたがる
・絵本のなかの一文を覚えている

図2-3　「こそだて　ちえぶくろ」参加経験のある子どもの特徴

注：「こそだて　ちえぶくろ」参加経験のある子ども＞「こそだて　ちえぶくろ」参加経験のない子ども。
　検定の結果，有意な差があった項目。

して、ひとりで絵本を読む（見る）ことが多く、文字や数字に興味をもちやすいという傾向があり、また、「注意を守る」という大人に対する社会性も育まれているようです。

三歳児の「こそだて　ちえぶくろ」参加経験のある子どもは、参加経験のない子どもと比較して、「ブランコなどの順番を待てる」などという自己統制力が高い傾向がみられ、「自分でつくったものを見せたがる」などの自己表現の意欲も高いという結果が出ています。

四歳児の「こそだて　ちえぶくろ」参加経験のある子どもは、参加経験のない子どもと比較して、三歳児同様、自己表現意欲が高い結果となりました。また、「絵本のなかの一文を覚えている」という自己内対話化（お母さんとの「読み聞かせ」を思い出し、頭のなかのお母さんと対話している状態）がみられ、これは思考力の発達を示しています。

今回の調査の結果から、「歌いかけ・読み聞かせ」は、子どものことばに関する能力や自己表現力を伸ばすことに関与していることが示されました。また、「歌いかけ・読み聞かせ」で育まれた「親子のきずな」をベースとして、親以外の人との関わりにおいても、「注意を守る」「順番が待てる」などという社会性の発達が促されていると考えられます。このような点から、「歌いかけ・読み聞かせ」は子どもの成長において、とても重要な領域を育んでいることは間違いないでしょう。

「歌いかけ・読み聞かせ」で育む「親子のきずな」

今回の調査結果で驚いたことは、わずか三回（シリーズ）の「こそだて　ちえぶくろ」の参加がきっかけではじめた「歌いかけ・読み聞かせ」が、その後、親子の間で習慣となり、一年半以上経過しても続けられているケースが多いということです。

「歌いかけ・読み聞かせ」は、聞き手である子どもを楽しくするだけでなく、歌い手、読み手であるお母さんにも、自然で受け入れやすい働きかけの方法であり、「楽しい気持ちになる」「笑顔が増える」という効果があるため、習慣になりやすいと考えられます。

今回の調査結果から、「歌いかけ・読み聞かせ」の家庭での習慣化は、「親子のきずな」を育み、お母さんの子育てに関する意識を向上させ、良好な親子関係の形成や、子どもの基盤的な発達（ことばの発達・社会力の発達・思考力の発達・自己表現力の発達）にも貢献する大きな影響性をもっていることがわかってきました。しかもこの影響性は一過性のものではなく、好循環となって、より良い親子関係を保ち、子どもの発達をサポートしていくという持続力もあるようです。

あらためて、乳幼児期に「親子のきずな」を育む「歌いかけ・読み聞かせ」の大切さを実感する調査結果となりました。

「親子のきずなづくり」と「伸びる子どもの土台づくり」を目指して

私たち公文は、「こそだて　ちえぶくろ」活動により、半世紀以上にわたって全国の公文式教室で実践してきた「歌いかけ・読み聞かせ」の大切さを再確認しました。

そして、もっと多くのお母さん・お父さんに「歌いかけ・読み聞かせ」による楽しい子育てを提案していきたい、親子が「歌いかけ・読み聞かせ」を家庭で続けていけるようなサポートをしていきたい、とさらに強く思うようになりました。

また、「こそだて　ちえぶくろ」に参加したお母さんからも「三回で終わってしまうのはもったいない。もっと通いたいので、(有料でもいいから)続けてほしい」という声もいただくようになってきました。

このような背景を受けて、二〇一二年六月に〇〜二歳の親子のための新しいサービスとして「Baby Kumon」が誕生しました。

「Baby Kumon」は、親子が家庭で楽しめる「Baby Kumon セット」と、公文式教室での月一回の「Baby Kumon タイム」から成り立っています。

「Baby Kumon セット」は、年齢や発達に応じて使える絵本やカード、うたのCDなど、「歌いかけ・読み聞かせ」による親子のやりとりが広がるシンプルで楽しいアイテムが揃っています。一方、「Baby Kumon タイム」は、公文式教室の先生がお母さんの話をじっくりと聞いて、家庭での「歌いかけ・読み聞かせ」を継続できるようにサポートする時間です。

「Baby Kumon」は、「Baby Kumon セット」と「Baby Kumon タイム」があいまって、楽しく「歌いかけ・読み聞かせ」を続けていただくことで、「こそだて　ちえぶくろ」活動同様、「親子のきずな」が育まれ、子どもの「育ちの土台」、そして「学びの土台」がつくられることが明らかになってきています（板橋・田島、二〇一三；板橋・田島・宮下、二〇一四；板橋・田島・宮下、二〇一五；田島・板橋・宮下、二〇一六）。

公文は、これからも、「一人でも多くのお母さん・お父さんに楽しい子育てをしていただきたい」と願い、全国の公文式教室を通して、より広い層のお母さん、お父さんに「歌いかけ・読み聞かせによる子育て」を提案し、「親子のきずなづくり」と「伸びる子どもの土台づくり」のサポートを続けていきたいと思っています。

文　献

板橋利枝・田島信元・小栗一恵・佐々木丈夫・中島文・岩崎衣里子（二〇一二）「『歌いかけ・読み聞かせ』実践が母子関係の発達に及ぼす影響――KUMON『こそだて　ちえぶくろ』プログラムの意義と持続的効用」『生涯発達心理学研究』第四号、八九‐一〇四頁。

板橋利枝・田島信元（二〇一三）「『歌いかけ・読み聞かせ』による母子相互行為が母親の育児意識・育児行動に及ぼす影響――『Baby Kumon』プログラムの意義と効果」『生涯発達心理学研究』第五号、一二五‐一三六頁。

板橋利枝・田島信元・宮下孝広（二〇一四）「〇～二歳を対象とした『Baby Kumon』プログラムが母子関係・子どもの発達に及ぼす影響――母子間のコミュニケーション・ツールとしての『歌いかけ・読み聞かせ』の構造と機能」『生涯発達心理学研究』第六号、八一‐一〇四頁。

板橋利枝・田島信元・宮下孝広（二〇一五）「『歌いかけ・読み聞かせ』に関わる母子相互作用と母親の発達期待が〇～二歳児の発達に及ぼす影響」『生涯発達心理学研究』第七号、八五‐一〇六頁。

田島信元・板橋利枝・宮下孝広（二〇一六）「『歌いかけ・読み聞かせ』実践が母子関係・子どもの発達に及ぼす影響――〇～二歳児を対象とした『Baby Kumon』プログラムの幼児期における持続的効果」『生涯発達心理学研究』第八号、九九‐一二〇頁。

第Ⅱ部　歌いかけ活動からみえてきたこと

第3章　子どもと歌を結ぶもの

早川史郎

1　「歌いかけ」と子どもの歌

子どもの歌は、言葉と音楽をもつ豊かな子どもの文化であって、あらゆる音楽と同じようにつくる人、歌う人、聴く人すなわち表現と受容の関係において成立する伝達の文化です。「歌いかけ」という働きにおいては明らかに大人が表現者となり受容者は子どもです。この伝達の系が力強く保たれるためには、豊かな表現技能をもち、最良の時と場を選び、子どもの発達を考え、心の動きを見つめることが重要です。

それと同時に、子どもが「どんな歌」を求めるかを知り、その選択肢を広げることが必要となります。音楽における表現と受容の関係を満たすためには、その曲をつくった人の心に寄り添うことが大きな鍵となるからです。子どもはさまざまな環境の働きかけを受けて成長していきます。子どもへの「歌いかけ」という働きは、人の声によって行われるのは当然ですが、時にはラジオ・CD・テレビなどのメディアを通しての刺激も欠くことができません。すなわち豊かな音楽が子どもに伝わるべきすべての道筋や方法が、「歌いかけ」の範疇に入っていなければならないと考えられます。

一茶のおじちゃん　一茶のおじちゃん
あなたの生まれは　どこですの
はい　はい　私の生まれはのう
信州信濃の山奥の　そのまた奥の一軒家
雀とお話　してたのじゃ(1)

いったい誰がこのレコードを買ってくれたのか、誰がこの曲を作ったのか、どうしてたくさんあるレコードのなかからこのメロディーだけ記憶に残っているのか、私にはわからない。ただわかっているのは、この歌が心に響くとき、私の時のない世界の重い扉がひらかれ故郷《ふるさと》の野山をかけめぐり花の匂いをかぎ野をわたる風やすだく虫の音に耳を傾けている自分を見いだしているということだけなのだ。

（早川史郎『少年誌・童謡への招待（日本児童文学別冊）』偕成社、一九七八年）

私が子どもと歌とのつながりに関心をもつようになったのは、この心の響きと無関係ではありませんでした。というよりむしろ幼い日の淡い記憶の部分をさぐりあて、それに「今」の光をあてることが、「子どもの歌」を知る唯一の手がかりではないかと考えていたからなのでしょう。

私たち大人は心のなかにさまざまな過去の経験や記憶を背負いながら生きています。そこには、もう薄れかかった幼児期の記憶の断片も含まれていて、短い歌のフレーズのなかから甦ってくることさえあるのです。

大人はきっと過去をひきずりながら生きているに違いありません。しかし、子どもは決して過去を振りかえることなどなく、また語ることもありません。昨日のことを聞いてみても「わかんなーい」と冷たく拒否します。たぶん過去を事象としてとらえることなく「今」とそれにつづく「未来」と共に生きているからに他なりません。

子どもたちを見ていると、「うた」は淡いあこがれや夢や感傷の産物としてではなく、現実にぶつかっている「今」への対決であり融合としてとらえているようです。すなわち生きている証であり喜びの叫びでもあります。

子どもたちは、大人がのめり込んでいる幼い日に抱く淡い憧憬や感傷の世界を、クールにしかもたくましいエネルギーで飛び越え、時には荒々しく踏みにじったり無視したりするに違い

（1）　中条雅二（作詞）、中野二郎（作曲）（一九三七）「一茶さん」コロナレコード。

ありません。子どもたちは、今歌いたいから歌い、踊りたいから踊り、打ちたいから打つのです。興味の湧かないもの、わかりにくいもの、面倒くさいものにはそっぽを向きます。聞いてみたい、やってみたいという欲求を刺激する要素が稀薄なものは、子どもの歌として成り立たないのです。

もちろん子どもの心を動かすには、伝達する人の豊かな表現力と、伝えるべき最も良き時を探しあてる力と、すぐれた歌を選択するセンスをもたなければならないことは当然です。

大人が子どもに与えたい、歌わせたいと考えているものと、子どもが聞きたい、歌いたい、遊びたいと思っているものとのギャップが大きいときには、良い表現と受容の関係が生まれず「歌いかけ」の効果は薄れてしまいます。しかし、もし表現者がすべての要素を満たした上で伝達を行った場合、それを受けとめる子どもはどんな能力をもっていればよいのか考えてみましょう。

2 「歌いかけ」を受けとめる子どもの音感

音感は「音感覚」とも呼ばれ、音の刺激に反応する感覚器官の感受性といわれています。私たちは音感という言葉を耳にすると、すぐ音楽教育と結びつけて考えがちです。たしかに豊かな音感を身につけることは、音楽に親しみ理解する基礎的な役割を果たすものに違いありません。

しかし、この感覚は音楽だけでとらえられるものではなく、人間が人間らしく生きていく上できわめて重要なものであることを忘れてはなりません。

人間は目・耳・鼻・舌・皮膚の感覚器官を通して外界からのさまざまな刺激を受けとめています。その信号は、すばやく脳に送られ分析され処理され、それが、感じたり、発見したり、知ったり、考えたり、行動したりという新しい働きを引き起こす原動力となっています。その道筋はきわめて複雑ではありますが、この五つの感覚器官の働きこそ、人間が人間らしく生きるために最も重要なものと考えられます。

「音感」は五つの感覚器官のなかの耳の働きですが、「聞こえてくるものをただ受けとめる」という状態からスタートして、それを分析し選択し記憶し、その意味や内容を理解し、さらに興味や関心を呼び起こし、豊かな想像力をかき立て感情が生まれ、さらに思考へと進んでいく可能性をもっています。

子どもの周りに生ずる音は多種多様ですが、最も重要なものは人間の声です。

六・七か月目の胎児は、お母さんのおなかのなかですでに外界の音に反応していることがわかっています。この時期こそ母の声を認識する最初の経験となります。それゆえ胎教としてやさしい母の「歌いかけ」が大きな意味をもつのは当然です。

また生後二・三か月の赤ちゃんにやさしく語りかけると、目を大きく開いて音の方向を探り、手足をばたつかせて喜びの表現をするようになります。これは聴覚が豊かな発達をしはじめた大切な時であり、好きな音、嫌いな音、気持ちの良い音などが定着していく大切な時期です。子どもの周りで大声を出したり、テレビをつけっぱなしにしたり、ドタバタ歩いたり、ベッドのそばで掃除機をガーガーかけたりという無神経なことをしてはいけません。

お母さんの「語りかけ」「歌いかけ」を受けとめるべき「音感」が養われるには、子どもの周りに「静寂」が保たれる必要があります。聞こえてくるさまざまな音から好きな人の声を選択する力が生まれてくるからです。また「静寂」は、自然界の音を子どもに伝える鍵となります。風が吹く音、雨の降る音、落葉の散る音、潮騒の音、虫の声など、自然からのメッセージを受けとめることで音感の基礎は高められていくことになります。

さらに「歌いかけ」は、音楽教育の基礎としても重く受けとめられています。さまざまな音の要素や性質を受けとめる音感のことを「音楽的感覚能力」と呼び、幼児期に育てておかなければ以後なかなか身につきにくいものといわれています。それは音の高低・長短・強弱・緩急・音色などの物理的要素を知覚する能力であり、さらにそれらが複雑に組み合わされたリズム感・メロディー感・フレーズ感・ハーモニー感など、より高度な音感覚に広がっていきます。

特に「歌いかけ」には、リズムの要素である言葉の強弱・緩急・抑揚・音色などが、音楽と深く結びつきながらその曲の意味や内容を子どもに豊かに伝達していく力がありますから、単に音楽教育としての効果より、長い人間の一生に関わる感性の醸成に欠くことのできないものと言えます。

その「歌いかけ」に反応し、それを記憶し、再現していく力もまた、音楽的能力として重要です。まねして歌ってみたいという気持ちが生まれることは「音楽的表現能力」の基礎となるからです。次に、「歌いかけ」で語られ歌われる子どもの歌について考えてみましょう。

3　日本の子どもの歌とは

私たちは子どもの歌の総称として「童謡」という言葉を用います。しかし日本の子どもの歌の長い歴史のなかでは、「童謡」は大正時代に興った童謡運動のなかで創られた児童詩とそれにメロディーがつけられた音楽を指す言葉です。確かに「童謡」は「わらべうた」と読み、「わらべ」を「子ども」と置き換えると「子どもの歌」となるので、世のなかでこう呼ばれるようになってしまいました。

日本の歴史に現れる子どもの歌は、「わらべうた」「唱歌」「童謡」「新しい子どもの歌」「テレビの歌」などと呼ばれ、さまざまな変遷を遂げてきました。「わらべうた」を子どもがはじめて歌ったという記述は、平安時代の「讃岐典侍《さぬきのすけ》日記」一一〇七（天仁元）年一月二日の條に、のちの鳥羽天皇が八歳のとき、庭の雪を見て「降れ降れ粉《こ》雪たまれ粉《こ》雪　垣の木の岐に」とうたい給うたと書かれてあり、今も京都地方のわらべうたとして残っています。

わらべうたは、いったいいつ頃から子どもが歌っていたかは詳らかでありませんが、子どもがこの世に存在するようになったときから歌らしいものを口ずさんでいたに違いないと考えると、かなり長い時間を経ていると想像できます。江戸時代に入ると、全国のわらべうたを集めた『童謡集』『尾張童遊集』が出版されました。しかし、言葉と遊び方は記述されていましたが、正確な「ふし」は書かれていませんでした。もちろんわらべうたは子どもの口から口へと伝承されどんどん変化していったものであり、しかも当時は音を正確に記述する方法をもたなかったから当然のことでした。日本の子どもの歌の変遷をたどるとき、「歌」としてもつべき言葉と音の再現は欠くことのできない要素ではありますが、音の正確な記述の方法をもたなかったとはいえ、「わらべうた」の音楽的価値は決して低いものではないことを私たちは知っています。

明治時代になって日本に西洋の音楽が入ってきて、楽譜という音楽伝承の手段が確立しはじめ、子どもの歌に大きな変化が訪れました。

一八七二（明治五）年、学制が制定され、第一四番目の教科として「唱歌」という子どもの歌を学校で教えることが決まり、一八八一（明治一四）年、日本最初の音楽教科書『小学唱歌集』初編が出版され楽譜という伝達手段が確立しました。その後の二編・三編と合わせた九一曲はほとんど外国の子どもの歌・民謡・賛美歌で占められ、日本語の歌詞は徳育的な意味をもつ重厚な文語体でつくられていました。「ちょうちょ」「むすんでひらいて」「きらきら星」などは、のちに口語体に直して今に伝わっているものです。

一九〇一（明治三四）年、国文学者の間から、文語体を廃し、話し言葉に近い口語体を国語の教科書や小説などに用いようという言文一致運動が興り、「言文一致唱歌」という子どもにわかりやすく歌いやすい物語風の歌が生まれ、小学校でも導入されました。「はなさかじじい」「うさぎとかめ」「金太郎」「桃太郎」などがそれにあたります。しかし文部省はそれを快く思わず、気品の高い美文調の歌詞をもつ『尋常小学唱歌』全六巻一二〇曲を一九一一（明治四四）年国定教科書として出版しました。これが文部省唱歌と呼ばれるもので、長く日本の教育音楽の中心となり、現在も小学校で歌われています。「鳩」「かたつむり」「虫の声」「雪」「桃太郎」「浦島太郎」「ふじの山」「春が来た」「紅葉」「故郷」などが有名です。

一九一八（大正七）年、世界的な民主主義の風潮が日本にも興り、国民に近代的な感覚が生まれ、文学や芸術などの分野で新しい運動が生まれはじめました。夏目漱石門下の鈴木三重吉（一八八二―一九三六）は国家主義的色彩の強い文部省唱歌に満足できず、童謡・童話を創作する児童文学雑誌『赤い鳥』を刊行し、童詩をつくる運動からさらにそれにメロディーをつけてできた「童謡」を世に送りました。「赤い鳥」が一九三六（昭和一一）年に終刊するまでの一八年間に多くのすぐれた童謡が生まれ、しかもレコード・ラジオの力を借りて人々の間で歌われました。「かなりや」「赤い鳥小鳥」「夕焼小焼」「どんぐりころころ」「揺籃《ゆりかご》のうた」「七つの子」「シャボン玉」「アメフリ」「兎のダンス」などが有名な曲です。

第二次世界大戦が終わるまで、子どもの歌の創作は停滞せざるを得なかったのですが、終戦後の一九四九（昭和二四）年、ＮＨＫラジオの「幼児の時間」で「うたのおばさん」「うたのおけいこ」などが始まり「新しい子どもの歌」がスタートしました。「赤い鳥」の流れを汲む若い詩人とクラシック系の若い作曲家が起用され、創作のターゲットを三～五歳の未就学児に絞り、新しい時代に生きる子ども像を鮮明にしました。「めだかの学校」「おつかいありさん」「かわいいかくれんぼ」「ぞうさん」「やぎさんゆうびん」「ことりのうた」などの名曲は、まさにこのときに生まれたのです。

この「新しい子どもの歌」の流れは初めてのテレビ幼児番組「うたのえほん」に引き継がれ、「おもちゃのチャチャチャ」「アイアイ」「あめふりくまのこ」「おはなしゆびさん」「おはながわらった」「とんでったバナナ」「一年生になったら」などを生み、さらに「おかあさんといっしょ」に引き継がれ、今日まで絶えることなく新しい子どもの歌をつくり続けています。世界広しと言えど、このように多くの子どもの歌を創作している国は日本だけであり、世界に誇るべきことと考えられます。

この子どもの歌の歴史のなかのすぐれた曲は、きっと親と子、大人と子どもを結ぶ大切な文化財となり永久に生き続けることでしょう。

この「子どもの歌」の歴史のなかからどんな曲が「歌いかけ」に適しているのか考えてみましょう。

4　「歌いかけ」にはどんな歌が……

「歌う」という言葉は、「うったう」「うちあう」「うたあう」と同幹の語であり、歌う行為が人に強く訴えかけ、互いの心を打ち合い、共に声を合わせることを意味していることがわかります。

日本の伝統芸能の世界では、師匠の芸を「まなぶ」ことを「まねぶ」と呼び、模倣することが大切な伝承の手段であることを示しています。また演劇の世界では、「歌は語るように、言葉は歌うように」と教えられています。いずれも「歌いかけ」の本質を鋭くついていると思います。

これまでたびたび述べてきたように、表現者は「歌いかけ」の対象である子どもの心を動かすため、自らの声をととのえ、伝えるべき良き時を計り、子どもの欲求を見つめ、最も良い歌を選択する力をもたなければなりません。

では、子どもはどんな歌を好むのか、考えてみましょう。

・毎日の生活と深く関わる曲（家庭・季節・行事など）
・好きなものや興味・関心のあることが歌われている曲
・夢や想像が広がっていく曲

・あまり長くなくメロディーがすぐ覚えられる曲
・印象的で美しいメロディーをもっている曲
・言葉のリズムやメロディーに変化のある曲
・ストーリー性のあるバラード曲
・オノマトペ（擬音語）の入っているリズミカルな曲
・手拍子をしたり、手遊びをしたりして遊べる曲
・まねっこをしたり、交互に歌うことのできる曲

それでは、数多い「日本の子どもの歌」のなかから、子どもの好きな要素をもち、「歌いかけ」に適している曲を探しだしてみましょう。

「わらべうた」から（江戸時代～明治時代）

「歌いかけ」の対象者が乳児である場合、音感覚の発達という観点から「わらべうた」を選ぶのが望ましいと考えられています。「わらべうた」は三音ぐらいの音構成からできているので、メロディーというよりは言葉のリズムとしてとらえられ、遊びとともに乳児に好まれる要素が多いのです。

•「ちょち　ちょち　あわわ」

〈歌詞〉

ちょち　ちょち　あわわ
かいぐり　かいぐり　とっとのめ
おつむてんてん　ひじぽんぽん
〈解説〉
ちょち　ちょち：手拍子、あわわ：手のひらを口に。かいぐりをしてから両手で魚の目をつくり頭に手を置いてから片手でひじを打つ遊び。

•「にんどころ」
〈歌詞〉
ここは　とうちゃん　にんどころ　　ここは　かあちゃん　にんどころ
ここは　じいちゃん　にんどころ　　ここは　ばあちゃん　にんどころ
ほそみちぬけて　だいどう（大道）こちょこちょ
〈解説〉
にんどころはにているところのこと。子どもの顔の目や耳や鼻や口をさわりながら、のどを通ってわきの下でこちょこちょする遊び。

•「いっぽんばし　こちょこちょ」
〈歌詞〉
いっぽんばし　こちょこちょ　ばんそこはって　つねって　なでて　ポン

〈解説〉

子どもの手のひらをくすぐったり、おさえたり、つねったり、なでたりして最後にポンと打つ遊び。

・「おせんべやけたかな」

〈歌詞〉

おせんべ　やけたかな

〈解説〉

子どもと向き合い、自分と子どもの手のひらを交互に打ち「な」で止める。集団でやるときは「な」になった子どもが手のひらを裏返しにしてやけたおせんべになる。子どもが寝ころんでいるときは「な」でころがす。

・「なべなべそこぬけ」

〈歌詞〉

なべなべ　そこぬけ　そこがぬけたら　かえりましょう

〈解説〉

向かい合って両手をつなぎ、リズムに合わせて左右に振りながら遊ぶ。「かえりましょ」でぱっと手をはなし、楽しい表情をつくる。

・「いもむしごろごろ」

〈歌詞〉

いもむしごろごろ　ひょうたん　ポックリコ

〈解説〉

子どもを床にねかせてうたいながら転がして遊ぶ。

•「ここまでおいで」

〈歌詞〉

ここまでおいで　あまざけ　しんじょ

〈解説〉

子どもがはいはいしはじめたときに手拍子をしながら歌って遊ぶ。

•「うさぎうさぎ」

〈歌詞〉

うさぎうさぎ　なにしてはねる　じゅうごやおつきさんみてはねる

〈解説〉

昔、月とうさぎは切っても切れない関係でした。月にロケットが降りてから子どもの月に対する夢やあこがれは薄れてしまったようです。ぜひ復活を！

明治の「唱歌」から（一八七七～一九一四）

①『小学唱歌集』（一八八一～一八八四）から

•「ちょうちょ」

〈解説〉

外国のメロディーですが歌詞は愛知県のわらべうた「胡蝶」からとったもので、通常一番だけが歌われる。

•「むすんでひらいて」

〈解説〉

フランスの思想家ジャン・ジャック・ルソーの作曲といわれ、「みわたせば」という歌詞がつけられました。のちに楽しい遊び歌にかえられました。

•「きらきら星」

〈解説〉

明治時代には「うずまく水」という題で、子どもに人生のきびしさを教える曲でした。

②言文一致唱歌（一九〇一～一九一〇）から

日本の昔話や外国の寓話を題材とした徳育的唱歌は、大人の意図とは無関係に子どもたちに迎えられました。

•「はなさかじじい」（石原和三郎〈作詞〉、田村虎蔵〈作曲〉）

〈解説〉
　正直じいさんといじわるじいさんの物語で、子どもにとってなかなか痛快な歌です。
•「うさぎとかめ」（石原和三郎〔作詞〕、納所弁次郎〔作曲〕）
〈解説〉
　なまけたり、ずるしたりすると失敗しますよというとても教訓となる歌です。

③『尋常小学唱歌』（一九一一～一九一四）から
言文一致唱歌を批判して文部省がつくった六巻の教科書一二〇曲のなかから選んでみました。
•「鳩」（文部省唱歌）
〈解説〉
　ポッポッポと鳴く鳩の声を子どもは好みます。道ばたや駅のホームでえさをついばんでいる鳩を見るのも、子どもは大好きです。
•「かたつむり」（文部省唱歌）
〈解説〉
　かたつむりはでんでん虫・でで虫・まいまいつぶろなどと呼ばれる陸上でくらす貝のことです。子どもは「でんでんむしむし」という響きに興味を示します。
•「虫の声」（文部省唱歌）
〈解説〉

秋の夜長を鳴きとおす虫の声が擬声音として歌われていて、子どもは大好きです。

・「雪」（文部省唱歌）

〈解説〉

ゆきやこんこ、、、、が正しいのですが「こんこん」の方が雪の降り積もった情景と合うように感じてしまいます。しかし「こんこ」は「来んこ」「来う来う」であって、降っておいでという意味です。

・「桃太郎」（文部省唱歌、岡野貞一〈作曲〉）

〈解説〉

鬼を悪の象徴ととらえる日本的勧善懲悪の物語で、今でも男の子には人気のある歌です。「ももたろうさん」とお供の犬や猿・雉子の対話で組み立てられているバラードです。

・「浦島太郎」（文部省唱歌）

〈解説〉

助けた亀につれられて龍宮城に行くくだりは徳育的要素が強いのですが、玉手箱をあけてからは、子どもに時間という概念をそれとなく伝える歌です。

大正の「童謡」から（一九一八～一九三六）

童謡は子どもの心に寄り添った美しい言葉とメロディーをもつ文化です。「歌いかけ」においては、詩の要素が子どもに強く働きかけ、同時に心を動かして豊かな音楽の世界に誘うものでもあります。

●「赤い鳥小鳥」（北原白秋〔作詞〕、成田為三〔作曲〕）

〈解説〉

「なぜなぜ」の言葉とメロディーの働きかけが重要です。「赤」「白」「青」の色彩的なイメージも大切です。

●「夕焼小焼」（中村雨紅〔作詞〕、草川信〔作曲〕）

〈解説〉

言葉の響きと歌声の流れが子どもの心に届き、自然のさまざまな情景を想像することができます。

●「どんぐりころころ」（青木存義〔作詞〕、梁田貞〔作曲〕）

〈解説〉

どんぐりとどじょうの友情が子どもに伝わります。「どーんぶりこ」「さあたいへん」「あそびましょう」の語感を好みます。

●「揺籃のうた」（北原白秋〔作詞〕、草川信〔作曲〕）

〈解説〉

「ねんねこ　ねんねこ　ねんねこよ」の繰り返しのメロディーと言葉の響きがねむりを

誘います。

•「七つの子」（野口雨情（作詞）、本居長世（作曲））

〈解説〉

最初の「からす」と「なぜなくの」の呼びかけが子どもを引きつけます。「かぁかぁ」というからすの鳴き声を擬して「かわい　かわい」とうたっていることを伝えましょう。

•「シャボン玉」（野口雨情（作詞）、中山晋平（作曲））

〈解説〉

シャボン玉がお空にとんでいく様子を、豊かに話したり手で表現したりして伝えましょう。「かぜかぜふくな」は美しい声で歌い、子どもと声を合わせるとよいでしょう。

•「アメフリ」（北原白秋（作詞）、中山晋平（作曲））

〈解説〉

子どもは「ピッチピッチ　チャップチャップ　ランランラン」のオノマトペ（擬声音）のところが大好きです。手や足を動かして歌いましょう。

•「兎のダンス」（野口雨情（作詞）、中山晋平（作曲））

〈解説〉

「ソソラ　ソラソラ　うさぎのダンス」がはじまると、子どもは自然にうさぎさんになって踊ります。覚えやすく歌いやすい曲ですから。

「新しい子どもの歌」から（一九四九～一九五九）

「歌いかけ」で最も歌っていただきたい子どもの歌は、終戦後NHKラジオ「うたのおばさん」（一九四九：昭和二四年）などでつくられた、美しい言葉と子どもの心を動かす短いメロディーをもった「新しい子どもの歌」と呼ばれる曲です。これらは、さながら昭和のわらべうたとも言われる名曲の数々です。みなさんがご存知の曲ばかりですから曲名と作詞・作曲家をお知らせするだけにとどめます。

- 「ぶらんこ」（都筑益世〔作詞〕、芥川也寸志〔作曲〕）
- 「とんぼのめがね」（額賀誠志〔作詞〕、平井康三郎〔作曲〕）
- 「おつかいありさん」（関根榮一〔作詞〕、團伊玖磨〔作曲〕）
- 「めだかのがっこう」（茶木滋〔作詞〕、中田喜直〔作曲〕）
- 「こおろぎ」（関根榮一〔作詞〕、芥川也寸志〔作曲〕）
- 「かわいいかくれんぼ」（サトウハチロー〔作詞〕、中田喜直〔作曲〕）
- 「とんとんともだち」（サトウハチロー〔作詞〕、中田喜直〔作曲〕）
- 「おすもうくまちゃん」（佐藤義美〔作詞〕、磯部俶〔作曲〕）
- 「みつばちぶんぶん」（小林純一〔作詞〕、細谷一郎〔作曲〕）
- 「あひるの行列」（小林純一〔作詞〕、中田喜直〔作曲〕）
- 「おさるがふねをかきました」（まど・みちお〔作詞〕、團伊玖磨〔作曲〕）

- 「ぞうさん」（まど・みちお〔作詞〕、團伊玖磨〔作曲〕）
- 「やぎさんゆうびん」（まど・みちお〔作詞〕、團伊玖磨〔作曲〕）
- 「きゅっきゅっきゅう」（相良和子〔作詞〕、芥川也寸志〔作曲〕）
- 「子守唄」（野上彰〔作詞〕、團伊玖磨〔作曲〕）
- 「ふしぎなポケット」（まど・みちお〔作詞〕、渡辺茂〔作曲〕）
- 「ことりのうた」（与田準一〔作詞〕、芥川也寸志〔作曲〕）

「テレビの子どもの歌」から（一九六一～一九八九）

①ストーリーが楽しいバラード風のうた

- 「いぬのおまわりさん」（佐藤義美〔作詞〕、大中恩〔作曲〕）
- 「アイスクリームのうた」（さとうよしみ〔作詞〕、服部公一〔作曲〕）
- 「ドロップスのうた」（まど・みちお〔作詞〕、大中恩〔作曲〕）
- 「おもちゃのチャチャチャ」（野坂昭如〔作詞〕、吉岡治〔補作詞〕、越部信義〔作曲〕）
- 「あめふりくまのこ」（鶴見正夫〔作詞〕、湯山昭〔作曲〕）
- 「とんでったバナナ」（片岡輝〔作詞〕、櫻井順〔作曲〕）
- 「ちびっかぶーん」（井出隆夫〔作詞〕、福田和禾子〔作曲〕）
- 「そらでえんそくしてみたい」（悠木一政〔作詞〕、早川史郎〔作曲〕）

②まねっこうた・かけ合いのうた
•「アイアイ」（相田裕美〔作詞〕、宇野誠一郎〔作曲〕）
•「もりのくまさん」（馬場祥弘〔作詞〕、アメリカ民謡）
•「おかあさん」（田中ナナ〔作詞〕、中田喜直〔作曲〕）
•「たきび」（巽聖歌〔作詞〕、渡辺茂〔作曲〕）

③手あそびうた
•「パンダ　うさぎ　コアラ」（高田ひろお〔作詞〕、乾裕樹〔作曲〕）
•「こぶたぬきつねこ」（山本直純〔作詞・作曲〕）
•「ひらひらひら」（村田さち子〔作詞〕、乾裕樹〔作曲〕）
•「トントントンはいってますか?」（伊藤アキラ〔作詞〕、越部信義〔作曲〕）
•「あなぼこぬーけた」（名村宏〔作詞〕、早川史郎〔作曲〕）
•「グッチョコパ」（名村宏〔作詞〕、早川史郎〔作曲〕）

感性を育てる子どもの歌から（一九六二～一九八一）
•「ごはんをもぐもぐ」（まど・みちお〔作詞〕、磯部俶〔作曲〕）

〈解説〉
ごはんは口から食べて、おはなしは口からペラペラと出るという歌です。

●「せっけんさん」（まど・みちお〔作詞〕、富永三郎〔作曲〕）
〈解説〉

　においという感性がとても豊かに伝わります。
●「どこでねるの」（奥田継夫〔作詞〕、乾裕樹〔作曲〕）
〈解説〉

　子どもにやさしく問いかけ一緒に考える曲です。どんな答えがかえってくるか楽しみです。
●「りーんりーんすずむし」（五十野惇〔作詞〕、早川史郎〔作曲〕）
〈解説〉

　すずむしさんは誰かにお電話していますよ。でも、すずむしさんにお電話しているのはだれ！
●「おはながわらった」（保富庚午〔作詞〕、湯山昭〔作曲〕）
〈解説〉

　お花の咲く情景を「わらった」という言葉で何回も表現しています。これは、あっちにもこっちにもお花が咲いていることを子どもに伝えるためです。「おはなが」のところに春の花の名前を入れて歌ってください。「チューリップがわらった」「アネモネがわらった」……。

•「このおとなんでしょう」（後藤礼子〔作詞〕、磯部俶〔作曲〕）

〈解説〉

うさぎさんになっていろいろな音を聞いてみましょう。「聞いてごらん」と歌ってから用意した音を聞かせて当てさせる曲です。

•「ぽかぽかてくてく」（阪田寛夫〔作詞〕、小森昭宏〔作曲〕）

〈解説〉

歌う人の声を聞いて子どもがまねっこをしながらおぼえる遊び歌です。からだの表現をつけると楽しくなります。

楽しい曲をたくさん紹介しましたが、どうぞ「歌いかけ」の曲として歌って楽しんでください。あなたが気に入って歌えば子どもも楽しくなり、そこにすばらしい表現と受容の関係が築かれるはずです。

なお、楽譜を掲載する予定でしたが紙面の都合によりできませんでした。楽譜やＣＤを探してぜひ歌ってみてください。

第4章　乳児への音楽と歌いかけが親と子の豊かな関係を育む

黒石純子

人が人に歌う形はさまざまです。歌手が大勢の聴衆に向けて歌う、教師が歌を教えるために生徒の前で歌う、生徒がレッスンのために先生の前で歌う。人を想う気持ち、祝う気持ちなどを伝えようと歌うこともあるでしょう。

しかし、養育者と乳児との間にみられる子守歌や遊び歌のように、非常に身近な者同士が一対一でとても近い距離で触れ合いながら一方がもう一方に歌を歌う、という形はあまり他に例がないのかもしれません。それは決して、養育者が一方的に歌を歌い聞かせる行動でも、乳児がそれをじっと聞くような音楽鑑賞でもなく、養育者と乳児との相互作用によって構造を柔軟に変え、耳だけではなく多感覚を通じてなされるコミュニケーションのひとつの形として、養育者と乳児の間に存在しています。養育者は乳児に合わせて歌声を調整し、歌の合間に乳児の動きや発声に応答しながら、音声以外の他の感覚も含めて歌いかけを行うことで、乳児にとって豊かな多感覚刺激となっています。

ここでは、養育者と前言語期の乳児の関係のなかで育まれている歌いかけについて、対乳児歌唱音声独特の音響特徴を中心に紹介しながら、発達初期の歌いかけの形とその意義を考えてみたいと思います。

1　感情性情報を音声のプロソディー要素が伝達する
——対乳児発話音声と対乳児歌唱音声

Is the Melody the Message ?

これは一九八九年に発表された学術論文（Fernald, 1989）に添えられた副題です。養育者が乳児に話しかけるときの音声について、タイトルが示す通り、メロディーがメッセージになっているという仮説が論じられています。

メロディーがメッセージとは、どういう意味でしょうか。

ここでメロディーとは、歌のことではなく、話し言葉である発話音声のイントネーション輪郭（intonation contour）のことを言っています。そしてメッセージを発信する人は養育者、受け取る人はことばを理解する前の乳児です。

私たちは、全く理解できないことばを話す外国人に話しかけられても、その人の話し方で、その人が怒っているのか、不安なのか、喜んでいるのか、悲しんでいるのかなど、話しかけられている内容やその人の気持ちをある程度は察することができます。多少の文化差はあるにしても、声の高さ、話す速さ、イントネーション、声の大きさなどの、いわゆる音声のプロソディー（prosody／音韻）要素から、話し手の意図や感情を推測することができるからです。

また逆のパターンもあります。たとえばあなたの不在時にある人から電話があり、誰かが伝言メモを残してくれたとします。ところが文字情報だけでは、その電話をしてきた人の意図を測りかねて対応に困り、「どんなふうに話していましたか？」「怒っている様子でしたか？」などと電話を受けてくれた人に尋ねるかもしれません。

私たちの音声には、多くの情報が含まれています。言語の意味内容だけでなく、感情を伝える感情性情報が含まれ、意図や感情がプロソディー要素により受け手に伝達されています（志村、二〇〇一）。

乳児が耳を澄ませる養育者の音声——対乳児発話音声

ことばを獲得する前の乳児は、ことばの意味内容を理解することはもちろんできません。しかし語りかける人の感情や意図はことばに先立ち、音声のプロソディー要素を通じて乳児に伝わり始めると考えられています。

人が乳児に語りかけるときには、声の高さを少し高めにしたり、ゆっくり話したり、単語を何度も繰り返したり、大げさに抑揚をつけたメロディーのような話し方をする傾向があります。この独特の特徴をもつ語りかけ方は、対乳児発話あるいはマザリーズと呼ばれます（Snow,

1977）。そしてこのような特徴をもつ語りかけ音声を、乳児は普通の話し声よりもよく注目し、好んで聞くことが知られています（Cooper & Aslin, 1990；Cooper, Abraham, Berman & Staska, 1997；Fernald, 1985）。

対乳児発話は乳児の注意をひくだけでなく、ことばを獲得する前の乳児に、発話者の意図や感情を伝える機能をもつと考えられています（Fernald, 1989；1992）。今度乳児に接する機会があれば、ぜひ語彙を使わずに、「ウーン」や「アー」のように音の抑揚だけを使って語りかけてみてください。たとえば「これ見て」「あれ、これなんだろう」というように乳児の注意や関心をひこうとする場合、語尾の音高が大きく上昇するイントネーションになりませんか。「そうそう」「よくできたね」という賞賛や励ましの気持ちを伝えたい場合は、まず上昇してそれから下降する山型のイントネーションになりませんか。「だめ」「それはナイナイ」と叱責したり行動を止めさせたりしようとするとどうでしょうか。音の立ち上がりが鋭く、低めの音高で短いイントネーションではないでしょうか。

このような話者の意図とイントネーションとの間の特定の組み合わせパターンが、乳児にとって文脈を象徴する音声シグナルとなることにより、発話者のメッセージが乳児に伝わり、音声によるコミュニケーションとしての機能を果たしているのではないかと考えられています（Fernald, 1992；Fernald & Simon, 1984）。

乳児が耳を澄ませるもうひとつの養育者の音声――対乳児歌唱音声

乳児に対して発せられるときに音響が変化し、乳児がよく聞く音声がもうひとつあります。養育者が乳児に歌いかけるときの対乳児歌唱音声です。

歌いかけにより乳児がおとなしくなったり喜んだりすることを、私たちは経験的に知っています。養育者が乳児に歌を歌って寝かしつけたりあやしたりする行動は、多くの文化にみられる育児行動です。歌唱音声が乳児の注意をひき、情動の調整に効果を発揮することが、近年実証的にも示されてきています（Shenfeld, Trehub & Nakata, 2003；Nakata & Trehub, 2004）。歌いかける養育者のたとえば「楽しいね」「寝なさいね」「一緒にいるから安心だよ」というような気持ちや意図は、歌いかけを通じて乳児にどのように伝わり機能するのでしょうか。乳児をきゃっきゃと喜ばせる歌と、おとなしくさせ眠りに誘う歌の違いは何なのでしょうか。

前述した対乳児発話音声と同じように、音声のプロソディー要素が感情性情報を乳児に伝達する役割を果たしていることが、ひとつのメカニズムとして考えられます。ところが対乳児発話音声とは大きな相違点がひとつあります。話すことばを自由に選び自由に抑揚をつけることができる語りかけ音声とは異なり、歌いかけの場合は決められた歌詞があり、旋律やリズムもあらかじめ決まっているという点です。歌いかけでは、語りかけるときほど自由自在に音程やリズムを変えることができません。このような制約があるなかで、対乳児歌唱音声は、乳児に対してどのような特徴を発揮しているのでしょうか。

2　対乳児歌唱音声と対乳児発話音声との違い

対乳児歌唱音声と対乳児発話音声という、同じ母親から発せられる二種類の声に対し、乳児はどのような反応を示すでしょうか。

生後二～五か月の乳児に母親の声を聞かせ、そのときの様子を心拍数を使い観察してみました（梶川・黒石、二〇一二）。対乳児発話音声を聞かせるグループ（以下、発話群）には、母親から乳児へ絵本の読み聞かせを、対乳児歌唱音声を聞かせるグループ（以下、歌唱群）には、母親から乳児への歌いかけを行ってもらいます。少しかわいそうですが、母親の姿は見せず声のみを聞かせるため、乳児を安全な状態で寝かせたまま母親はスクリーンの後ろに隠れます。一人残された乳児はだんだん落ち着かなくなり、きょろきょろ周りを見たり、弱い声を出し始めたりします。それでも母親が現れないと、次第にぐずり始め、やがて泣き始めます。かなり長い時間一人でご機嫌でいる乳児や、母親が見えなくなるとすぐに落ち着かなくなり心拍数が上がり始める乳児など、個人差はありますが、激しく泣いて実験ができない状態になるまでに、実験室という乳児になじみのない場所でも二分間程度はもちますので、二分経ったところで、スクリーンの後ろから母親が対乳児発話音声か対乳児歌唱音声かのいずれかを聞かせます。すると乳児は体の動きや発声を止め、声に聞き入り、心拍数はすとんと下がります。そのまま三

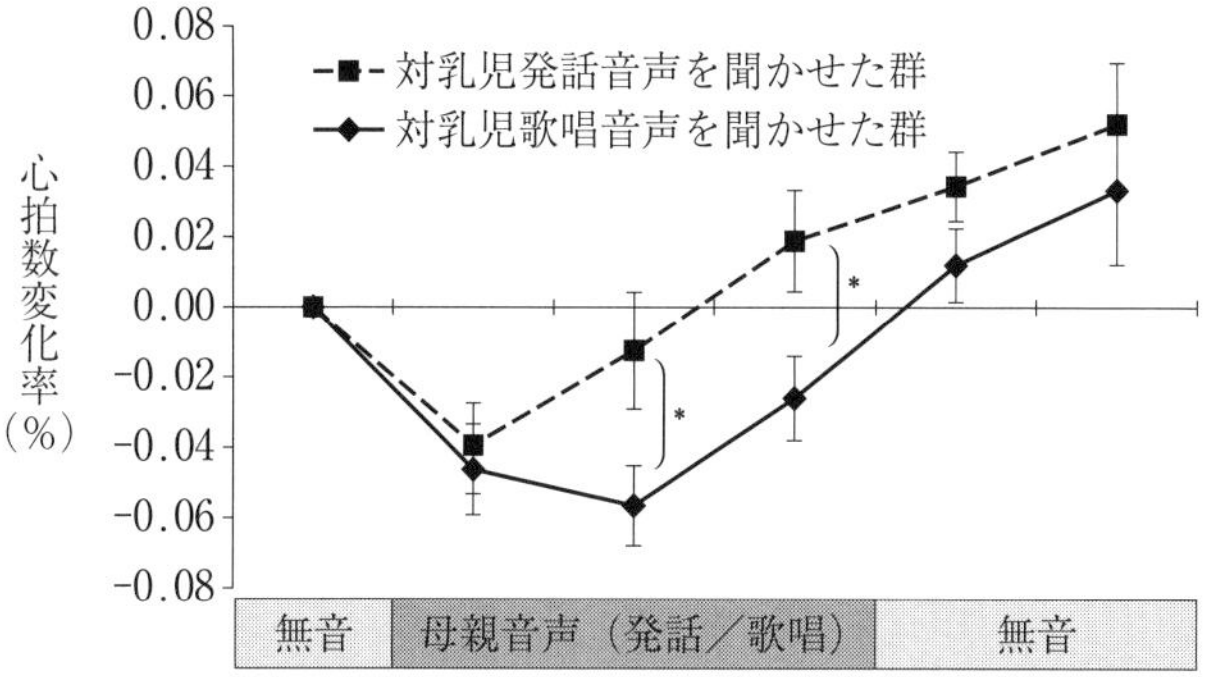

図4－1　母親の音声（発話音声／歌唱音声）を3分間聞いた場合の乳児の1分ごとの心拍数平均値の変化

出所：梶川・黒石（2011）14頁，Fig. 2より作成。

分間母親の声を聞かせた後、母親の声を止め、また静かな状態の中で二分間乳児の様子を見守ります。

図4－1はそのときの乳児の心拍数平均値の推移を一分ごとに示したものです。母親の声が聞こえ始めて最初の一分間は、対乳児発話音声を聞かせた発話群も、対乳児歌唱音声を聞かせた歌唱群も心拍数が低下しています。これは乳児が新しい刺激に注意を向けた定位反応です。声を聞かせ始めてから二分目には両群の違いが現れ始めます。対乳児発話音声を聞いている乳児の心拍数は上昇し始めるのに対し、対乳児歌唱音声を聞いている乳児の心拍数は低い状態を保っています。三分が経過すると、さすがに歌唱群の心拍数も次第に上がり始めますが、発話群の心拍数が実験を始めたときよりも高いレベルにまで上がっていったのに対し、歌唱群の心拍数は発話群よりも低い値を保っていました。

このような違いをもたらした対乳児発話音声と対

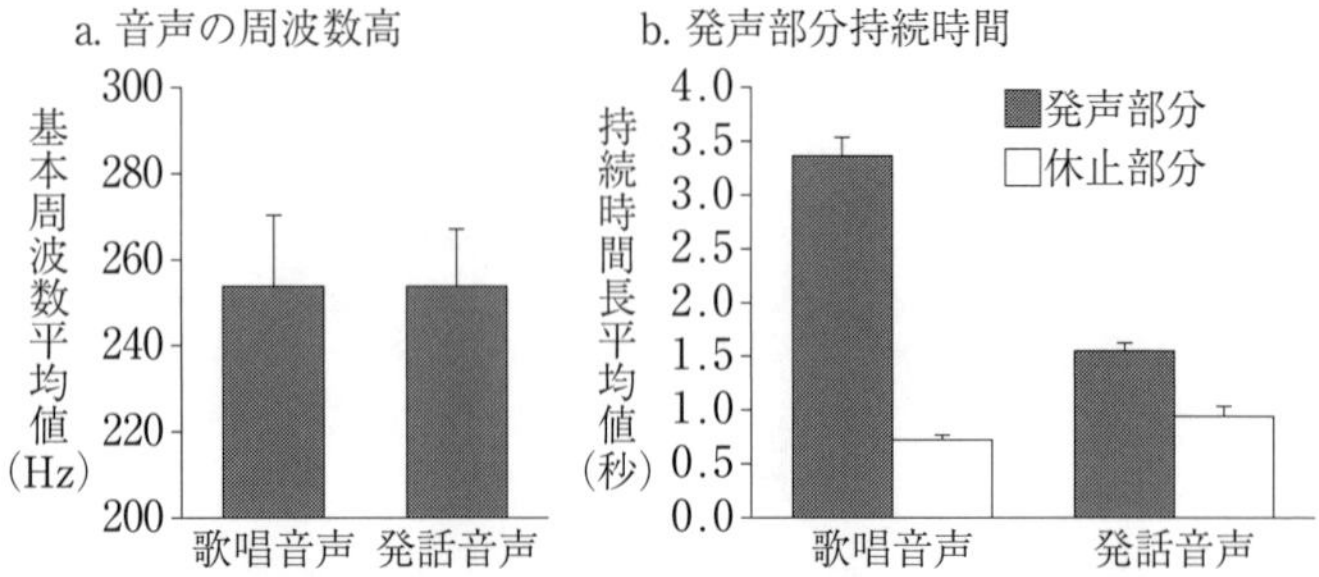

図４－２　母親の対乳児歌唱音声と対乳児発話音声の高さ（基本周波数）の比較
出所：梶川・黒石（2011）14頁，Fig. 3より作成。

乳児歌唱音声にはどのような違いがあったのでしょうか。今回は母親に三分間声を出し続けてもらうために、楽な無理のない調子で読んだり歌ったりするようお願いしました。このような状態で発せられた対乳児発話音声と対乳児歌唱音声との間には、全体の声の高さの平均値に違いはみられませんでした（図４－２a）。明確な違いがみられたのは発声部分の長さの平均値でした（図４－２b）。対乳児歌唱音声は対乳児発話音声に対して、「アー」「ウー」というように声が長く伸ばされている時間が長いのです。そして音が止む休止部分の長さはむしろ対乳児発話音声よりも対乳児歌唱音声のほうが短く、結果的に対乳児歌唱音声は全体に占める母音の割合が大きいのです。

　普通に話をするときには、母音は途切れ途切れにわずかな時間しか出現しませんが、歌を歌うときには母音は長く発声されます。乳児が母親のお腹のなかにいるとき、音波の伝達特性上、子音はほとんど聞こえず、胎児は母音を中心に聞いているはずで、乳児にとって母音は慣れ親しんだ認識しやすい音である可能性があります。

また、この時期の乳児は、すでに人と自分とが交互に発声する原初的コミュニケーションを経験し、発声や行動により人に対して能動的に反応を示し始める段階です。話し言葉である対乳児発話音声の場合、一人残されて少し不安あるいは退屈になったところに母親の話し声が聞こえてきたことにより、母親の姿を求めて活性化する方向に反応が現れ心拍が上昇したのではないかと考えられます。これに対し対乳児歌唱音声は、乳児の受動的な関心を対乳児発話音声よりも少し長く持続させたと考えられます。生後六か月の乳児が母親の対乳児発話音声よりも対乳児歌唱音声に長い時間注意を向けることはすでに報告されており（Nakata & Trehub, 2004）、この結果はそのような傾向が生後二～五か月ですでに認められることを示唆します。

ヒトは、距離が離れていても音声による働きかけをすることで、抱っこをせず離れた状態でも乳児に母親の存在を知らせ、あやすことができる方向に進化したともいわれます。対乳児歌唱音声は、このような効果をより強く発揮する音声として広い文化でみられるようになったのでしょうか。乳児の反応と音響パラメータとの間にどのような関連性があるかについては、今後実験により検証していく必要がありますが、メロディーを歌うことはちょっと苦手という方は、母音を長めに伸ばすことを意識して曲の歌詞をただ読み上げてみるなど試してみてはいかがでしょうか。いつもと違う乳児の反応がみられるかもしれません。

3　二つの対乳児歌唱音声

プレイソングとララバイ

対乳児歌唱音声の機能は、乳児に対する作用からみると、どうやら大きく二つのスタイルに分かれるようです。ひとつは乳児をあやす、遊ばせる、喜ばせるといった乳児を活性化させるもので、英語ではプレイソング、日本語では遊ばせ歌などと呼ばれます。もうひとつは乳児を寝かしつける、落ちつかせるなど、乳児を鎮静化させるもので、英語ではララバイ、日本語では寝させ歌などと呼ばれます（川原井、二〇〇三：真鍋、二〇〇五）。

乳児はこの異なる二つのスタイルの曲に対し、プレイソングを聞いている間は外の世界に注意を向け、ララバイを聞いている間は自分自身に注意を集中するという、異なる反応を示すことが指摘されています（Rock, Trainor & Addison, 1999）。養育者も日常の育児のなかで、歌いかけにより乳児が笑ったり声を出したり体を動かしたりする活性化効果や、逆におとなしくなったり眠りに落ちたりする鎮静効果を、歌いかけの効果として確かに認識しています（黒石・梶川、二〇〇八）。

こうした対乳児歌唱音声の音響特徴を詳細に調べたトレイナーらの研究（Trainor, Clark & Huntley, 1997）によると、この二つの異なる機能をもつ対乳児歌唱音声は異なる音響プロフィールを示します。プレイソングの歌唱音声は、声の高さである基本周波数が比較的高めで、周波数やテンポの変動が大きく、強弱のメリハリをつけたり（ダイナミックレンジ）、ところどころアクセントをつけたり（アクセントレーション）、強調したい音を長く伸ばしたり休止を長めにしたりしてタイミングをずらしたりしながら（歌構造の強調）歌われる傾向が認められます。一方、ララバイの歌唱音声は、基本周波数はプレイソングよりも低めで、周波数やテンポの変動が少なく、音を強く歌ったり長く伸ばして歌うようなアクセントの強調も少なく、比較的安定した一定のテンポで歌われる傾向が示されます。さらにララバイの歌唱音声は、その周波数成分を調べると、低周波領域のエネルギーが強いということも指摘されています。多くの養育者はプロの歌手ではありませんので、このあたりの変化はほとんど無意識に生じているのだろうと考えられます。寝かしつけるときは、抱っこされたりベッドに寝かされたりした乳児を見降ろす形で顔をやや下に向けた姿勢になることにより、顎の開きが小さくなり、このような音響に変化するのではないかと考えられています。

このような音響特徴の違いが、プレイソングは「はっきりした」「きびきびと明快な」「律動的な」「にこやかな」、ララバイは「空気をたくさん含んだような」「軽い感じの」「なめらかな」「心地よい（心和む）」という印象の違い（Rock, Trainor & Addison, 1999）をもたらしていると考えられます。プロの歌手が楽しさ、優しさ、悲しさなど様々な感情を歌声で表現するとき、それぞれの感情価で異なる音響プロファイルが見出されますが、対乳児歌唱音声は、そのいずれの感情価のプロファイルとも異なる新しいユニークな感情価プロファイルだとされています（Trainor, Clark & Huntley, 1997）。養育者と乳幼児の間に存在する特異的な感情、それが対乳児歌唱音声の音響特徴の源になっているのかもしれません。

ひとつの曲をプレイソングとララバイに歌い分ける

どの曲をプレイソングと感じ、どの曲をララバイと感じるかは、大人の場合、人によって異なります。その曲がどのような意味をもつかは、それまでの経験や学習によるところが大きいためです。大人の場合は、特定の曲ではなく各個人の「好きな曲」に生理的反応が強く現れることが見出されています（諸木・岩永、一九九六）。ある人にとってはうるさいと感じる曲が、別の人にとっては落ち着く子守歌になり得るわけです。

乳児に対する歌いかけの場合も、この曲はプレイソングでこの曲はララバイと、曲にラベルが付けられるのではなく、文脈依存的に歌い分けられていると考えられます。

全国の〇～二歳の乳幼児の母親二六一名を対象に、普段どのような状況でどのような曲を歌うかを質問紙調査により調べました（黒石・梶川、二〇〇八）。上位一〇曲を表４‐１に示します。「ぞうさん」や「どんぐりころころ」といった広義の意味での童謡が多く、その他に「江戸子守唄」「ゆりかごの歌」のような新旧子守歌、アニメやテレビの子ども番組の曲などがみられます。

さらに表4－1には各曲の歌われ方について、単用性という数値を示しています。単用性とは、その曲が特定の場面で歌われている程度を表します。単用性が高いほど、どの母親にも共通した特定の目的で歌われ、他の目的では歌われない傾向が強いことを示します。逆に単用性が低いほど、その曲は多様な目的で歌われているということになります。

他と比べ単用性が特に高く七〇％を超える曲が三つあります。ゆりかごの歌（八六・四％）、

表4－1　歌いかけでよく歌われる上位20曲

順位	曲目	単用性（％）
1	ゆりかごの歌	86.4
2	どんぐりころころ	29.3
3	ぞうさん	31.7
3	げんこつやまのたぬきさん	26.3
5	江戸子守唄	87.5
6	自作の歌	36.1
7	犬のおまわりさん	34.5
7	大きな栗の木の下で	31.0
9	きらきら星	25.0
10	おもちゃのチャチャチャ	25.9
11	さんぽ	77.3
12	ABCの歌	40.9
12	アンパンマンの歌	34.8
14	森のくまさん	19.0
15	むすんでひらいて	38.9
16	大きな古時計	66.7
16	アイアイ	60.0
16	かえるの合唱	43.8
16	チューリップ	27.8
20	ちょうちょう	35.7

出所：黒石・梶川（2008）722頁，表5より作成。

江戸子守唄（八七・五％）、さんぽ（七七・三％）です。ゆりかごの歌と江戸子守唄は主に寝かしつけるときに、さんぽは主に散歩や買い物など外出時に、というそれぞれ特定の目的で歌われる傾向がありました。この三曲以外は単用性が比較的低く、寝かしつけや外出時も含め、入浴時、遊んでいるとき、ぐずったとき、おむつ換えなど日常の世話をするときなど、さまざまな目的で歌われていました。すなわち、①主として寝かしつけに特化して歌われる曲と、②寝かしつけ以外のシーンに特化して歌われる曲が少数あり、その他多くの曲は③多様なシーンで歌われている、ということがわかります。

ゆりかごの歌、江戸子守唄は他の調査（たとえば小林・松井・谷村、一九九三）でもよく歌われる曲として上位にみられる代表的な子守歌です。このような典型的な鎮静目的の歌がある一方で、多くの童謡は子守歌としても遊び歌としても歌われているのです。養育者はたくさんの曲目を知っていて状況に応じて曲を選んで歌っているというよりも、前述したような対乳児歌唱音声の音響特徴の変化を活かし、限られた曲をプレイソングにララバイにと歌い分けているのではないかと考えられます。

こうした対乳児歌唱音声に対する乳児の反応について、興味深い実験結果があります。生後六か月の乳児に母親が一〇分間歌いかけたときの覚醒レベルの変化を、唾液中コルチゾール値により調べた実験です。調査した乳児全員の平均値の変化には、一貫した傾向は認められませんでした。ところが調査の前のベースライン値が平均より高かった乳児と低かった乳児を分けて別々に傾向を調べてみたところ、開始前にコルチゾール値が比較的高かった乳児は歌いかけによりコルチゾール値が低下し、逆に開始前に比較的低かった乳児は歌いかけ後にコルチゾール値が上昇するという、異なる方向性の作用が認められました（Shenfield, Trehub & Nakata, 2003）。コルチゾール値は乳児のストレスや覚醒レベルにより変化します。それ以外にも測定する時間や直前の行動により変化しますが、調査では測定時間や直前の授乳や他の歌の聴取などの条件は統制されています。この結果は、対乳児歌唱音声には、覚醒レベルが高めの乳児は落ち着かせ、覚醒レベルが低めの乳児は活性化させる作用があることを示唆しています。この調査では母親にプレイソングかララバイのどちらかを歌うように指定はしていません。いつも通りに乳児に歌いかけるようにとだけ伝えています。乳児の状態を見て母親が自然に歌いかけた結果、状態の異なる乳児が一定の覚醒レベルに落ち着く効果が認められたと考えられます。

同じように乳児をあやす典型的な行動のひとつであり、この章でも後述する、ゆらゆらと乳児の全身を揺らす刺激も、新生児の泣きを速やかに停止させ入眠へ導く効果がある一方で、睡眠中の新生児は覚醒させる影響が認められます（江守・青木、一九九八；江守・青木・吉田、一九九五）。歌いかけやゆらゆら揺らすなどある種のあやし行動は、乳児のその時の睡眠覚醒状態や情動状態により、ある時はスムーズに眠りに落ちるのに適した状態へ、またある時は外部からの働きかけへ反応するのに適した状態へと導く双方向的な機能をもつのかもしれません。

多くの子ども向けのテレビ番組にはオープニングとエンディングの歌があります。オープニングは威勢がよく元気を感じる曲、エンディングはテンポがゆっくりとした静かな曲が多いように思われます。オープニングの曲はこれから楽しい時間が始まるよ、という合図となって、曲とともに気持ちを高ぶらせワクワクして番組を楽しませ、エンディングの曲では番組の内容で気持ちが高ぶり興奮した子どもの気持ちを落ち着かせ、ほっとさせて現実の生活に戻してやる、そんな効果があるように思われてなりません。

神経発達も音楽聴取経験も未熟な乳児に、どの音響パラメータがどう作用するか、歌いかけによる情動調整効果はいつどのように発達するかなど、詳細なメカニズムはまだ明らかになっていません。今後の実証的研究の積み重ねが必要な段階です。新生児医療の分野では、歌いかけにより低出生体重児や早産児に適度な刺激を与えたり、おしゃぶりなどを吸う行動と聴覚刺激とを条件づけて哺乳能力を高めたりする介入研究により、体重増加やＮＩＣＵの入院日数短縮の効果をみる音楽療法の研究が進んでいます（Standley et al., 2010；Standley, 2003）。歌いかけが乳児の睡眠覚醒状態や情動の調整を助ける機序が今後次第に解明され応用されていきそうです。

4　歌いかけ音声の柔軟性

歌手が歌うCDやテレビにはかなわない？

対乳児歌唱音声の音響特徴が乳児の活性化や鎮静化に効果を発揮するとなれば，声の高さも声質も自在に操り歌うことができるプロの歌手の歌声には母親の歌声はかなわないのではないか，プロの歌手が高らかに情緒たっぷりに歌う声を乳児に聞かせることができるCDやテレビなどのオーディオ機器を使ったほうが，乳児を落ち着かせたり喜ばせたりするのにはよいのではないか，というような疑問が湧くかもしれません。「歌が上手ではないので」「音痴なので」と，自ら乳児に歌うことをためらうコメントを母親から聞くこともあります。

ＣＤやテレビから流れる明瞭な歌声は，確かに乳児の注意をとてもよくひくかもしれません。「赤ちゃんが泣き止む！」などと口コミで評判のテレビコマーシャルの歌やドラマの主題歌も数多く存在します。しかし発達初期における社会的相互作用の大切さ（たとえば Kuhl, Tsao & Liu, 2003）から考えた場合，養育者の直接の歌いかけは，決してオーディオから流れる歌声には代えられない，歌の上手い下手よりも大切な特徴を備えています。

対乳児歌唱音声の音響分析で高さなどを分析する場合は，ウィスパーやソフトすぎる音声部分は，分析から除外せざるを得ません。声帯の振動がなければ音の高さである基本周波数などが得られないためです。また歌いかけの途中に乳児が発声し、養育者と乳児の声が重なってしまった部分も、歌唱音声の音響分析は難しくなります。しかしこのようなささやき声の部分や音が省略される部分があったり乳児の声が入り込んだりすることは、養育者による直接的歌いかけのなかで大きな位置を占める本質的特徴です。

養育者の対乳児歌唱音声は乳児に応答的で柔軟性があります。この柔軟性は当事者である養育者からはよく「適当」という言葉で語られるように思います。歌いかけについて母親にヒヤリングを行っていると、よく聞かれるキーワードの一つが「適当」なのです。「その時思いついた歌をなんとなく適当に」「正確には知らないのですが、童謡などを適当に」というような感じです。これらの言葉の背景には、メロディーや歌詞を楽譜通りに歌うことが正確で、部分的にしか知らずうろ覚えの状態で歌ったり、あるいは特定の目的や意図はなくそのときの雰囲気次第で思いついた曲を口ずさんだりすることが適当だと考える傾向があるように思われます。

そういう意味でいうと、確かに養育者の歌いかけは適当です。この章の残りの部分でそんな歌いかけ音声の特徴をもう少しみてみたいと思います。

自然な音域で楽に歌う

梶川ら（二〇〇五）が収録した、日本人の母親四四名が乳児に対して歌った「ゆりかごの歌」と「ぞうさん」の二曲について、楽譜の音程と比べどのくらいの高さで歌われているのかをみ

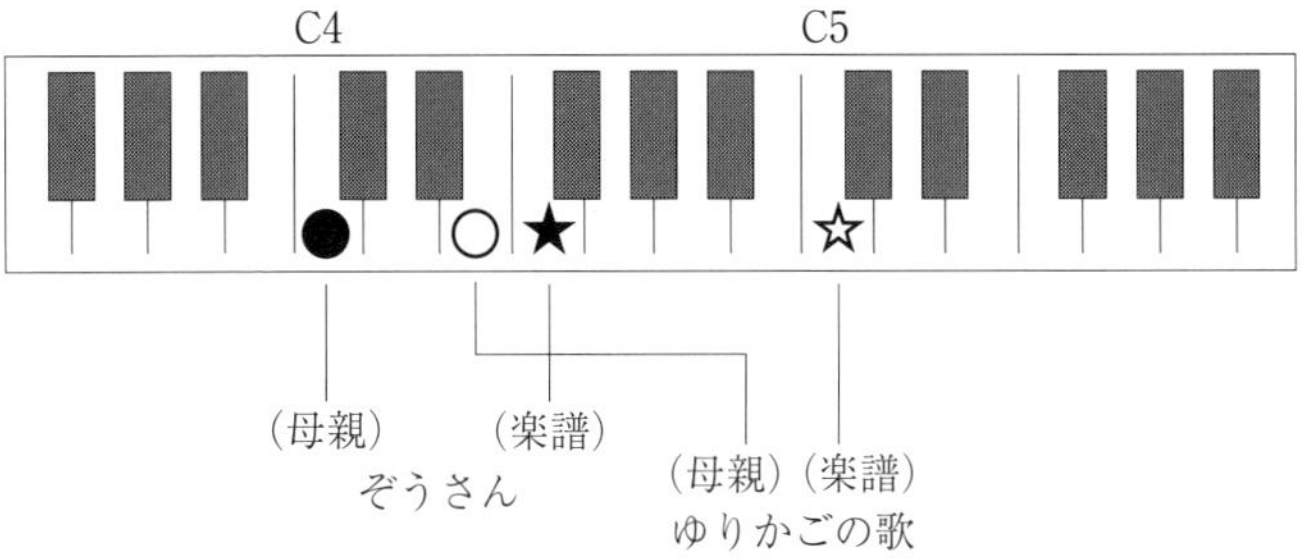

図4－3　楽譜上での音程と母親が歌う音程との比較

注：「ぞうさん」と「ゆりかごの歌」のそれぞれの第1音目の高さを鍵盤上でみたもの。星印（★☆）は楽譜上の音程を，丸印（●○）は母親が実際に歌い始める音の高さの平均値を示す。

出所：梶川ら（2005）の歌唱音声データより作成。

てみます。

図4－3は母親がそれぞれの曲を歌い始めた第一音の高さの平均値を、わかりやすく鍵盤のイラスト上に図示したものです。母親が歌い始めた音の高さを丸印で、楽譜上での第一音の高さを星印で示しました。

「ぞうさん」の歌い始めの音の高さは、楽譜上はF4（349.2Hz）ですが（図中の★）、実際に母親が歌い始める音の高さの平均値は258.6Hz（SD＝39.1）でおよそC4（図中の●）と楽譜よりも低めでした。さらに楽譜上はC5（523.3Hz）（図中の☆）から始まる「ゆりかごの歌」の場合は実際に母親が歌い始める音の高さは338.3Hz（SD＝58.4）でおよそE4（図中の○）と、楽譜よりさらに低めでした。成人女性の声の高さの基本周波数の範囲がおよそ250～330Hz（日本音響学会、一九八八）であることを考えると、どちらの曲も母親にとって楽に歌える音域で歌い始めている傾向がうかがえます。

楽な音域から歌い始めると曲を通してずっと歌いやすいかといえば、そうでもありません。出だしの音よりもずっと高い音が後から出てくる曲も、低い音が出てくる曲もあります。たとえばぞうさんを低めに歌い始めると、冒頭の「ぞうさんぞうさん」の「さん」が人によっては低すぎて声が出なくなります。逆に少し高めに歌い始めると「そうよ母さんも」の「母さん」のところが高く出しづらくなったりします。ゆりかごの歌の場合は出だしが高めの音なので、それを低めに歌い始めてしまうと「かなりやが歌うよ」の「や」などがとても低く出しづらい高さになったりします。

ところがそんな歌いづらい部分は、上手にその音を無声化（声帯を振動させない）してささやき声のように歌ったり、なんとなく音を出さずに息遣いだけで出しづらい音はとばして歌ったりと、さりげなく上手に歌い切ってしまう、実際の対乳児歌唱音声はそういう柔軟性をもっています。

無理せず普段の音域で歌う様子は、乳児に対して音声を発する場合と、そうでない場合の音声の高さの比較からもうかがえます。図４－４ａは母親が成人に対して話した声の高さを横軸に、同じ母親が乳児に対して語りかけた声の高さを縦軸にプロットしたものです。図４－４ｂは母親が乳児のいないところで歌った場合の歌声の高さを横軸に、乳児に対して歌った場合の歌声の高さを縦軸にプロットしたものです。

発話音声の場合は、乳児に対するときと乳児に対してではないときの声の高さの間に相関関係がほとんどみられません。乳児に語りかけるときには、普段の声の高さにかかわらず、自在に声の高さを調整していることがわかります。これに対して歌唱音声の場合は、二つの音声の間の正相関がとても高く、乳児がいない状況で歌う音域と、乳児に対して歌うときの音域があまり変わらないことがわかります。普段低めの音域で歌う母親が、乳児に歌うからといって、急にプロのように楽譜通りの高い音域で歌いあげるというわけではないのです。

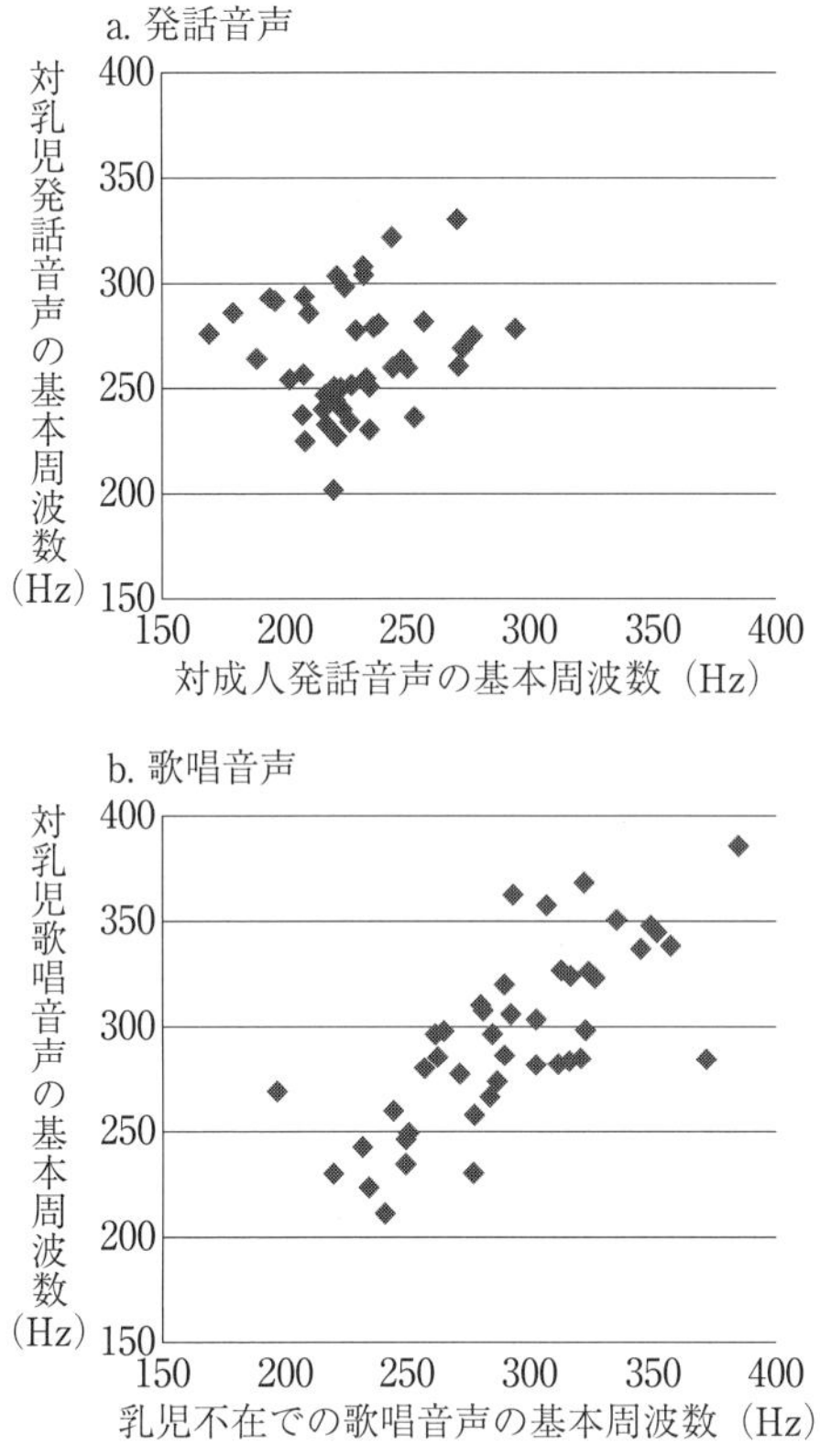

図4－4　母親の対乳児音声と対成人（／乳児不在）音声との高さ（基本周波数）の関連性（a．発話音声，b．歌唱音声）

出所：梶川ら（2005）のデータより作成。

少し余談になりますが、ゆりかごの歌ではおもしろい傾向がみられました。対乳児歌唱音声の音響特徴を分析して比較検討するためには、すべての母親に同じ曲を歌ってもらう必要があります。そこで先ほどご紹介した実態調査での人気上位曲からいくつか決まった曲を歌ってもらいました。そのひとつがゆりかごの歌でした。

総合ランキング一位に輝き多くの母親に歌われている曲ですから、たいていの母親は問題なく歌えるだろうと思われた歌です。「ご存知ですか」と聞くと、予想通り「ハイ」と答える人がほとんどです。それではと実際に歌ってもらおうとすると状況が変わります。「実はあまり正しくは知らない」「きちんと歌ったことはない」「歌詞を全部きちんとは知らない」という声が多いのです。

これはどうしたことでしょうか。ゆりかごの歌は、たくさんの子守歌ＣＤや育児用品に搭載されていますから、実際には歌っていないけれど子守歌といえばこれ、と思い浮かんだ曲が実態調査では回答されたのでしょうか。あるいは実際には歌っていないけれど、歌ってみたいと思う曲が回答されたのでしょうか。本質問紙調査ではその可能性も皆無ではありません。

しかし、これこそが養育者と乳児の間に存在している歌いかけの特徴をとてもよく表しているように思われます。正しく知らなくても歌詞がところどころうろ覚えであっても、知っているところだけを繰り返したり、歌詞を知らないところはハミングで歌ったり、歌詞を変えたりして歌われる、そんな形式が乳児が日常経験し聞いている歌いかけの音声なのではないでしょうか。ちなみにもちろんすべての曲がすべてあいまいに歌われているというわけではありません。もう一つの指定曲だった「ぞうさん」は、すべての母親が歌詞もメロディーも知っていて、「実はよく知りません」という人はみられませんでした。なぜうろ覚えでも、養育者が乳児に対して口ずさみたくなるような曲があるのか、それについてもよく考えてみたいように思われます。

乳児に話しかけながら歌う

養育者からの直接的歌いかけの特徴としてもうひとつ、その構造と機能に注目したいのが、歌いかけの途中でもしっかりと行われる子どもへの応答です。

先ほど、ララバイの歌唱音声は、周波数のアクセントの変動が比較的少なく一定のリズムを保って歌われる傾向をもつことを紹介しました。しかしそうだからといって、ララバイが常に単調にメリハリなく静かにおとなしく一本調子で歌われるかといえば、決してそうではありません。

一例を紹介したいと思います。図４－５は乳児に対して母親が「江戸子守唄」を歌った音声のスペクトルグラムです。太い黒のラインが何層か見えますが、一番下のラインが基本周波数の変化を表しています。まず特徴的なのは、以下のように四小節ごとの最後の音の高さがグイッと上昇するイントネーションで強調されている点です。

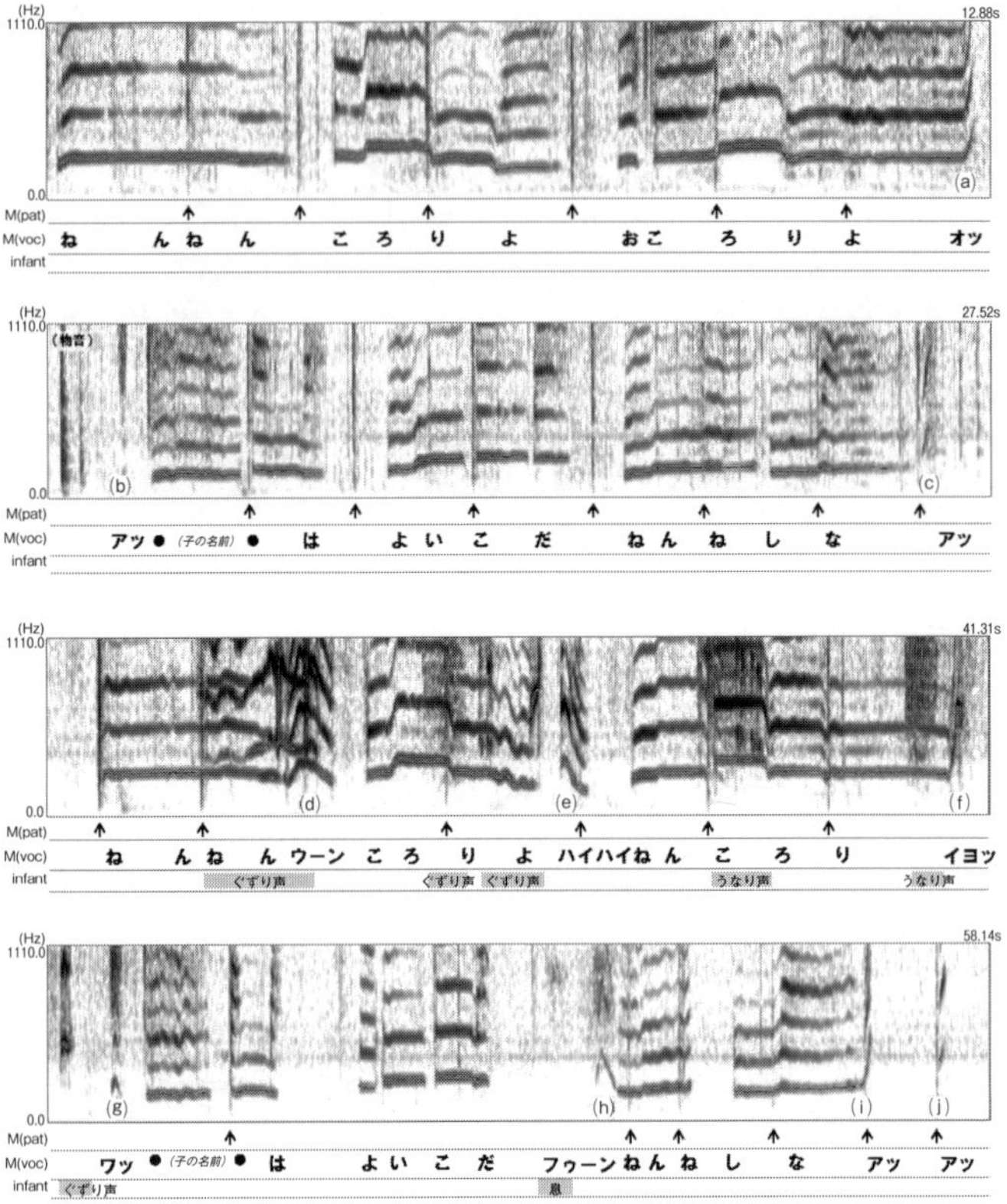

図４－５　母親が乳児に歌う江戸子守唄の様子

注：４小節ごとに母親のスペクトルグラムを分割して示す。スペクトルグラム下の内容は以下の通り。

M（pat）：母親が乳児をトントンとたたく動作（矢印），M（voc）：母親の発声，infant：乳児の発声や様子。

出所：梶川ら（2005）の対乳児歌唱音声データより作成。

「ねんねん　ころりよ　おころり　よーオッ」（図中の(a)）
「○○（児の名前）は　よいこだ　ねんねし　なーアッ」（図中の(c)）
「ねんねん　ころりよ　ねんころ　りーイヨッ」（図中の(f)）
「○○（児の名前）は　よいこだ　ねんねし　なーアッ　アッ」（図中の(i)、(j)）

まるで乳児の注意をひくための威勢の良い合いの手といった具合です。乳児がぐずり始めた三段目の終わりは、それまでよりもよりいっそう大きく「イヨッ」と発声しています。そして曲が一段落する四段目の終わりには、急に歌が終わらないように、それまでのテンポを保ちながら、「アッ、アッ」とやさしい上昇調の発声でリズムを取り、歌をつないでいます。

さらに別の特徴的な点は、歌の途中にさしはさまれる乳児への声かけです。二段目に入るところで聞こえてきた物音に対して「アッ」と言ったり（図中の(b)）、三、四段目で乳児が発したぐずり声に対し、答えるように「ウーン」(d)、「ハイハイ」(e)、「ワッ」(g)というような発声を返しています。四段目では乳児が発した吐息に「フゥーン」(h)と同じような音をおうむ返ししています。

ララバイのこのような特徴は、繁下（二〇〇三）でも同じ江戸子守唄で紹介されています。「……赤ちゃんを実際に寝させながら歌っている姿は、寝させないようにしているようにすら思われます。「ねーんねん、ころりーよ、おころーりーよーオッ！」というように、ゆっくり揺すりながらゆったりと歌っているのに、フレーズの最後に「オッ！」と声を高らげ、すとんと落とすように大きく揺する。……（中略）……トントンとたたいたり歌ったりして「お母さんも一緒にいるからね」と、サインを送っているように見えます。そしてフレーズの最後で、揺り起こし確認させて安心させるのです。この繰り返しで安心しながら、深い眠りに入っていくのです。」（六（八七六）頁）

乳児を寝かしつけているとき、目をつむったかと思うと、目を開いてこちらを見て、また目がトロンとして寝たかと思えばまた目を開いて、を繰り返しながら入眠していく様子をご存じの方も多いかと思います。乳児が目を開けたところで養育者はトントンとタッピングしたり、揺れを激しくしたり、ウンと声をかけたりします。養育者が自然と身につけているこのような寝かしつけのリズムが、歌いかけとも見事に共存し調和しています。

以上のように楽な音域で歌い方がアレンジされ、会話しながら柔軟に歌われる対乳児歌唱音声は、文脈や乳児の状態に依存的ではあるものの、けっして一貫性がなく毎回バラバラというわけではないようです。対乳児歌唱音声が対乳児発話音声と異なる特徴のひとつとして、再現性の高さが指摘されています。歌詞や旋律など構造上の制約をもつからこそ、対乳児歌唱音声は、対乳児発話音声よりもテンポや音の高さの再現性が高く、同じ内容を乳児がくり返し聞くことになる結果、乳児に認識されやすくなり、注意喚起や情動調整に効果を発揮するのではないかと考えられています（Bergeson & Trehub, 2002）。心地よい状態とともにくり返し聞こえてくる歌声を、以前も聞いたことがあるという期待感をもって聞くことは、認知発達の面からもとても有意義な活動と考えられます。

5　歌いかけとともに伝わる多感覚刺激

最後に少し音声を離れ、歌いかけとともに乳児に与えられる音声以外の刺激を取り上げたいと思います。乳児への歌いかけの構造をとらえる上で無視できない存在です。

母親が乳児に歌いかけるときの姿勢や動作を調べたところ、「だっこ・おんぶ・膝の上に座らせながら（体幹の接触）」「トントンしながら・ゆっくり揺らしながら（音楽に同期したリズムの呈示）」「（子どもと一緒に）身振り手振りをしながら・踊りながら（音楽に合わせた動作の呈示）」という三つの身体的接触や動作とともに行われることが多いことがわかりました（図4-6）（黒石・梶川、二〇〇八）。そしてその頻度は乳児の発達とともに変化し、生後三か月ごろまでは歌いかけの八割以上が、抱っこのように体がしっかりと接する状態でトントンという軽いパッティングやゆらゆらと全身を揺らす刺激を伴い行われ、生後一〇か月ごろからは体をしっかり接しながら歌う割合は減り始め、代わって身振りや手振りや踊りながらの歌いかけが増えてきます。発達の初期は養育者と乳児の距離がとても近い形で歌われ、乳児の発達に伴い次第に距離がとられていきながら歌われるようになる、そんな乳児への歌いかけの構造変化がわかりま

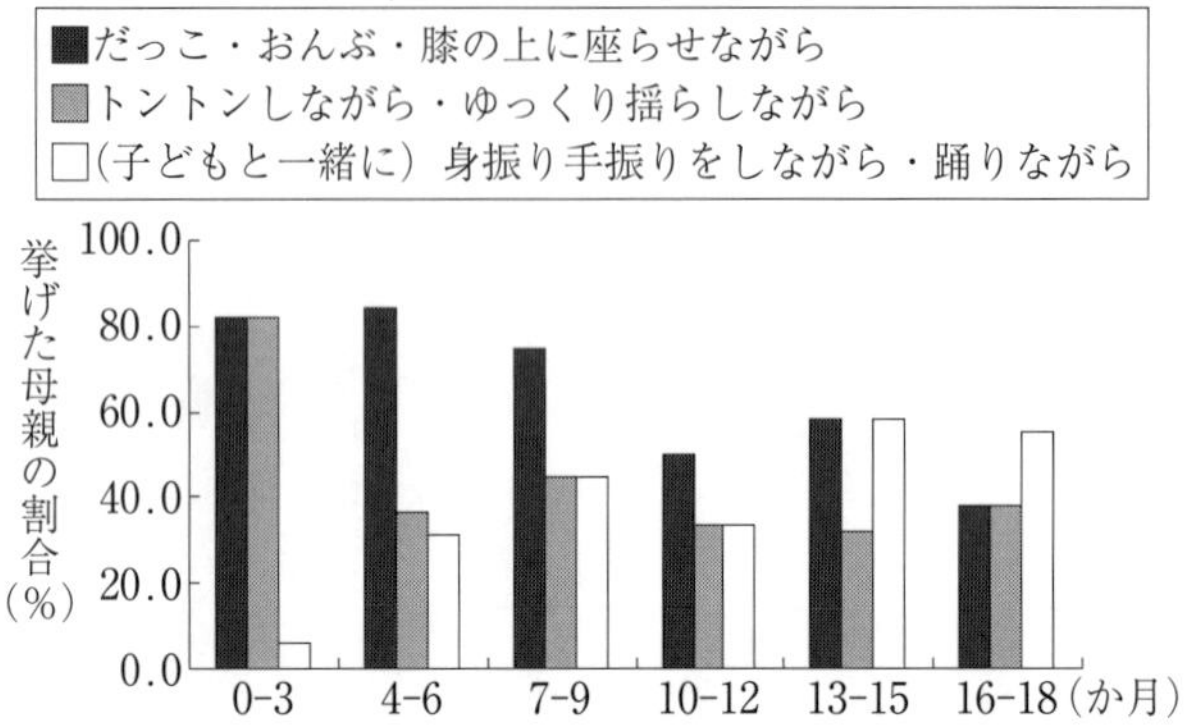

図4－6　歌いかけをするときの母親の姿勢や動作

出所：黒石・梶川（2011）31頁，図1より生後18か月までのデータを抜粋。

す。

聴覚刺激だけではなく、他の感覚からの刺激を随伴させることは、乳児を鎮静させる効果を高める機能があると考えられます。体全体が安定した状態でリズミカルに揺らされる刺激には、心身のリラックス、緊張除去、睡眠誘導の効果があり（北堂ほか、一九九九）、乳児についても泣き止ませ鎮静させる効果が認められます（Esposito et al., 2013：江守・青木、一九九八：江守・青木・吉田、一九九五：Bryne & Horowitz, 1981）。歌声に随伴するこのような身体刺激は、歌いかけを乳児にとっていっそう心地よいものにしていると考えられます。

歌に合わせてトントンとやさしく叩いたり、乳児の手足をもってリズミカルに揺らしたりすることは、たとえば乳児と一緒にＣＤを聞いたりテレビを見たりする間にもできることです。音楽が流れることで

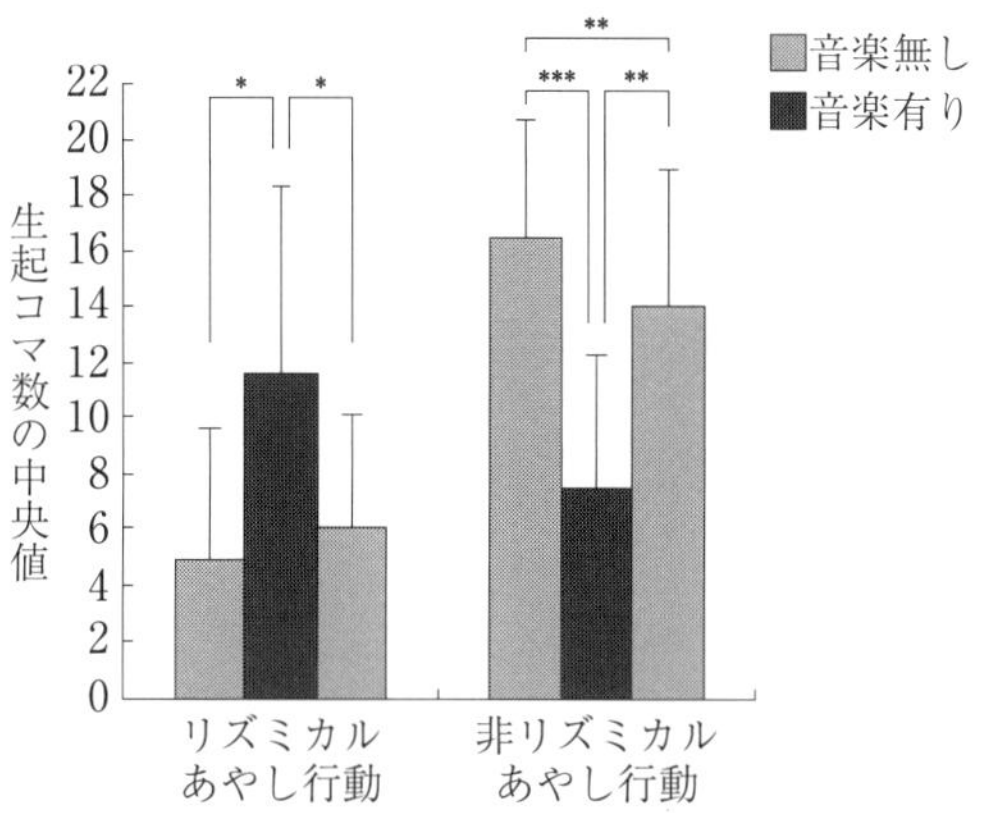

図４－７　音楽が提示されることによる母親のあやし行動の変化

出所：黒石・梶川（2011）36頁，図３より。

母親の育児行動がどのように変化するかを観察してみた結果、音楽があることにより一定のリズムで乳児をさすったり、タッピングしたり、自らの頭や体を揺すって見せたりするリズミカルな反復動作の割合が増加し、視覚や触覚や聴覚など多感覚のチャンネルを通じてリズミカルな働きかけが乳児にもたらされることがわかりました（図４－７）。音楽の提示により母親が働きかけるあやし行動の全体量には変化がなく、リズミカルなものへと質的に変化したのです（黒石・梶川，二〇一一）。音楽のリズムに対して体が自然に動くことはヒトに共通してみられる特徴で（Brown, 2003）、母親にとっては無意識のうちに生ずるごく自然な反応だったと考えられます。

　乳児側からとらえると、複数の感覚から同期したリズミカルな刺激が伝わってくることになります。まだ音楽を十分に認識できない乳児が、養育者を介してこのような豊かな刺激を伴いながら歌や音楽を聴くことの発達的意義はとても興味深いものです。母親から生じる揺れやリズムが身体的接触や視覚を通じて乳児に伝わり、同じ歌や音楽を聴きながら母親と乳児が同じリズムを共有する――これは養育者が乳児の反応に合わせるようにして乳児を引き込みコミュニケーションを成立させる原初的相互主体性（Trevarthen & Aitken, 2001）を思い起こさせます。他者と同じものに注意を向ける三項関係や共同注意が成立する段階よりずっと先にこのような音楽という第三のものを共有しながらの相互作用がなされることは、乳児の認知においてどのような意味をもちうるのか、今後の議論が期待されます。

以上、この章では、乳児期に養育者と乳児の間で行われる歌いかけが豊かな応答性のある相互作用として存在している様子を、音声的特徴と身体的特徴の両方から考えてみました。

言語を介したやりとりができないだけでなく、生理指標も発達途上で、行動反応のレパートリーにも制約のある乳児への聴覚的実験はとても難しいものです。歌いかけがどのように乳児に知覚され認知的に処理されるのかについては、方法論も含めまだ今後の実証的研究の蓄積が必要な段階です。歌がなぜ我々の感情に響くのか、なぜ好きな曲を聞くと元気が湧いてくるのか、なぜ大勢で同じ曲を歌うことで連帯感が生まれるのか、そんな歌の個人内および個人間に働く影響を紐解く鍵が、発達のごく初期の乳児と養育者の間で行われる歌いかけの構造と、乳児がそれを認識し内在化していくプロセスを明らかにすることで見つかるのではないかと期待しています。

「子守歌は雰囲気をつくるものだから」――ある人が以前こう感想を教えてくれました。対乳児歌唱音声をそうではない歌唱音声と聞き分ける印象評定の調査をしたときのことです。対乳児歌唱音声らしさの音響特徴をしぼりこむために、録音された母親の歌声を一フレーズ、一小節、二音、一音、などと短く抜き出した音声ファイルをランダムに次々と聞き、評定してもらう実験でした。調査後にどのように聞き分けたかを聞くと、「高い音」「やさしい声色」などさまざまな〝手がかり〟が挙げられるなかで、ある人の「子守歌は雰囲気をつくるものだから（その雰囲気で聞き分けた）」という回答は印象的でした。この人には歌声を聞くと乳児と養育者の表情や様子がありありと目に浮かんだのでしょうか。大人の生活のなかでＢＧＭが一定の役割を果たしているように、そのときの気分や雰囲気で曲を選びながら、赤ちゃんに伝わるＢＧＭとして、歌いかけで雰囲気づくりを楽しんでみてもよいのかもしれません。

文　献

Bergeson, T., & Trehub, S. E. (2002). Absolute pitch and tempo in mothers' songs to infants. *Psychological science*, **13**(1), 72-75.

Brown, S. (2003). Biomusicology, and three biological paradoxes about music. *Bulletin of Psychology and the Arts*, 4, 15-17.

Bryne, J., & Horowitz, F. (1981). Rocking as a soothing intervention: The influence of direction and type of movement. *Infant Behavior and Development*, **4**, 207–218.

Cooper, R. P., Abraham, J., Berman, S., & Staska, M. (1997). The development of infants' preference for motherese. *Infant Behavior and Development*, **20**, 477–488.

Cooper, R. P., & Aslin, R. N. (1990). Preference for infant-directed speech in the first month after birth. *Child Development*, **61**(5), 1584–1595.

江守陽子・青木和夫（一九九八）「保育行動としての刺激と児の反応との関係――抱いて揺する刺激についての分析」『日本看護研究学会雑誌』第二一巻第二号、一九－二七頁。

江守陽子・青木和夫・吉田義之（一九九五）「揺りかごによる振動刺激が新生児に及ぼす影響」『人間工学』第三一巻第六号、三六九－三七七頁。

Esposito, G., Yoshida, S., Ohnishi, R., Tsuneoka, Y., Rostagno, M., Yokota, S., Okabe, S., Kamiya, K., Hoshino, M., Shimizu, M., Venuti, P., Kikusui, T., Kato, T., & Kuroda, K. O. (2013). Infant calming responses during maternal carrying in humans and mice. *Current Biology*, **23**(9), 1–7.

Fernald, A. (1985). Four-month-old infants prefer to listen to motherese. *Infant Behavior and Development*, **17**, 159–64.

Fernald, A. (1989). Intonation and communicative intent in mothers' speech to infants: is the melody the message? *Child Development*, **60**, 1497–1510.

Fernald, A. (1992). Meaningful melodies in mothers' speech to infants. In H. Papusek, U. Jurgens, & M. Papousek (Eds.), *Nonverbal communication : comparative and developmental approaches*. New York: Cambridge University Press. pp. 262–282.

Fernald, A., & Simon, T. (1984). Expanded intonation contours in mothers' speech to newborns. *Developmental Psychology*, **20**, 104–113.

梶川祥世・井上純子・佐藤久美子・兼築清恵・高岡明（二〇〇五）「乳児に対する歌唱音声の音響的特徴」『電

子情報通信学会技術研究報告　TL、思考と言語』第一〇五巻第二九一号、一九 - 二四頁。

梶川祥世・黒石純子（二〇一一）「母親音声に対する乳児の心拍反応：歌唱と朗読の比較」『玉川大学脳科学研究所紀要』第四号、一一 - 一七頁。

川原井泰江（二〇〇三）『守り子と女たちのこもりうた』ショパン
北堂真子・荒木和典・高橋達也・井邊浩行・梁瀬度子（一九九九）「低加速度全身振動が入眠に及ぼす影響――電車の固有振動と1／fゆらぎ特性を応用した振動による入眠促進効果」『人間工学』第三五巻第四号、二二九 - 二三九頁。

小林登・松井一郎・谷村雅子（一九九三）「子育てと子守歌」『周産期医学』第二三巻第六号、八八五 - 八八九頁。

Kuhl, P. K., Tsao, R. M., & Liu, H. M. (2003). Foreign-language experience in infancy: Effects of short-term exposure and social interaction on phonetic learning. *PNAS*, **100**(15), 9096-9109.

黒石純子・梶川祥世（二〇〇八）「現代の家庭育児における子守歌の機能――〇～三五か月児に対する母親の肉声による歌いかけとオーディオ等による音楽利用の比較検討」『小児保健研究』第六七巻第五号、七一四 - 七二八頁。

黒石純子・梶川祥世（二〇一一）「音楽が母親の対乳児あやし行動に及ぼす影響」『子育て研究』創刊号、三〇 - 三九頁。

真鍋昌弘（二〇〇五）「子守唄の種類と地域性」藤原良雄（編）『別冊「環」⑩子守唄よ、甦れ』藤原書店、七一 - 八三頁。

諸木陽子・岩永誠（一九九六）「音楽の好みと曲想が情動反応に及ぼす影響」『広島大学総合科学部紀要Ⅳ理系編』第二二巻、一五三 - 一六三頁。

Nakata, T., & Trehub, S. E. (2004). Infants' responsiveness to maternal speech and singing. *Infant Behavior and Development*, **27**, 455-464.

日本音響学会（一九八八）『音響用語辞典』コロナ社、一三四頁。

Rock, A., Trainor, R. L., & Addison, T. L. (1999). Distinctive messages in infant-directed lullabies and play songs. *Developmental Psychology*, **35** (2), 527-534.

Shenfield, T., Trehub, S. E., & Nakata, T. (2003). Maternal singing modulates infant arousal. *Psychology of Music*, **31**, 365-375.

繁下和雄（二〇〇三）「乳幼児にとっての歌」『チャイルドヘルス』第六巻第一二号、八七四‐八七七頁。

志村洋子（二〇〇一）「マザリーズ――親子感情の相互作用にはたす役割」『チャイルドヘルス』第四巻第一一号、八一八‐八二二頁。

Snow, C. E. (1977). Mothers' speech research: From input to interactions. In C. E. Snow, & C. A. Ferguson (Eds.), *Talking to children : Language input and acquisition*. Cambridge University Press. pp. 31-49.

Standley, J., Cassidy, J., Grant, R., Cevasco, A., Szuch, C., Nguyen, J., Walworth, D., Procelli, D., Jarred, J., & Adams, K. (2010). The effect of music reinforcement for non-nutritive sucking on nipple feeding of premature infants. *Pediatric Nursing*. **36** (3), 138-145.

Standley, J. (2003). *Music therapy with premature infants*. The American Music Therapy Associatoin. (呉東進（監訳）（二〇〇九）『未熟児の音楽療法――エビデンスに基づいた発達促進のためのアプローチ』メディカ出版)

Trainor, L., Clark, E. D., & Huntley, A. (1997). The acoustic basis of preferences for infant-directed singing. *Infant Behavior and Development*, **20** (3), 383-396.

Trevarthen, C., & Aitken, K. J. (2001). infant intersubjectivity : Research, theory, and clinical applications. *Journal of Child Psychology and Psychiatry*, **42** (1), 3-48.

第5章　乳幼児への歌いかけ活動が豊かな社会・情動性を育む

春日　文

1　乳幼児への歌いかけ

乳幼児への歌いかけとは

養育者が乳幼児に歌いかけをしている様子を思い浮かべてみて下さい。歌いかけとは、養育者から乳幼児への一方的な働きかけでしょうか。いいえ、そうではありません。歌いかけとは、養育者から乳幼児に対するコミュニケーションであり、あらゆる国でみられる養育者と乳幼児の相互行為なのです。

乳幼児は多くの感情に共鳴し模倣をして、養育者と交替しながら、動作や発声によってやりとりをします。このように、乳幼児は言葉を発する以前から、養育者と心を通わせようとするのです。乳幼児と養育者のコミュニケーションについて音声行動学的に解析をしたトレヴァーセン（Trevarthen, C.）らは、コミュニケーション的音楽性（communicative musicality）理論により、コミュニケーションには音楽的要素（拍動性・メロディー性・物語性）がすべて含まれていることを実証しています（Malloch & Trevarthen, 2009）。乳幼児と養育者のコミュニケーションには、時間的な規則性と交互性がみられ、さらに音声の周波数の推移の形に類似性がみられ、両者は同じテンポとリズムを共有しながらやりとりをしていることがわかったのです。つまり、乳幼児は養育者と交替しながら発声や動作により積極的にコミュニケーションをしており、このような乳幼児と養育者のやりとりは、音楽的な要素で構成されているのです。

トレヴァーセンらは、養育者と子どもの絆の土台が、戻ることのない時間の流れに乗って、リズムを共にすることから育まれると考え、このことをシンリズミア（synrhythmia）と表現しています。ギリシア語で syn とは〝共に〟を意味し、rhythmia とは〝戻ることのない川のせせらぎのもつリズム〟を意味します。このように、二度と戻ることのできない時間を心地よさとともに共有することで、養育者と子どもの絆が育まれるというのです。

歌いかけにおいても、乳幼児は母親の歌いかけに同調しながら応答し、母親は子どもの応答に寄り添いながら柔軟に歌いかけの体勢を変化させ、母子は互いに調整をしながら情動のコミュニケーションを楽しみます。乳幼児は発声によりさまざまな表現をしますが、そのなかに歌の芽生えともいえる音楽的な喃語の存在もみられます。この音楽的な喃語は、乳幼児が聴いた音楽に対する特定の反応であり、乳幼児はコミュニケーションに含まれる音楽的な要素に注目するのです。乳幼児は歌いかけに積極的に反応し、その反応に養育者も応答するという、やりとりを繰り返します。このようなやりとりを通して、母子は同じリズムの流れのなかで情動を共有していると考えられます。したがって、歌いかけは、母子のより良い関係性に寄与する重要なコミュニケーション活動のひとつであるといえるでしょう。

歌いかけと子どもの発達について

歌いかけは、どの国でもみられる養育者と子どもの相互行為であるにもかかわらず、その構造や機能に関しては、未だ明らかにされていない点が多いです。歌いかけには、子どもの発達にとってどのような影響があるのかは明確にはされていませんが、子どもの言語発達と情動発達への影響について示唆されるいくつかの知見がみられます。

①歌いかけに関連した言語発達

大人が乳幼児に向けて語りかける際に、高い声で大きな抑揚のある独特な特徴がみられますが、この語りかけ方をマザリーズといいます。マザリーズは、多くの国でみられる現象であり、老若男女を問わずマザリーズの特徴を耳にすることができることから、ヒト共通のメカニズムであるといわれています。また、生まれて間もない乳児でも、このマザリーズを好んで聞き、大人に向けた語りかけ方よりも効果的に乳児の注意を引くことがわかっていることから、言語の獲得や情動の発達への影響について注目されています。

子守唄や童謡の特徴は言語や文化を越えて類似しており、テンポが遅く高音で容易に予測しやすいリズムの繰り返しといった点があります。乳幼児に向けた歌いかけにおいても、このマザリーズと非常に似た特徴がみられるのです。また、歌のもつ抑揚やリズムといった音楽的な要素は、乳幼児が言語を獲得するために重要な役割を果たすといわれています。たとえば、八か月児になると、子どもは歌の一部を模倣できるようになりますが、養育者が子どもの発する音声表現の模倣をしたり、全く異なる新しい音を加えたりすると、喜ぶ様子がみられるという報告があります。また、九か月児になると、聞きなれた子守唄の歌詞の音素を、非言語的な要素に変えると、その変化に気づくことができるという報告もあります。したがって、乳幼児が歌のなかの言語要素に注目していると思われますし、歌いかけには言語を学習する上で足場づくりとなる要素が多く含まれているため、子どもの言語発達に影響を与えると考えられます。

②歌いかけに関連した情動発達

乳幼児は相手の声や言葉にともなうリズムを、相手の心理状態を知るひとつの手がかりとしてとらえ、そのリズムに同調させて手足を動かしたり発声をしたりすることで応えることができます。このように、乳幼児が相手のリズムに合わせて手首や腕の動きを変化させる現象をインタラクショナル・シンクロニーといいます。この現象は情動調整の始まりであると考えられ、相手とのやりとりのリズムが合うように情動調整は発達していきます。乳幼児は相手と情動のリズムを調和させ、リズムを通して情動を伝達し、柔軟に情動の表現を調整することができます。また、養育者も乳幼児の情動の表現を読みとり、乳幼児にわかりやすいように、情動に寄り添った反応をします。このようなやりとりは、乳幼児の情動調整の発達に重要な役割を果たしているといえるでしょう。

情動調整とは共同調整であり、情動の相互作用的なコミュニケーション過程です。乳幼児と養育者はやりとりを通して一体感を感じ、互いに情動を調整します。情動調整を考える上で重要な理論としては、サーニ（Saarni, C.）らの情動的コミュニケーションの発達段階があげられます（Saarni, Campos & Camras, 2006）。情動的コミュニケーションは、生後二年以内に確立され、子どもの状態を調整し情動を伝える役割をもち、認知的及び社会的基盤になるといわれています。この情動的コミュニケーションの中枢に、情動調整行動が挙げられるのです。

歌いかけは情動のコミュニケーションであることから、歌いかけが乳幼児の情動調整の発達に果たす役割は大きいと考えられます。子どもは歌を介して母親と情動を共有しながら、共有刺激である歌を自分のものにしていき、次第に母親から一人で情動を調整する機会を与えられ、歌による情動の自己調整機能を獲得すると考えられます。情動調整行動の種類の増加に関しては子どもの運動能力や認知能力の成熟が関係しており、とりわけ認知能力の発達にともなって情動調整行動の種類が増えていくといわれています。したがって、情動調整の発達には、養育者との関わりと子どもの諸能力、特に認知能力の発達が重要な役割を果たしているといえるでしょう。

2　母親の歌いかけのあり方と母子への影響

前項で述べた諸研究から、歌いかけが乳幼児の言語発達と情動発達に与える影響は大きいと考えられます。そこで、中島（二〇一二）は、〇歳台から六歳台の一一四名とその母親を対象に、母親が子どもに歌いかけをしている場面での母子相互行為の発達的な変化と、歌いかけが子どもの発達に与える影響について検討しました。その結果、子どもの年齢段階に応じて母親の歌いかけの構造と機能に違いがみられ、さらに、歌いかけの構造と機能が二段階で大きく変化していくことがわかりました。

まずは、歌いかけにおける母子関係と子どもの発達に与える影響を年齢別にとらえるとともに、それぞれの年齢段階に合わせた望ましい歌いかけのあり方を紹介します。ただし、乳幼児の発達は個人差が大きいため、年齢はあくまで目安としてとらえ、発達の変化過程に注目してください。

〇歳台から六歳台における歌いかけのあり方

①〇歳台の特徴と歌いかけのあり方

〇歳台では、母親が子どもを抱きしめリズムをとりながら歌いかける様子が多くみられ、歌に包まれて母子が一体感を感じる時期です。母親からの歌への誘いに子どもは引き込まれ、子どもは手や足を動かして歌いかけに共鳴し、母親の働きかけに応答する様子がみられます。母親は子どもの反応を見ながら歌いかけの体勢を柔軟に変化させ、さらに、そのような母親の応答によって、子どもの情動が安定していく様子がみられます。子どもは歌を通して母親と情動を共有し、心地よさとともに母親との一体感を味わうのでしょう。歌いかけにより母子は情動の共有を深め合い、母子の重要なコミュニケーション活動となっていると考えられます。

歌うことが苦手だから、下手だからと、歌うことを躊躇する人もいると思いますが、そういったことは気にせず、ぜひ気軽に歌ってみましょう。子どもの反応を観察しながら優しく歌いかけることが、子どもに心地よさと安心感を与えます。母親の語りかけるような歌声に包まれて、子どもは基本的な信頼感を感じることができるでしょう。

②一歳台の特徴と歌いかけのあり方

一歳台は、子どもは母親の歌を聴きながら、関心が外へと向かう自己探索活動が多くみられる時期です。母親は自身から離れていく子どもを見つめながら、子どもの表現活動を促すように、歌声の調子を変えたり、歌詞に合わせた身振り手振りをしたりする様子がみられます。子どもは違うことに興味が移りながらも、歌詞の一部分を発声するなどして、母親の歌をしっかりと聴いている様子がみられます。母親は、子どもが歌に合わせた表現活動をすると喜び、子どもの表現活動をより一層促すように歌いかけをする様子がみられます。このように、子どもの表現を促しながら一緒に歌うことにより、子どもの言語能力や表現能力が促され、母子の関係性がより一層深まると考えられます。

子どもは母親の歌や母親とのやりとりを自分のなかにとり入れて、その歌に意味づけをしていきます。ぜひ一緒に手遊びをしながら歌いかけたり、母親自身が楽しみながら歌いかけたりしてみましょう。このような歌いかけにより、子ども自身が楽しく歌を覚えることができるきっかけとなり、子どもが一人で歌えるようになる手助けとなるでしょう。

③二歳台の特徴と歌いかけのあり方

二歳台は、子どもは母親と一緒に歌う行動と、自分のペースで歌う行動が同時にみられる時期であり、一人で歌いはじめる過渡期です。母親は子どもが歌う様子を見ながら子どもにリードさせ、一人で歌うことができるように促す様子が多くみられます。子どもは母親に合わせながらも、一人で歌うことができる箇所は積極的に歌い、歌うという行動を強く意識していると考えられます。また、母親とのやりとりにとどまらず、友達とのやりとりにも歌が使われるようになり、社会性の発達がみられるようになります。

子どもは母親に合わせて一緒に歌いますが、子どもが一人で歌える箇所では、母親は少し声を小さくするなどして、子どもにリードさせる歌いかけが効果的です。リズムに合わせて発声することで、自己表現をする意欲が高まり、言語発達にもつながるでしょう。また、一人で歌えるようにするための歌いかけだけではなく、子どもが不安に感じているときなどに、子どもの好きな歌を歌ってあげることも効果的です。〇歳台から一歳台で育まれた歌いかけによる心地よさが想起され、子どもの心の安定につながるでしょう。

④三歳台の特徴と歌いかけのあり方

三歳台は、一人で歌う行動が一層多くみられる時期です。子どもは記憶している歌を思い出し、歌を通して積極的に自己表現をします。母親は子どもが歌う様子を見守りながら子どもにペースを譲り、寄り添うように歌う様子が多くみられます。子どもは全身を使って身振り手振りをしながら歌い、子ども自身の独自の表現も多くみられることから、子どもの豊かな情動を表現していると考えられるでしょう。この時期になると、子どもは歌の旋律全体を把握することができるため、歌を自分のものとし、自由に表現できるようになります。自己内に取り込んだ歌を自由に表現することで、言語発達がより一層促され、歌を通して情動を調整する行動が多くみられるようになります。

子どもは母親がいない時でも一人で歌うようになりますが、一人で歌うことを通して、自分の気持ちを奮い立たせたり、落ち着かせたりすることを盛んに行っていると考えられます。子どもが歌う楽しさや喜びを感じられるように、あまり正確さを求めず寄り添いながら子どもの自由な歌唱表現を見守ることが大切でしょう。

⑤四歳台の特徴と歌いかけのあり方

四歳台は、子どもが歌詞を強く意識しはじめる時期です。子どもが歌詞に注目することから、母親もそれに応えるように、歌詞をわかりやすく伝えるためにリズムを遅くする行動がみられます。また、歌の絵本や歌詞カードに書かれている歌詞を指さししながら歌ったりするなど、歌詞を正確に歌えるように手助けをしながら歌う様子が多くみられます。子ども自身も、既存の歌詞を正しく歌うことを重視している行動がみられ、歌うことを楽しみながらも、丁寧に歌っている様子がみられます。

歌のことばである歌詞は奥行きの深いことばで書かれた詩であり、音楽がともなうことにより、さらに豊かな表現を醸し出します。歌うという表現に加えて、歌詞に注目することは、音楽とことばの双方に込められた想いを感受するきっかけになります。これまで以上に歌詞に注目させることで、子どもは歌詞の意味を理解し、より豊かな表現活動につながるといえるでしょう。

⑥五歳台の特徴と歌いかけのあり方

五歳台は、歌詞に注目する行動がより一層強くみられる時期です。新しい歌でも一人で歌うことができるようになり、好きな歌を自分のものにしながら楽しむ様子が一層みられます。母親は子どもが歌う様子に引き込まれるように、子どもにペースを委ねるように歌いかけます。母親その様子は、まるで子どもが母親に歌いかけをしているようであり、子どもは歌を介して母親を引き込み、情動の共有をしているといえます。子どもは歌を自分のものとして自由に表現することから、母子間のやりとりにとどまらず、他者との関係性においても歌を通して情動を共有し、歌を介して他者と相互信頼感を育むと考えられます。

子どもは歌を通して友達と心を通わせ合うことで、一体感を味わい、関係性を深め、歌の楽しさや喜びを感じるでしょう。子どもは友達と一緒に歌ったり、保育園で教えられたりと、次々と新しい歌に出会います。このように子どもが新たに知った歌を、ぜひ家庭でも一緒に歌ってみましょう。母親と一緒に歌うことで、新しく出会った歌がより深く心にとどまるとともに、その歌を介した他者との関わりへと広がりをみせるでしょう。

⑦六歳台の特徴と歌いかけのあり方

六歳台は、歌を聴いたり歌ったりすることで、意図的に自らの情動を調整する時期です。子どもは歌を通して自分の情動に変化がみられることを理解し、歌いかけの合間や歌いかけが終わると大きく拍手をして喜びを表現するなどして、歌により湧き出た情動を意識的に相手に伝える様子がみられます。母親は子どもが喜ぶ様子から自然と笑顔をみせ、子どものペースに寄り添いながら一緒に歌う行動が多くみられます。歌いかけにより子どもが笑顔になる様子は、子どもの年齢段階が上がるにつれて序々に増加し、六歳台において最も多くみられます。子どもにとって歌うことは喜びであり、歌を通して喜びを表現することを楽しんでいることがわかります。

たとえば、親子で替え歌遊びなどをして、既存の枠組みにとらわれず、自由に心の動きを表現しあうことは、子どもの自己表現の意欲を高め、歌を通した喜びの表現につながります。歌うことの喜びから、歌を介した他者との関わりも増え、他者との相互信頼感がより一層育まれていくでしょう。

二段階で大きく変化する母子のやりとりと発達への影響

歌いかけ場面でみられる母子のやりとりの発達的変化と、子どもの発達への影響の変化について総合的にまとめると、歌いかけは、子どもの自己表現活動や情動調整の発達を促し、社会情動的活動の基盤づくりに貢献し、社会性を育てると考えられます。また、この変化は〇歳台から一歳台の第一段階と二歳台以降の第二段階で大きく分かれるのです。

①二段階でみられる母子のやりとりの変化

〇歳台から六歳台までの歌いかけでは、二歳台を境に子どもが一人で歌えるようになるため、母子のやりとりに大きな変化がみられます。まず、第一段階の〇歳台から一歳台では、歌いかけによって母子が一体感を感じ、その心地よさと安心感から、子どもは歌を自己内に取り込みはじめます。第二段階の二歳台以降になると、母親と一緒に歌うことに加えて、次第に一人で歌う様子も多くみられるようになり、子どもは情動調整の道具である歌を自ら使う時期へと変化します。

母親は、子どもに一方的に歌いかけるのではなく、歌いかけの構造を変化させており、子どもの状態を観察しながら、子どもが一人で歌うことができるようになるための足場づくりの調整をします。子どもは、歌を共有しながら、リズムに合わせて身体を動かしたり、一緒に発声したりすることで、歌を自己内に取り入れていきます。母親は、そのような子どもの表現活動を見ながら歌いかけ方を柔軟に変化させ、子どもの活動に見合うように働きかけを調整することで、子どもの自律的な行動を導いていくのです。

母親から子どもへの歌いかけは、次第に一緒に歌う共歌い活動となり、いずれ子どもは一人で歌うことができるようになります。子どもが一人で歌うことができるようにするために、子どもが上手に歌うための技能を重視するのではなく、歌うことを自由な自己表現としてとらえ、歌うことが他者との関わりを深めるための手段となるように促していくことが大切であるといえるでしょう。

②二段階でみられる子どもの発達への影響の変化

○歳台から六歳台までの子どもの発達への影響はどのように変化していくのかというと、○歳台から一歳台までにみられる母子の関係性から、二歳台以降は他の子どもとの関係性にも広がりをみせ、社会性の発達に影響を与えると考えられます。まず、第一段階の○歳台から一歳台では、子どもの状態に合った歌いかけによって母子のより良い関係性が深まります。お互いの情動を調整しながら、子どもは歌を自己内に取り込みはじめ、母親と一緒に歌いはじめることで全般的な子どもの発達が促されます。第二段階の二歳台以降になると、歌を介して母子の絆を確認しつつも、徐々に母親を離れて他者とのやりとりへと広がりをみせます。子どもは一人で歌えるようになり、歌による自己表現を通して言語発達が促され、歌を通して他者と情動を共有することで、他者との相互信頼感が深まります。

〇歳台と一歳台においては、歌いかけは親子の関係づくりと基盤的な子どもの発達に関連が深いと考えられます。一方、二歳台以降からは歌いかけによって子どもの情動が安定するとともに、子どもの関心は外へと向かい、他児とのやりとりへとつながりをみせ、社会性を育むと考えられます。特に、二歳台から三歳台では、子どもは一人で歌えるようになる時期であり、自分で歌う活動を通して言語発達が促されるとともに、歌を聴いたり歌ったりすることで情動調整をすると考えられます。

認知と情動は、別々の反応でも独立した反応でもなく、むしろ、両方ともひとつの構成物に織り合わされた同じテーマの要素です。認知と情動の関係性は、絶えずお互いを追いかけることから、音楽のフーガになぞらえて、〝認知と情動のフーガ〟であるといわれています。歌いかけにおいても、情動の発達と言語の発達が双方に影響しあうことが示唆され、子どもの情動発達と認知発達がフーガのように追いかけあって螺旋をえがくように促されているといえるでしょう。

3　歌いかけにみられる子どもの情動調整の発達

認知的および社会的基盤になる情動的コミュニケーションは、生後二年間で確立されるといわれています。したがって、〇歳台から一歳台は、情動調整機能の獲得に向けた、歌いかけ活動の土台づくりとなる重要な時期であるといえます。そこで中島（二〇一二）は、〇歳台の子ども七名を毎月一回継続的に観察し、歌いかけ場面における母子相互行為の変化過程を検討するとともに、母親の歌いかけが子どもの情動調整にどのように関係しているかを検討しました。その結果、母子相互行為の特徴は大きく二種類のグループ（Ａグループ・Ｂグループとする）に分かれ、この二グループの子どもの情動調整の発達の過程がわかりました。

〇歳台から一歳台の歌いかけでみられる母子相互行為

Ａグループの母親は、子どもの様子をみながら子どもの状態に合わせるように柔軟に歌いかけ方を調整している傾向がみられます。このグループは、子どもを積極的に参加する主体としてとらえており、子ども主導的な母子相互行為がみられるといえるでしょう。

Ａグループでの子どもの情動調整の様子については、年齢段階別に以下のような特徴がみられました。〇歳台前半では、子どもの情動が安定し、リズムを通して母親と情動を共有します。〇歳台後半になると、子どもは歌いかけに強く同調や共鳴をしながら、積極的に母親と歌を共有します。一歳台前半では、子どもは歌に合わせて発声したり身体を動かしたりすることで、歌を自己内に取り入れて、歌を聴きながら情動調整をしはじめます。一歳台後半になると、歌いかけにより再び情動の安定がみられるとともに、より一層活発な表現活動がみられ、歌を歌うことによる情動調整をしはじめていると考えられます。

Bグループの母親は、リズムに合わせて全身を揺らしながら、子どもの同調・共鳴行動を促す働きかけが多い傾向がみられます。このグループは、子どもを母親の歌いかけに引き込むように関わっており、母親主導的な母子相互行為がみられるといえるでしょう。

Bグループでの子どもの情動調整の様子については、年齢段階別に以下のような特徴がみられました。○歳台前半では、子どもは母親をみつめ、情動が安定する様子がみられます。○歳台後半になると、子どもは歌いかけに同調や共鳴をして応答します。一歳台前半では、○歳台後半の特徴が引き続きみられると同時に、母親から離れる行動も多くみられるようになります。一歳台後半になると、歌いかけに心地よさを感じながら、母親に近づいたり離れたりする行動を繰り返します。歌に合わせて身体を動かすなどして、歌を自己内に取り込みはじめ、歌を聴きながら情動調整をしはじめていると考えられます。

以上のように、歌いかけ場面にみられる二種類の母子相互行為では、それらの特徴と子どもの情動調整の発達の速さについて違いがみられることがわかります。情動調整の個人差については、母親との関わり方や母親との関係性の質が要因のひとつであるといわれています。歌いかけ場面においても、子どもと母親が相互に影響し、情動調整の個人差が生まれている可能性が考えられるでしょう。このように、AグループとBグループは、母子相互行為の特徴の違いから、子どもの情動調整の発達の速さに違いがみられるのですが、発達の過程は同じ道筋を辿っているということも注目すべきポイントです。

歌いかけにみられる情動調整の発達の道筋

歌いかけ場面での二種類の母子相互行為にみられる子どもの情動調整の発達は、具体的にはどのような道筋を辿っているのでしょうか。まず、子ども主導型の母子相互行為にみられる子どもの情動調整の発達ですが、子どもを主体とした歌いかけにより、子どもは母親の歌を共有する過程から、それを自分のものとする過程に移行しやすい傾向がみられます。歌に合わせて発声をしたり身体を動かしたりする行動を繰り返しながら、歌を歌うことで情動の調整を行う行動がみられます。一方で、母親主導型の母子相互行為にみられる子どもの情動調整の発達は、母親の引き込むような歌いかけにより、母親の歌を共有することにとどまり、歌を聴くことで情動の調整を行う行動が深まると考えられます。

したがって、歌を聴くことから歌を歌うことへの展開は、歌いかけによる情動調整の発達を検討する上で、非常に大きな意味をもつといえるでしょう。歌いかけを介した母親との一体感と十分な共有体験から、子どもは歌を聴くことで母親と共有した情動的な感覚がよみがえり、歌を聴きながら情動調整をすると考えられます。さらに次の段階では、歌を聴くことで体験した安らぎと安心感から、自ら表現することにより再び体感したいという欲求が生まれるのでしょう。この時期にみられる子どもの言語および認知能力の発達からも、自分で歌を歌うという自発的な表現活動へと展開し、母親の歌いかけに合わせて一緒に歌いながら情動調整をすることを経て、一人で歌うことによる自律的な情動調整が始まると考えられます。

ヴィゴツキー（Vygotsky, L. S.）は、人間的学習である発達を、高次精神機能、あるいは、人間的認識の獲得であるととらえた上で、発達の過程を文化獲得ないし文化的な学習としてとらえています（Vygotsky, 1978）。文化とは発達の源泉であり、子ども自身が能動的に文化を獲得する活動が発達の原動力となり、文化の体現者である大人とのコミュニケーションを通して、子どもは獲得活動を行います。次第にその獲得活動が内面化し、子ども自身のなかで行われるようになります。また、相手とのコミュニケーションの手段として機能していた言語は次第に内面化され、自分自身のなかでのコミュニケーションである自己内対話が行われるようになり、これが自身の行動の統制機能の重要な手段となるといわれています。

歌いかけにおいても同様のメカニズムがうかがえます。子ども主導的相互行為は母親主導的相互行為に比べると、○歳台前半から子どものペースを尊重しており、母親は子どもからの情動を察知し、歌いかけを通して、お互いに共通する意味を探りながら情動を共有する行動がみられます。つまり、子どもは母親から情動を受け取ることにとどまらず、積極的に参加する主体として自ら情動を発信し、歌いかけに自発的に関わっていると予想できます。最初は母親とのコミュニケーションの手段であった歌を、子ども自身が能動的に内面化し自分で自分に歌いかけをすることで、歌が情動調整をするための道具となるのです。

したがって、前項でも述べたように、子どもが上手に歌うための技能を重視するのではなく、子どもの自由な表現を促すように子どもの主体性を尊重することが大切であるといえるでしょう。子どもを積極的に参加する主体としてとらえ、子どもが歌を通して心地よく楽しいと思える場の提供をすることが、歌いかけの基本なのではないでしょうか。

4　歌いかけを通して、子どもはどのように歌を自分のものにしていくのか

歌いかけは子どもの自己表現活動および情動調整の発達を促し、社会情動的活動の基盤づくりに貢献すると考えられますが、どのようなプロセスを経ていくのでしょうか。この移行プロセスを考えるために、専有という重要な概念が挙げられます。田島は、ワーチ（Wertsch, J. V.）により理論化されている習得と専有（Wertsch, 1998）について、以下のように説明しています（田島、二〇〇三）。ヴィゴツキーが文化的学習というときに使用した内化という概念の多様性と誤解の多さから、ワーチは主体と媒介手段との関係に限定し、内化を二つの側面から定義しています。まずひとつの側面は、主体が媒介的道具をすらすらと使用するための方法を知っていることであり、このことを習得と呼びます。もうひとつの側面は、他者に属していたものである媒介手段を取り入れて、それを自分のものとすることであり、このことを専有と呼びます。ここでいう専有という概念は、他者と自分を異なる存在としてとらえた上で、他者のも

のを自分のものにするという過程です。たとえば、言語といった文化的道具は、他者のそれを自分のものとして取り込むものなのです。バフチン（Bakhtin, M. M.）は、言語がその人自身のものになるのは、その人自身の意図やアクセントにより、その言語に魂を入れたときや、その人自身の表現の意図に適応させることによって、その言語を専有するときだけであると主張しています（Bakhtin, 1979）。つまり、言語にその人自身の魂が入らなければ、他者のものにとどまり、自分のものではないと述べているのです。

また、田島はガモラン（Gamoran）の歌に関する事例をもとに、以下のように説明しています（田島、二〇〇三）。アメリカのクリスチャンではない家庭の子どもが、クリスマスソングを歌うときに、歌詞がイエスにさしかかった際、歌うことをやめるという行動の事例です。クリスチャンではない生徒が、特定の部分で歌うことをやめたということは、歌詞についての習得は達成されていたと考えられますが、習得した歌詞が、その生徒にとって意欲的に自分のものとして取り入れたいと考えられるものではなかったということになります。つまり、専有とは、文化的道具を積極的に受け入れることから、強く反発し拒否することまでを含む、能動的な過程であるということです。

文化的道具とは、相互行為を成立させる道具としてのことば、つまり、記号的意味であり、具体的には語りやテクストを指しますが、歌はここでいう文化的道具であると考えられます。子どもは母親から歌を習得し、その歌を自らのものとして専有して、自分なりの表現活動をするのです。最近の研究では、子どもはただ真似をして歌っているのではなく、自分の出した声を基準にして、聴いて覚えた歌の音程を正しく歌うことが明らかとされています。つまり、子どもは、聴いて覚えた歌の繊細な特徴までも理解した上で、自分なりの一定のルールのなかで歌っていることが考えられるのです。

子どもの歌唱場面の観察研究によると、二歳台から三歳台では既存の枠にとらわれず自由に歌う様子がみられ、まさに一生にこの時期にしかみられないような、豊かな自己表現がみられるといいます。四歳台以上になると、自由に歌う歌と既存の歌とのギャップに子ども自身が気づき、自由で豊かな表現活動がみられにくくなるといいます。中島（二〇一二）においても、二歳台から三歳台では、母親から習得した歌を自由に歌い、活発な自己表現活動がみられ、四歳台になると、子どもが既に習得している歌にもかかわらず、子どもは正確な歌詞や音程を気にする傾向がみられ、再び母親に合わせて歌う行動がみられます。

田島（二〇〇三）によると、習得的側面と専有的側面は、共時的であり表裏一体的に機能し、さらに、習得と専有は、共同行為のなかで学習者に葛藤や抵抗を生じさせるがゆえに、習得が専有に、専有が習得に変化すると述べています。したがって、歌を母親と共有することで習得し、それを専有していく過程は、一方向的な過程ではなく双方向的であり、緊密な関係性をもっていると考えられます。

この専有の概念をもとに、発達の移行プロセスについて考えると、子どもは歌いかけにより

図5－1　共有と専有の移行プロセス

母親と情動を共有しながら習得し、次の段階でその共有刺激を自己内に取り込む専有を繰り返しているのではないかと考えられます。共有と専有はどのステップにおいても共時的にみられますが、共有と専有のどちらが優勢にみられるかを念頭において、次の4つのステップに分けて考えてみます。最初のステップ1では、子どもは歌を通して母親と情動を共有し、次のステップ2で、ステップ1での経験から、子どもは歌を意識し、歌を聴きながら身体表現をしたり発声をしたりすることで自己内に取り込みます。ステップ3では、子どもは一緒に歌うことで、情動の調整を始めるようになり、ステップ4では、ステップ3での経験から、子どもは一人で歌うことを通して情動の調整をする、という共有と専有を繰り返していると考えられます（図5－1）。

人間の学習と発達は、社会文化的文脈のなかで、他者との共同行為を通しての文化的道具の獲得と媒介に基づく社会的相互行為過程としてとらえられます。歌いかけにおいてみられる子どもの発達においても、まさに、母親との共同行為を通しての歌の獲得と歌いかけの媒介に基づいた社会的相互行為過程であるといえるでしょう。歌いかけを介して、子どもは母親との共有をしながら習得し専有する過程を繰り返しながら、言語機能や社会的な対人関係機能の発達へと導かれます。次第に母親から離れ、他者との関係においても、相手の気持ちを察しながら自分の気持ちを調整しつつ、社会的活動へと展開するのではないかと考えられます。

5　歌いかけの役割がもつ実践的な意義

歌いかけはコミュニケーション活動であり、歌いかけにより母子の関係性が深まり、その後の個人的活動および社会的活動に展開するため、乳幼児期において重要な活動であるといえます。歌には、序列的な構造や規則性、決められた歌詞があり、その仕組みを一方向的に伝えることは、子どもをひとつの型にはめ込むことだともいえます。このような歌の構造的な特徴からも、双方向的に相手と調整をしながら歌いかけを柔軟に変化させるためには、その歌を母親自身が自分のものとして自由に使いこなせる必要があるでしょう。歌を一方的に歌いかけるのではなく、歌いかけを通して互いに調整をしながら、歌いかけ方を柔軟に変化させ、子どもが

図5-2　歌による情動調整行動の展開

主体的に歌を専有していく過程を促すことで、歌が情動調整のための道具として機能しはじめると考えられます。

○歳台から一歳台においては、沢山の新しい曲を子どもに覚えさせるために歌いかけるのではなく、安心した文脈と結びつくように、楽しく自由に歌いかけることが大切です。最初からCDを用いて歌を聴かせるのではなく、まずは母親自身の声で歌いかけましょう。特にこの時期は、歌を正確に歌いかけることが重要なのではなく、子どもの状態に合わせて歌詞を変えたりハミングをしたり、子どもに話しかけるように歌いかけることで、子どもは心地よさとともに歌を自己内に取り込み始めます。さらに、子どもの言語発達にともない、自発的な表現活動がより一層深まり、歌による情動調整行動が展開します。安心した文脈と結びついた歌は、子どもの記憶に深く残り、その歌を聴いたり歌ったりすることで、母親と共有した情動がよみがえり、子どもにとって特別な歌になるのでしょう。

また、二歳台以降については、歌のペースを子どもに委ね、自律的な歌唱行動を導くことが大切です。この時期は、保育者や仲間など家族以外の他者と関わることが増える時期であり、保育園や幼稚園においてもさまざまな音楽活動が行われています。保育園などで子どもが新たに知った歌や消化不良の歌を、家庭でも母親と歌うことで、歌が〇歳台から一歳台で経験した安心した文脈と結びつくとともに、自分の好きな歌を自発的に取り入れ、歌を自己調整の道具として積極的に使用すると考えられます（図５－２）。ぜひ日常的に、子どもと一緒に楽しむ歌い合いをしてみましょう。

これまで乳幼児期の歌いかけに注目をしてきましたが、児童期以降は小学校における音楽の授業や運動会や学芸会といったさまざまな行事における合唱の機会等により、歌う活動はますます深みを増していきます。特に教育場面では、歌唱の正確さや美しさがより重要視されてくると考えられますが、子どもの自己表現のひとつとしての自由な歌唱行動や歌への素朴な喜びも大切にしていきたいものです。

歌には歌詞と旋律に豊かな意味や感情が込められています。歌を聴いてどんな光景が目に浮かぶのか、どんな気持ちになったのかなど、歌に込められている意味や複雑な感情を感じとる試みは、他者の感情理解や豊かな表現方法を身につけることにつながるでしょう。また、自分が好きな歌を見つめ、どうして好きなのかを振り返り、他者と共有することは、自分のあるがままの感情に気づくとともに、自分と他者の感情を認め合う関係性づくりにも寄与するでしょう。このように、歌の喜びを感じる子どもの心を大切に扱うことで、児童期以降の歌のある人生がより豊かなものとなるのではないでしょうか。

文　献

Bakhtin, M. M.（1979）. *The dialogic imagination : four essays.*（Ed. by M. Holquist, trans. by C. Emerson & M. Holquist）, Texas: University of Texas Press.（伊東一郎（訳）（一九八一）『小説の言葉』新時代社）

Malloch, S., & Trevarthen, C.（2009）. *Communicative musicality : exploring the basis of human companionship.* New York: Oxford University Press.

中島文（二〇一二）「歌いかけにおける母子相互行為と子どもの情動調整の発達」『白百合女子大学大学院文学研究科博士論文』（未公刊）

Saarni, C., Campos, J., & Camras, L.（2006）. Emotional development: Action, communication, and understanding. *Handbook of Child Psychlogy,* **3**, 226-299.

田島信元（二〇〇三）『共同行為としての学習・発達——社会文化的アプローチの視座』金子書房

Vygotsky, L. S.（1978）. *Mind in society : the development of higher psychological processes.*（Ed. by M. Cole, V. John-Steiner, S. Scribner, & E. Souberman）, Cambridge, MA: Harvard University Press.

Wertsch, J. V.（1998）. *Mind as action.* Oxford University Press.（佐藤公治ほか（訳）（二〇〇二）『行為としての心』北大路書房）

第6章　童謡を親と子の最初の共通体験に

牛山　剛

1　世代を越えて歌い継がれる童謡・唱歌

童謡を唱う五人の家族、金賞受賞

二〇余年前のことでした。一九九五年一一月三日、東京五反田の「ゆうぽうとホール」で、第一〇回全国童謡歌唱コンクールが開かれました。これは童謡の歌唱を競い合うコンクールですが、「子ども」「大人」「ファミリー」の三部門があります。

一〇回目の記念大会ということで、「ファミリー部門」にも全国から一〇組のファミリーが出場しました。九州・沖縄ブロックの代表は、長崎市に住む大塚さんファミリーでした。舞台に登場したのは母親と四人の男の子。みんなこのコンクールには初めての出場です。母親の大塚和子さんは小児科のお医者さんですが、ピアノを伴奏しながら歌にも参加です。長男で小学校五年生の一紀《かずき》くん、次男で小学校三年生の雅和《まさかず》くん、三男で幼稚園児の圭祐《けいすけ》くん、四男で三歳の康祐《こうすけ》くん。唱った曲は「ヤンチャリカ」（阿久悠〔作詞〕、小林亜星〔作曲〕）。和子さんによると、「家のなかではいつもケンカをしたり、仲好く遊んだり、この歌そのもの」だそうです。唱い終わると、五人の元気な歌声に会場から大きな拍手がわき上がりました。そして大塚さんファミリーは、見事第一位の金賞を受賞し、「寛仁親王牌《ともひとしんのうはい》」が贈られました。

全国童謡歌唱コンクール

このコンクールは、一九八六（昭和六一）年「公文教育研究会」と「一般社団法人・日本童謡協会」の共同提唱によって始まりました。熊本市で第一回大会が開かれ、第二回以降は全国規模のコンクールになって、審査方法や課題曲も決められました。

童謡は子どもから大人まで、誰もが楽しく唱える歌ですが、親子、きょうだいが協力し合ってひとつの童謡を唱う「ファミリー部門」こそが、このコンクールの最大の特色といえるでしょう。

幼児が父親や母親、きょうだいたちと最初にする協同作業が、「童謡をいっしょに唱う」ということ、これほど幼児にとって楽しく刺激的な喜びはありません。親子、きょうだいの絆はいっそう深まり、その幼児体験は思い出としていつまでも残ります。大人になれば、今度は子どもたちといっしょに童謡を唱うようになるでしょう。

この親子の協同作業が家庭をとび出して、大勢の人の前でその歌唱の良さ、楽しさを競い合うのが、このコンクールの「ファミリー部門」です。

審査は三回行われます。まず全国を七つに分けたブロック毎に、応募者から送られてきた歌のテープを聴くテープ審査。テープ審査では各部門七組が選ばれます。その七組による各ブロックの決勝大会。そこで三部門、それぞれ一組の最優秀賞受賞者が決まります。最後はその七組の受賞者たちによるグランプリ大会です。グランプリ大会では金、銀、銅三組の入賞者が選ばれます。グランプリ大会は、毎年一一月三日、東京五反田の「ゆうぽうとホール」で開かれていました。しかし二〇一五年からホールが閉館となり、二〇一五年三〇回目のコンクールは、六本木のＥＸシアターで開かれました。

第四回から、名誉大会委員長に寛仁親王殿下をお迎えし、第五回以降、各部門の金賞受賞者に、「寛仁親王牌」が贈られるようになりました。

親子三代のファミリー

大塚さんファミリーが金賞を受賞した年から七年後の二〇〇二年、グランプリ大会「ファミリー部門」に、東北ブロック代表として出場したのは、青森県の奥平《おくだいら》さんファミリーでした。父親の奥平偉《すぐる》さん、母親の純代《すみよ》さん、長女で小学校六年生の光紀《みき》さん、長男で小学校三年生の誠大《まさひろ》くん、次女で幼稚園児の光音《みおと》ちゃん、そしておじいさんの浪打昭一《なみうちしょういち》さん、おばあさんの良《りょう》さん。親子三代の七人家族です。この七人の歌のリーダーは、音楽教室の先生をしている純代さんです。七人のファミリーが熱唱したのは「赤い風船とんだ」（今野政一〔作詞〕、湯山昭〔作曲〕)。家族が力を合わせて一所懸命に、でも楽しそうに唱う七人の表情は、客席の共感を呼んだのでしょう、温かい声援と盛んな拍手がおくられました。

確かに歌唱力を競い合うコンクールですが、大事なのは歌の巧拙よりも、聴く人の心をいかに打つかということです。特に「ファミリー部門」では、家族全員が協力し合って歌を楽しんでいる、その様子が聴衆に伝わってくることをとても大事にしています。

奥平さんファミリーは、金賞にはとどきませんでしたが、第二位の銀賞を受賞しました。

そして三年後の二〇〇五年、奥平さんファミリーは、今度は親子五人で挑戦しました。そのとき長女の光紀さんは中学校三年生に、誠大くんは小学校六年生に、光音ちゃんは小学校二年生になっていました。みんなの歌唱力も上達しています。テープ審査にも合格、ブロック決勝大会でも代表に選ばれ、グランプリ大会に進出です。唱ったのは「ひとつの地球〔ほし〕」(星乃ミミナ〔作詞〕、湯山昭〔作曲〕)。家族の呼吸もぴったり合って、会場に響く澄んだ歌声はとても見事でした。

審査の結果は、念願どおり第一位の金賞でした。表彰式で賞状を受けとったのは誠大くん。光音ちゃんは「寛仁親王牌」をしっかりと抱きしめています。五人の胸には金のメダルが輝いていました。

課題曲は童謡、唱歌、そして教科書の歌も

コンクールの課題曲は、最初は二〇〇曲の童謡でした。一九八六年に日本童謡協会が編纂した『日本の童謡二〇〇選』（音楽之友社）に入っている童謡です。数年後一五〇曲の童謡が加わり、次いで唱歌、小学校の音楽の教科書に載っている歌なども、課題曲に仲間入りしました。社会の高齢化にともない応募者も、童謡はもちろん、古い唱歌などを愛好する高齢者が多くなってきたことや、小学生の児童たちも気軽に応募できるようにという配慮からです。

現在ではさらに、コンクールが始まって以降につくられた新しい童謡二〇〇曲も加わり、また「子ども部門」や「ファミリー部門」に応募する幼児（未就学児童）は、何を唱ってもいいことになっています。

しかしいずれにしても、課題曲の基本は「日本の子どもの歌」です。昔の子どもたちが唱っていた歌、いまの子どもたちが愛唱している歌です。では昔の日本の子どもたちはどんな歌を唱って遊んでいたのでしょうか。

ここで、「日本の子どもの歌」の歩みをちょっと振り返ってみることにします。

2　子どもの歌の最初は童唄《わらべうた》

日本の最初の「子どもの歌」は、その起源を平安時代に遡る「童唄」です。平安時代とは、

七九四年、桓武天皇が都を平城京（奈良）から平安京（京都）に移した平安遷都から、一一九二年の鎌倉幕府成立までの約四〇〇年の時代をいいます。

童唄は、主に子どもの遊び歌として伝承されてきましたが、曲調はのびやかでリズムは主に二拍子か四拍子です。地方色もあまりなく全国共通のものがたくさんあります。子どもの生活は単純ですから、遊びも各地に共通なものが多く、伝承されていくなかで、広く日本中に伝わっていきました。これが、地方色が色濃い民謡と大きく違うところです。

また、遊び歌には玩具（おもちゃ）を使うものもあり、それを売り歩く行商人が、遊び歌や遊び方を教えていくなかで伝わっていったことを、童唄（遊び歌の総称）が全国共通になった大きな理由だとする人もいます。

童唄のなかにはたくさんの子守唄もあります。しかし多くの子守唄は、確かに幼児を対象にしていますが、子どもが唱う歌というよりは、子守りが子どもを寝かせるために唱う歌で、その意味では労働歌の一種です。そしてその労働の辛さを訴え、自分を慰める内容の歌が圧倒的に多いのも、日本の子守唄の特色といえるでしょう。

芸術歌曲としての子守歌が生まれてきたのは、西洋音楽が日本に輸入された明治以降、近代になってからです。

その他、季節の童唄、行事を唱った童唄も数多くあります。

明治時代までの日本の子どもたちは、童唄を唱って遊び、季節の行事を楽しんできました。

それは明治だけでなく大正時代、そして昭和の初めまで続いていました。

一九三〇年代に子ども時代を過ごした筆者などは、女の子たちが童唄を唱いながらお手玉をしたり、まりつきをしていたのをよく憶えています。その頃よく唱われていた童唄は「ずいずいずっころばし」「かごめかごめ」「はないちもんめ」などですが、いずれも室町時代以降、江戸時代から明治にかけて生まれた歌です。でも平成のいま、子どもたちは、「童唄」をほとんど知らず、唱うこともありません。このまま放置しておけば、童唄はそのうち忘れられてしまうでしょう。

童唄は私たち民族の大事な文化遺産です。これを次の世代へ受け渡していくことは、現代に生きる私たちの責務だといえます。

洋楽の輸入とともに生まれた唱歌

時代は江戸から明治に移ります。

「童唄」の次の子どもの歌は、明治に入って学校教育のためにつくられた「唱歌」です。

日本に文部省（現在の文部科学省）が創設されたのは一八七一（明治四）年。翌一八七二（明治五）年に学制が発布され、日本各地に小学校ができて初等教育が始まりました。学制では、小学校で唱歌を教えることになっていましたが、唱歌の教科書もなく、教える先生もいないので、実際には唱歌の授業は行われていませんでした。

アメリカで三年間、音楽教育の実状を学んで帰国した伊沢修二が、東京師範学校（現・東京学芸大学）の校長になったのは一八七八（明治一一）年です。伊沢は、小学校の教科に「唱歌」がありながら、授業が行われていない現状を見て、教師の養成と唱歌の教科書づくりをする機関の創設を、文部省に提言しました。その提言を受け入れた文部省は、一八七九（明治一二）年「音楽取調掛」（東京音楽学校の前身、現・東京芸術大学音楽学部）を設立して、伊沢をその掛長に任命しました。

こうして唱歌の教科書づくりが始まり、一八八一（明治一四）年から一八八四（明治一七）年にかけて三冊の教科書、『小学唱歌集　初編』『小学唱歌集　第二編』『小学唱歌集　第三編』がつくられました。

ここに入っている唱歌は、いずれも西洋音楽のリズムや音階をもとにつくられた歌でした。唱歌は、日本人が西洋音楽を理解し親しむための手がかりとなって、以後の日本における洋楽の発展に大きく貢献しました。

ちょっとわき道に逸れるようですが、西洋音楽が最初に日本に入ってきたのは、唱歌が生まれるはるか以前の一六世紀半ばです。宣教師が、キリスト教とともに持ってきた讃美歌がそれです。キリスト教が日本に伝来したのは一五四九年（天文一八年）、スペインの宣教師フランシスコ・ザビエルによってですが、キリスト教が日本で公然と布教が許されたのは、僅か六四年間で、一六一三年には徳川幕府によって禁止されてしまいます。当時キリシタン（キリスト教信者）は七五万人いたと言われ、安土の神学校にはパイプオルガンもあり、日本人も上手に弾いたと伝えられています。しかし、禁教令によってキリシタンは弾圧をうけ、教会堂も破壊され、讃美歌は結局教会から外に出ることはなく、日本の民衆の音楽になることはできませんでした。

明治唱歌にはなぜ英語圏の歌が多いのか

話を唱歌に戻すと、三冊の『小学唱歌集』のなかには、「蝶々」（スペイン民謡）、「蛍の光」（スコットランド民謡）、「才女」（スコットランド民謡）、「庭の千草」（アイルランド民謡）など、外国の歌がたくさん入っています。

この音楽取調掛がつくった教科書を編纂したのは、伊沢がアメリカで師事したボストンの音楽教育家メーソン（Mason, L. W.）でした。初期の教科書に外国の歌が多いのは、当時日本人の作曲した作品がなかったからですが、英語圏の歌が多かったのには、もうひとつ別の理由がありました。

近代アメリカの歴史は、イギリスからの移民によって始まりますが、一七七六年にアメリカが独立したとき、国語（国の正式の言語）は英語に決められました。国民の大多数が、イギリスからの移民だったからですが、イギリス以外からの移民も少なからずいて、その人たちにとって、英語は母国語ではありません。そこで彼らのための英語教育が始まりました。そのとき役に立ったのが歌による英語教育で、それを担ったのがメーソンでした。メーソンは教科書に、スコットランドやアイルランドの歌をたくさん取り入れ、英語教育に貢献しました。

メーソンは、アメリカで成功したことをそのまま日本に持ちこんだのですが、英語の歌に日本語の歌詞をつけたのは、当時一流の優れた国語学者や文学者でした。そのため気品のある美しい日本語の唱歌が生まれ、後世に残ることになりました。

言文一致唱歌、子どもたちの愛唱歌に

文学界で国語学者の物集高見《もづめたかみ》が中心となり、作家の山田美妙、二葉亭四迷、尾崎紅葉らによって「言文一致運動」が提唱されたのは、明治一〇年代の後半でした。

それまで日本では「話す言葉」と「書く言葉」は違っていました。この不自然な慣習をやめ、話し言葉で文章を書こうというのが、言文一致運動です。この影響をうけて、唱歌でもこれを実践しようという人たちが出てきました。つまり言文一致唱歌ですが、その先頭に立ったのが、東京高等師範学校（現・筑波大学）の田村虎蔵教授でした。

田村は文学者の大和田建樹、佐々木信綱、巌谷小波《いわやさざなみ》、音楽家の納所《のうしょ》弁次郎らと組んで、一九〇〇（明治三三）年に『幼年唱歌』全一〇冊を、一九〇三（明治三六）年に『少年唱歌』全八冊を世に出しました。いい歌ばかりではありませんが、「桃太郎」「金太郎」「はなさかじじい」「大こくさま」「一寸法師」など、子どもたちに広く親しまれた歌が数多くあります。

それまで唱歌は文語体で、しかも美文調でなければ気品がないとされていました。田村たちはこの考えを捨てて、子どもの歌は「子どもの言葉」で、子どもの生活感情を歌うべきだと主張しました。この主張のもとにつくられたのが『少年唱歌』でした。この主張は、後年の童謡運動にも通じるものがあります。

これに対し文部省は「気品を害《そこな》うもの」だとして反対しました。しかし文部省の反対にもかかわらず、教育現場の先生や子どもたちは「言文一致唱歌」を大いに歓迎し、たちまち普及していきます。

そもそも唱歌がつくられた目的は、まず公徳心（道徳心）を養うことが第一で、音楽的情操を豊かにすることはその次でした。文部省が発布した学制には、唱歌は「楽器に合わせて歌曲を正しく唱い、徳性の涵養《かんよう》（公徳心を養うこと）、情操の陶冶《とうや》（情操を豊かにすること）を目的とする」とあります。唱歌に教訓的な内容の歌や、歴史上の人物を謳《うた》った歌が多いのはそれが理由です。しかし歌詞が美文調の難しい文語体では、子どもたちはすぐには理解できず、なかなか唱歌になじめなかったのも無理はありません。そこで子どもたちは、教室の外では童唄を唱って遊んでいました。

「唱歌、校門を出ず」と言われるように、明治初期の小学唱歌は教室で唱われるだけで、子どもたちの生活の歌ではなかったのです。そこに平易な話し言葉の唱歌が登場したので、子どもたちがそれにとびついたのは当然でした。

初めての文部省唱歌生まれる

しかし、ここで大事なことがあります。歌の善し悪しを、易しさ難しさだけで決めていいのか、という問題です。善い歌でも歌詩の難しい歌はたくさんあります。そういう歌は教えなくていいのでしょうか。ここに「教育」の難しさがあります。難しいことを易しく、子どもも理解できるように教えるのが、本当の教育だと思います。

そのことに気がついたのか、一九一〇年代に入ると、今度は文部省自らが唱歌の編纂にのり出しました。この背景には、言文一致唱歌に対抗して、「気品の高い唱歌」をつくろうとする考えも当然ありましたが、天皇制の中央集権下では、小学校の教科書はすべて国定にして国民の思想統一を図ろうとする、文部官僚をはじめとする政府の意図もあったようです。

この考えからつくられたのが、一九一〇（明治四三）年七月に発行された『尋常小学読本唱歌』全一冊で、これが純粋な意味での文部省唱歌です。その後これをもとに『尋常小学唱歌』全六冊が出版されましたが、これらのなかにいまも愛唱されている名作唱歌がたくさん入っています。そして注目すべきことは、すべての歌が日本人の作曲家によってつくられた歌だということでしょう。

言文一致唱歌と文部省唱歌の優劣については、意見が分かれるでしょうが、歌の質からいえば、低学年の児童に敬遠されたとはいえ、文部省唱歌の方が断然優れています。言文一致唱歌の考えは間違っていませんが、できた歌は残念ながら文部省唱歌に遠く及びません。歌をつくる上で、文部省側の作詞者、作曲者、編集委員の方が、はるかに優れていたからです。
こうして言文一致唱歌と文部省唱歌が両立するなかで、時代は大正へと移っていきました。

3　日本の童謡運動の歩み

『赤い鳥』の創刊、童謡の誕生

一九一八（大正七）年七月、夏目漱石門下の文学者・鈴木三重吉が児童文芸雑誌『赤い鳥』を創刊しました。ここから日本の童謡運動は始まるのですが、三重吉が『赤い鳥』を創刊したのは、「世間の小さな人たちのために、芸術としての真価のある純麗な童話と童謡を創作する最初の運動を興したい」という思いからでした。そして三重吉は、この運動に協力してほしいと、詩人、作曲家に広く呼びかけました。

三重吉が考えたのは、たんに芸術的に優れた読みものを子どもたちに与えるというだけでなく、芸術的な謡と音楽を提供したいということでした。三重吉は、読まれるだけの詩ではなく、音楽をともなった唱われるための童謡をつくりたかったのです。

また三重吉の胸のうちには、唱歌に対する強い不満もありました。「今小学校などで唱っている唱歌は、二〇年も前に編纂された翻訳的な、非芸術的な歌詞を配合したものである」と鋭い言葉で批判しています。この言葉がすべての唱歌に当てはまるとは思いませんが、唱歌が教科書のためにつくられたという本質的な弱点を衝《つ》いているのは事実です。

三重吉の呼びかけに、当時第一級の詩人、作曲家がこぞって賛同し協力しました。詩人の北原白秋、西条八十、三木露風、作曲家では草川信、近衛秀磨、成田為三、弘田龍太郎、山田耕筰たちです。

『赤い鳥』の創刊に刺激されて、一九一九（大正八）年に『金の船』（後に『金の星』に改称）が、さらにそれを追いかけるようにして『童話』『コドモノクニ』といった児童雑誌が発刊されます。それらの雑誌を飾ったのは、詩人の野口雨情、作曲家の中山晋平、本居長世といった人たちの作品です。

この詩人、作曲家の顔ぶれからもわかるように、明治唱歌が主に教育者によって、しかも受動的につくられたのに対し、大正の童謡は芸術家が自発的につくろうとした音楽です。ここに両者の大きな違いがあります。鈴木三重吉の唱歌に対する不満も、そこにあったようです。

『赤い鳥』をはじめ、これらの児童雑誌の功績はいろいろありますが、そのひとつは、いずれの雑誌にもあった詩の投稿欄から次世代の詩人が育ち、昭和に入ると若い作曲家と組んで、大正の童謡運動を大きく花咲かせたことです。

童謡運動はなぜ大正期に起こったのか

大正は、明治と昭和をつなぐたんなる過渡期とみる歴史観が一般的ですが、実はそうではなく、戦後アメリカから入ってきた民主主義も、その原点はすでに大正時代に生まれていました。

第一次世界大戦に勝利した日本は、資本主義の近代国家として世界に進出していきますが、それは同時にファシズムの軍事大国へと進む道でもありました。戦争中からその気運を察知して、軍や政府に反撥する市民の声も大きく、農民運動、労働運動、普通選挙運動、婦人参政権運動などが盛んになってきます。教育界でも、子どもの個性を尊重して、それを自由に伸ばそうという考えが広まってきました。これが大正時代でした。

この風潮のなかから、それまでの道徳一辺倒で、子どもの実際の生活とかけ離れた唱歌教育を否定し、もっと自由で素直に子どもの心に響く歌、芸術的にも気品のある優れた歌を、子どもたちに与えようという童謡運動が起きたのです。その運動のなかで数々の名作童謡が生まれ、子どもたちに親しまれていきました。

レコード童謡の隆盛

しかし、童謡が広く唱われ、本格的に子どもの歌として定着するのは、やはり昭和に入ってラジオやレコードが普及するようになってからです。ラジオとレコードの普及によって、童謡は全国の子どもたちの愛唱歌になりました。レコードになるためには、平明な歌詩と、わかりやすく唱いやすいメロディが要求されます。いまの子どもたちにも親しまれ、唱い継がれているのは、そうした童謡です。当時は少女歌手が唱って人気を集めました。

『赤い鳥』が創刊された当時、童謡運動に参加した詩人、作曲家の志は高く、大衆性よりも芸術的に優れた作品の創造を目指していました。しかしレコードが売れ、ラジオで唄われるためには、「童謡」は何よりもまず子どもたちの興味をひき、世の中の動きに無関心ではいられなくなっていきます。こうして「童謡」は、ラジオとレコードの普及によって全国に広まっていくとともに、次第に変質していきました。その結果、『赤い鳥』が最も嫌った「子どもに媚び、世の中におもねる」ような童謡がつくられるようになったのです。

別な言い方をすれば、童謡はたんなる「子どもの流行《はや》り歌」として盛んになっていきました。すなわち童謡という言葉は、イコール「レコード童謡」＝「子どもの流行歌」を指す言葉に変わってしまいました。

しかしレコードでヒットした童謡がすべてそうだというのではありません。ただ流行り歌としてヒットしただけの童謡の生命は、短いものです。それに反していい童謡は必ず残って次の時代に唄い継がれていきます。その意味で、今も子どもの愛唱歌として生き続けている童謡は、間違いなくいい童謡と言うことができます。

しかも童謡は、子どもだけが聴き唄う歌ではありません。親もそのまた親も、少なくとも親子三代にわたって唄い継がれていくべき歌です。そして何よりも、親子がいっしょに唄い、楽しめる歌でなければなりません。

やがて時代がすすみ昭和一〇年代になると、次第に軍靴の響きが大きくなって、間もなく戦争が始まりました。子どもの歌も戦時色が強まり、純粋な意味での童謡は、戦争中はつくられませんでした。一九四四（昭和一九）年の七月に『少国民文学』に載った「お山の杉の子」が、戦争中の最後の童謡です。

そして一九四五（昭和二〇）年八月一五日に終戦となり、子どもの歌の世界にもまた新しい時代がやってきました。

４　新しい時代の子どもの歌の世界

戦後の童謡は海沼メロディから始まった

日本に勝利した連合国の占領軍第一陣が厚木飛行場に降り立ったのは、終戦の日から一二日目の八月二七日でした。そして秋になると、外地で戦っていた日本軍兵士の復員が始まりました。

ＮＨＫでは早速、復員兵士を歓迎する番組を企画し、そのための歌の作曲を海沼実に頼みました。海沼は以前、作詩家の斉藤隆夫から見せられた「星月夜」という詩を思い出し、それに曲をつけ、曲名も「里の秋」に変えました。

「星月夜」は、太平洋戦争が始まった一九四一（昭和一六）年の一二月末につくられた詩ですが、三番の歌詩は、南の島で戦っている父親の武運を祈る内容でしたが、それを「里の秋」では、父親が南の島から無事に帰ってくることを家族が願う内容に、斉藤が書き換えました。「外地引揚同胞激励の午後」（番組名）が放送されたのは、一九四五（昭和二〇）年一二月二四日、「里の秋」を唱ったのは二〇〇六年に亡くなった川田正子でした。番組が放送されると、特に歌詩が、父親の帰りを待っていた多くの家族の心に強く訴え、大きな反響を呼びました。「里の秋」は、その後つくられた「復員だより」のなかでも繰り返し唱われたので、たちまち大ヒットしました。

戦後の童謡は、海沼メロディのこの歌からスタートしたといえるでしょう。

戦後七〇余年を迎えて「童謡」「子どもの歌」を振り返る

いまから七〇余年前、日本はアメリカをはじめ世界の大国を相手に戦争をして敗れ、その結果、戦争を放棄し、平和国家、文化国家へと進む道を選びました。

その七〇年の間に、「子どもの歌の世界」にもさまざまな動きがあり、膨大な数の「童謡」「子どもの歌」が生まれています。ここでそのすべてを語ることはできないので、戦後の昭和、平成の「子どもの歌の世界」に大きな影響を与えた二つのこと、ひとつはラジオ番組で、もうひとつは五人の作曲家の活動ですが、それらを思い出してみようと思います。

ＮＨＫラジオ、「うたのおばさん」

幼児向けラジオ番組「うたのおばさん」が始まったのは、一九四九（昭和二四）年の八月一日です。この番組は、ＧＨＱ（占領軍総司令部）の民間情報教育局の指令によってつくられた番組ですが、内容もアメリカの人気番組「シンギング・レディ」を、そっくりそのまま翻案したものでした。松田トシ、安西愛子の二人の声楽家が起用され、それまでの豆歌手が唄うレコード童謡と違って、本格的な「歌曲」としての童謡を聴かせてくれました。番組のなかに歌のコーナー（「うたのおけいこ」）があって、当時若手、中堅の詩人・作曲家が次々と新しい歌をつくって番組に提供し、大きな話題を呼びました。

戦争中歌を発表できないでいた若い詩人・作曲家たちの、待ち望んでいたチャンス到来がこのコーナーでした。このコーナーは戦後の音楽界、教育界に新鮮な刺激を与え、それからの童謡の発展に大きな影響を及ぼしました。ここから生まれた歌の多くは、いまも幼児たちの大好きな愛唱歌になっています。

この番組は一九六四（昭和三九）年まで続きましたが、その意味でこの番組の果たした功績は忘れることはできないでしょう。

この時期活躍したのは、詩人ではサトウハチロー、まど・みちお、佐藤義美、小林純一、都築益世、藤田圭雄、野上彰ら、作曲家では中田喜直、芥川也寸志、團伊玖磨、山口保治らですが、「うたのおばさん」でサトウ・中田のコンビでつくられた歌は、優に五〇曲を超えています。

「ろばの会」の活躍

頼まれてつくる歌ではなく、「自分たちがつくりたい歌」をつくろう、ということで結成されたのが「ろばの会」です。

作曲家の磯部俶が中田喜直を訪ね、「いい詩にいい曲をつけ、子どもたちのために歌をつくろう」という思いを語ったのは、一九五五（昭和三〇）年三月のことでした。磯部の提案に賛同した中田は、兄の中田一次、同世代の大中恩、宇賀神光利に声をかけ、その年の七月、五人の作曲家によって、新しい子どもの歌をつくる会が結成されました。

五人はみんな新しい門出に、盛んな意欲を燃やしていましたが、あんまり慌てず、焦らずゆっくりやっていこうと思っていました。そこで会の名前は、子どもたちに親しまれている優しい動物の名前「ろば」が選ばれました。

一九五五（昭和三〇）年はテレビ放送が始まった頃で、音楽はマンボが大流行。子どもの歌は流行を追うものが多く、レコード童謡も「売れる」ものが大事にされ、その結果似たような歌ばかりが流行っていました。それを飽きたりない思いで見ていたのが五人の作曲家でした。

一九一八（大正七）年に『赤い鳥』が創刊され、童謡運動が始まったときと、時代背景は違いますが社会状況は似ていたといえます。

翌一九五六（昭和三一）年五月、「ろばの会」の呼びかけにサトウハチロー、まど・みちお、小林純一、紫野民三、清水たみ子、野上彰、三越左千夫、武鹿悦子、与田準一らの詩人たちが応えて、『新しいこどものうた』第一集が刊行されました。この曲集の発行は、戦後の新しい童謡の誕生を告げる暁鐘でもありました。

この曲集の新しい歌を中心とする「ろばの会」の第一回演奏会が開かれたのは、翌一九五七年の九月でした。曲集を出すだけでなく、それを歌手の歌声を通して聴いてもらうことも、大切だと考えたからです。

その後の「ろばの会」の活動は、ゆっくりと着実ですがめざましいものがありました。結成一〇周年、二〇周年、二五周年と記念コンサートを開き、そのときには全国から詩を募集し、それに曲をつけて曲集を発行しました。『新しいこどものうた』も第六集まで刊行しています。二五周年の一九八〇（昭和五五）年には、一九五八（昭和三三）年にキングレコードから芸術祭参加作品として発売されたＬＰ、「音楽物語・チュウちゃんが動物園へいったお話」を、バレエ作品にして上演しました。このＬＰを企画したのはキングレコードの長田暁二ですが、このレコードはその年の芸術祭賞（芸術祭大賞）に選ばれています。そして二五周年の記念コンサートも好評で、その成果が高く評価されて「ろばの会」は「モービル児童文化賞」を受賞しました。

それからまた二〇年近く経った一九九八（平成一〇）年（その間の活動を詳しく紹介できないこ

とが残念ですが）、発起人ともいうべき磯部俶が亡くなりました。宇賀神光利は一九六七（昭和四二）年に亡くなっています。

磯部から最初に声をかけられた中田喜直は、「ろばの会」もするべきことは一応したので、このあたりで解散した方がいいのではと考えました。その結果開かれたのが、二〇〇〇（平成一二）年三月二五日、日比谷公会堂での「結成四五周年・ろばの会さよならコンサート」です。寒い日でしたがコンサートには、解散を惜しむたくさんの人が聴きにきて、大成功でした。こうして「ろばの会」は、日本の音楽界、童謡界にさまざまな業績を残して解散しました。

それから一か月半後、中田喜直は、最後の仕事を成し遂げたと思ったのでしょうか、七六歳で亡くなりました。

テレビの発展とともに、童謡の人気は下火に

少し時代が遡りますが、一九六九（昭和四四）年四月、サトウハチロー、藤田圭雄、小林純一、渡辺浦人、中田喜直、湯山昭たち童謡をつくる詩人、作曲家によって「日本童謡協会」が設立され、会長にサトウハチロー、事務局長に小林純一が選ばれました。童謡界で詩人、作曲家がまとまってひとつの組織をつくったのは、これが最初です。童謡が誕生して五〇余年の月日が経っていました。

この一九六九年という年を、「あっ、あの年だ」と憶えておられる年輩の方は多いでしょう。

一月、前年から続いていた大学紛争が山場を迎え、天王山ともいえる安田講堂に立てこもる東大全共闘の学生たちと、警視庁機動隊との白兵戦さながらの攻防戦を、そして七月、宇宙船アポロ11号の月面着陸を、前者は日本中の人が、後者は世界中の人が、テレビの画面を通して固唾を呑んで見つめていました。誰もがいよいよ本格的にテレビ時代に入ったことを痛感しました。

テレビの発展は、子どもたちの生活にも大きな影響を与えました。テレビに登場するアニメやアイドル歌手が子どもたちを惹きつけ、視覚をともなわない音楽、例えばレコードやラジオから聞こえてくる童謡などは、どうしても敬遠されがちになりました。こうして童謡は、子どもたちの生活から次第に離れていくようになりました。

童謡協会が設立されたのはそんなときでした。童謡をつくる作家たちの危機感の現れともいえます。

童謡復興の活動始まる

一九七三（昭和四八）年、会長のサトウハチローが亡くなりました。暫く会長のポストは空席でしたが、一九七九（昭和五四）年、作曲家の中田喜直が二代目の会長になりました。そして中田の童謡復興、発展のための積極的な活動が始まりました。最初の大きな事業は、一九八三（昭和五八）年一月、横浜高島屋で開かれた「日本の童謡展」です。

童謡展には、当時皇太子妃だった美智子妃殿下も来られ、その模様がテレビで全国に放映されました。そのためもあって、入場者も日毎に増え、童謡は再び人々の関心を集め、世間の注目を浴びるようになりました。

確かにテレビの影響もありましたが、童謡が子どもにも大人にも大切なもので、必要だということに、人々がやっと気がつくようになったからだと思います。このあたりから童謡の人気はまた上り坂になります。

全国各地で童謡コンサートが盛んになり、童謡の作詞、作曲のコンクールも行われるようになりました。一九八四（昭和五九）年、毎年七月一日（『赤い鳥』創刊の日）が「童謡の日」に決まり、その日を記念していろいろな童謡の催しが企画されるようにもなりました。

そのひとつが冒頭にとり上げた「全国童謡歌唱コンクール」です。

5　再びコンクールのこと

コンクールの応募者は年毎に増えていますし、子どもは中学生になれば「大人部門」に、家庭を持って子どもができれば「ファミリー部門」にと、その幅も広がってきています。これもコンクールが年を積み重ねてきた成果といえます。

その好例が最初にご紹介した二組のファミリーです。もう一度登場していただきます。

大塚さんファミリーのお父さん、大塚祐一さんは二〇〇〇（平成一二）年、友人三人を誘って「大人部門」のグランプリ大会に出場、「わらいかわせみに話すなよ」（サトウハチロー〔作詞〕、中田喜直〔作曲〕）を唄いました。その軽妙な四重唱は、会場の人たちをとても楽しませてくれました。そして四人は見事金賞を受賞、「寛仁親王牌」が贈られました。お母さんの和子さんも二〇〇二（平成一四）年、女性三人でグランプリ大会「大人部門」に出場し、「歌えバンバン」を唱っています。

二〇〇六（平成一八）年、お父さんの祐一さんも加わった大塚さんファミリーは、家族六人（父親、母親と四人の男の子）で再度「ファミリー部門」に挑戦しました。

それまでは、一度金賞を受賞すると卒業生といった扱いで、同じ部門に応募はできなかったのですが、その後規約が変わって、一〇年経てば同一部門でも応募できるようになりました。一一年前には三歳だった末っ子の康祐くんは、そのとき中学三年生になっていました。家族六人そろって応募することが、大塚さんファミリーの念願でした。曲も同じ「ヤンチャリカ」です。グランプリ大会に進んだ大塚さんファミリー、舞台に並んだ男性四人の背丈はほぼ一線、まさに成長したヤンチャリカです。結果は第二位、銀賞に輝きました。

応募者はみんな「寛仁親王牌」を目指してはいますが、金賞をとるだけが目的ではありません。とくに「ファミリー部門」では、家族そろって楽しく童謡を唱うことが目的です。そこに「ファミリー部門」の存在する意味があり、そして幼児が大人になっても、唱う歌が童謡だから、それが可能なのです。

もうひとつの奥平さんファミリーも、全員「子ども部門」は卒業しましたが、お母さんの純代さん、次女の光音さんは毎年のように「大人部門」に応募し、度々グランプリ大会に出場しています。

もう一組、姉妹のファミリーをご紹介しましょう。このコンクール出場をきっかけに、昨年誕生したニュー・ファミリーです。

そのきっかけは一九年前に遡ります。一九九六年、第一一回グランプリ大会の「ファミリー部門」に東北ブロック代表として出場したのは、山形県出身の佐藤容子さん（高一）と佐藤寛子さん（中二）の姉妹でした。唱ったのは「揺籃《ゆりかご》のうた」（北原白秋〔作詞〕、草川信〔作曲〕）です。惜しくも金賞は逃しましたが、二人の楽し気で真面目な歌唱は清々しく、会場からは大きな拍手があがりました。

その後二人は、東京藝術大学の声楽科に入ってクラシック音楽を学び、容子さんは「第一七回奏楽堂日本歌曲コンクール」で第二位に、「第七五回日本音楽コンクール」にも入選し「木下賞（日本歌曲最優秀歌唱賞）」を受賞。寛子さんは「第二〇回奏楽堂日本歌曲コンクール」声楽部門で第一位、「中田喜直賞」を受賞しました。

そして二〇一四年一一月に、「花」「春が来た」「揺籃のうた」など日本のうたのＣＤ『わすれがたき　ふるさと』をリリース、翌一二月には「シュガーシスターズ」としてデビュー・コンサートも開きました。この愛称は、「佐藤」と「甘いお砂糖」を掛けてつけられた「ネーミング」です。

二人の原点は、幼い頃から親しみ楽しんできた童謡・唱歌ですが、「美しい日本のうた」を、二人の艶やかな「心のハーモニー」で、多くの人たちに聴いてほしいという思いから、姉妹でコンビを組んで演奏活動をすることにしたのです。もちろん、日本の歌ばかりではなく、外国の歌曲やオペラのアリアも取り入れた、多彩なレパートリーを用意しているそうです。

「全国童謡歌唱コンクール」を原点にスタートした二人組「シュガーシスターズ」のこれからの活躍に期待したいと思います。

6　なぜ、いま童謡なのか

前述したように、一時下り坂になった童謡も、童謡協会の努力などもあって、再び勢いをとりもどしてきています。

しかし一方では、現代の子どもたちを取りまく生活環境が、童謡に歌われている世界とまったくかけ離れてしまい、いくら童謡を唱っても、子どもたちの脳裏にその情景が浮かばず感動できないのでは、と危ぶむ声も聞かれます。たしかに生活環境の変化は驚くほどはやく、歌の世界をはるかに超えています。

いま都会に住む子どもたちは、童謡に歌われているような自然とのつき合い方はできません。昔は子どもたちは、春になれば小川のほとりでツクシを摘み、夏にはトンボやセミを追い、冬がくれば落ち葉を集めてたき火を楽しみました。

童謡にはそうした自然の美しさや営み、自然によせる日本人の心、あるいは人間と動物とのふれ合いなどが歌われています。また遊びを通した子ども同士のつき合い方も、童謡から学ぶことができます。昔の子どもたちは、家庭のなかで遊ぶとき、四季のさまざまな行事のとき、童唄や童謡を唱って過ごしていました。子どもたちの日常生活で話される言葉も、歌に歌われている言葉そのものでした。

ところが機械化が進んで、すべてをコンピューターに頼る現代の生活のなかでは、童唄や童謡の世界がどんどん遠いものとなり、伝統的な行事や風習が、いまの子どもたちの生活になじまなくなってきたのも事実です。

それが時代の流れだとすれば、だからこそいま童謡は歌われるべきだと思います。

南国に住む子どもたちは、北国の冬の寒さを体験できません。都会に暮らす子どもたちは、季節の移り変わりを気温の寒暖だけで知り、自然の変化のなかで発見することはあまりないでしょう。でも実際に体験できなくても、童謡を聴き、唱うことで、それらを知ることができます。これこそが日本人の共通の意識や連帯感を育ててきたのです。

たしかに古い歌のなかには、現代の環境にそぐわない内容の歌もあります。いまの子どもたちには、難しい歌詩の歌もあります。意味のわからない歌などもたくさんあります。でもわからないまま何回も唱って、聴いて覚えこむと、それがいつしか懐かしさを導き出すキーワードになります。その懐かしさとは、みんなで童謡を唱って聴いた「共通体験」です。民族の文化は、その民族の「共通体験」から生まれてきます。個人の才能を発見し開発するのは教育の大事な使命ですが、同時に「共通体験」を育てることも忘れるわけにはいきません。そのとき大きいのは歌の果たす役割です。だからこそ優れた童謡はいつまでも唱い継がれていくべきで、その努力をみんなが惜しんではいけないと思います。

そして日本中の家庭で、子どもの健やかな成長を祈りながら、親子でいっしょに童謡を唱い、それが親子のすばらしい共通体験になることを願っています。

第Ⅲ部　読み聞かせ活動からみえてきたこと

第7章　絵本・物語がもつ力

藤本朝巳

1　幸せな思い出

「子どもの成長」と幼いころの「おはなしを聞く体験」、「読み聞かせをしてもらう体験」には深い関係があるようです。そして、そうした体験は代々受け継がれるものです。筆者自身、子どものころに祖母や母から、また実家に仕事で出入りしていた木こりさんたち（我が家は林業・製材業を営んでいました）などから聞いた山の話（昔話）や、手遊び、わらべ唄、子守唄などをよく覚えています。ですから今でも、その頃聞いた話を語れますし、手遊びもできます。また当時聞いた童唄や子守唄を今でも同じ節で歌うことができます。そして、実際に自分が子どもを育てたとき、子どもを楽しませ、寝かしつけるときは、抱っこしたりおんぶしたりして、同じように歌いました。また子どもたちがある年齢に達したら、つくり話をして聞かせたり、覚えていた昔話を語ったり、絵本や本を読んでやったりしました。私の三人の子どもたちも、自分が親になったら、きっと同じように繰り返して子育てをするに違いありません。そのような子育て体験は幸せな思い出として、祖父母、両親、子、孫と、すべての人の心に残ると思います。そして、幼いときのそのような体験は、その後の人生において、順境のうちに歩むときも、またさまざまな場面で苦境に立たされたときも、生きる支えとなるのです。

筆者自身は子どもの本の研究者ですが、こうした行いが子どもの成長にどのような影響を与えるか、ということを理論的にはうまく説明できません。しかし、理由はわからなくても、おはなしや読み聞かせが、間違いなく「子どもを楽しませる」ということは、自分が子どものときの、また親になってからの経験上、自信をもって確かであるということができます。そこで筆者の立場からは、児童文学の専門家として、昔話や絵本がいかに子どもを楽しませるか、そして親と子が同じ時間を共有することに深い意味がある、ということを、ここに記してみたいと思います。

2　昔話と子どもの経験

昔話は民衆の心を語る話です。昔から野良で働く人々は、ひととき仕事の手を休め、時に愉快な話をして興じ、時に自分たちを苦しめる領主を打ち負かす話をして笑い、慰め、励まし合いました。また昔話は、祖父母が囲炉裏端で孫たちに語った物語であり、母親が幼子を寝かしつけるために聞かせたおとぎ話でした。こうした話は名もない人々によって紡ぎ出され、語り手によって世代を越えて語り継がれてきたもので、動物物語から本格昔話、笑話や形式譚、分類不可の話などがあります。

さて、昔話が口承されたことには理由があります。昔は現代のように読み書きを自由にできる人は少なかったので、民衆は必要なことをことばで語り継ぎました。物語も同じで、文章で書いて残すのではなく、聞いて覚えて語り、また聞いた人が同じように口承していったのでした。すなわち、昔話は「語りの文芸」なのです。そして、その物語はおもしろいだけでなく、物語の背後に重要なメッセージが込められていたと思われます。

また、昔話が話の途中に「とさ」「げな」「そうな」などという語を付して語ることにも意味があります。こうしたことばを「伝聞」といいますが、昔話は自分がその現場で実際に見たり、聞いたりしたできごとではなく、人から伝聞した話なのです。つまり昔話は本当の話ではなくつくり話なのです。ですから、事実を記録して残す（たとえば、伝説）というより、楽しむということが本来の目的であったと思われます。テレビもゲーム、パソコン、タブレットもない時代、人々はおはなしで人をもてなしたのでした。そして、それが「語り」でなされたことは心に留めておくべきです。

ところで、昔話は元々大人向けに語られたといわれています。なぜなら話の内容を吟味すると、なかには性にまつわる話や、大変残酷な話、怖い話も多いからです。たとえば、漁師が漁に出て、自分の国とは違う場所で、出稼ぎに出た人が慣れぬ場所で、集まった人々と自分の国の話を娯楽として語り合ったのかもしれません。こうした物語が子ども向けに再話され始めたのは、どの国でも一九世紀になってからのことでした。その時に文字化（読む本にも）されていったのです。その先駆的な物語集がドイツの『グリム童話』です。童話と訳されていますが、これは昔話集でした。

また、日本では、柳田國男が一九一〇（明治四三）年に上梓した『遠野物語』に、「遠野物語のムカシコが偶然二つほど入っていたのが、昔話収集の始まりであった」と『日本昔話名彙』（柳田國男著、日本放送協会編集、一九五四年）のなかで述べています。『遠野物語』は、佐々木喜善の採集によるもので、佐々木はその後、柳田の指導の下、憑かれたようにこの仕事に打ち込んだといわれています。つまり、日本での昔話の採集と出版は、今から約一〇〇年ほど前に始まったのでした。その後も多くの人々が昔話の採集を行っていますが、たとえば、平野直という人物が、一九三〇（昭和八）年の初頭に、地元の岩手県で、伝承の昔話の採集を始めています。

3　日本の昔話「ねずみのすもう」

岩手の遠野地方に鈴木サツさんという語り手の名手がいました。彼女は自分のおじいさんから昔話を聞いて覚えたそうですが、「ねずみのすもう」という昔話が『鈴木サツ全昔話集』に収められています。ここでは、遠野の地方ことばではなく、現代語で再話された『日本の昔話5　ねずみのもちつき』（小澤俊夫〔再話〕、赤羽末吉〔画〕、福音館書店、一九九五年：図7－1）から紹介します。

むかし、あるところに、貧乏なじいさまとばあさまがいました。

ある日、じいさまが山へ木を切りにいくと、なんともいえない、おもしろいかけ声がきこえてきました。

「よいしょ」「どっこいしょ」
「よいしょ」「どっこいしょ」
「どっこいしょ」「どっこいしょ」

図7－1　『ねずみのもちつき』表紙
出所：小澤，赤羽（1995）

「うんとこしょ」「どっこいしょ」
「はっきた」「ほっきた」

はて、なんだろうと思って、じいさまが木のあいだからのぞいてみると、やせたねずみとふとったねずみが、かけ声をかけてすもうをとっているところでした。

よくよくみると、うーんとやせたねずみは、じいさまの家のねずみで、もっこもこふとったねずみは、長者の家のねずみでした。

二ひきのねずみは、「はっきた」「ほっきた」と、とっくんでいましたが、じいさまの家のねずみは、長者の家のねずみに、ばたーん、ばたーんと、なんども投げとばされていました。

じいさまは家にかえると、ばあさまに、

「ばあさま、うちにもち米なかったか」

とききました。

「すこしならあるが、なににするんだい」

「じつはな、きょう、山で、うちのねずみと長者のねずみがすもうをとっていたんだが、うちのねずみはやせていてなあ、とるたんびにばたんばたん投げられているんだ。かわいそうだから、もち米があればもちをついて、力をつけてやりたいと思ってな」

と、じいさまはばあさまにたのみました。その晩、じいさまとばあさまは、ふたりでもちをついて、もちを棚にのせておきました。

さて、つぎの日も、じいさまは山へ木を切りにいきました。するとまた、

「よいしょ」「どっこいしょ」

「よいしょ」「どっこいしょ」

「どっこいしょ」「どっこいしょ」

「うんとこしょ」「どっこいしょ」
「はっきた」「ほっきた」
と、かけ声がきこえてきました。
　木のあいだからのぞいてみると、きのうのように、二ひきのねずみがすもうをとってい
ました。
　ところが、きょうは、じいさまのねずみと長者のねずみが、「はっきた」「ほっきた」と
もみあって、なかなか勝負がつきません。そのうち、じいさまのねずみが、ばたーんと長
者のねずみを投げとばしました。長者のねずみはびっくりして、
「きょうは、どうしてそんなに強いんだ」
とききました。
「うちのじいさまとばあさまが、ゆうべ、もちついて食わせてくれたおかげだ」
「もちついて食わせてくれるなんて、おまえのうちはいいな。おれのところはお金も食べ
ものもどっさりあるが、おれは、おちているものをひろって食うだけだ」
と、長者のねずみはうらやましがりました。すると、じいさまのねずみが、
「それじゃあ、じいさまとばあさまにたのんで、おまえにももちついてもらうから、今夜、
うちに来い」
といいました。長者のねずみはよろこんで、

「おみやげには、なにをもっていったらいいだろう」

とききました。じいさまのねずみは、

「うちは貧乏だから、お金がいちばんいい」

「そうか、それならそうする」

　二ひきのねずみの話をきいたじいさまは、家にかえると、正月用にとっておいたもち米をだしてきて、またもちをつきました。ばあさまは、赤いふんどしもふたつこしらえて、もちといっしょに棚にあげておきました。

　夜になると、長者のねずみが、お金をしょってやってきました。二ひきのねずみはもちを食べ、さっそく、赤いふんどしをしめて、

「よいしょ」「どっこいしょ」

「よいしょ」「どっこいしょ」

「どっこいしょ」「どっこいしょ」

「うんとこしょ」「どっこいしょ」

「はっきた」「ほっきた」

と、すもうをとりはじめましたが、じいさまのねずみも長者のねずみも、あとにはひかず、こんどはいつまでも勝負がつきませんでした。

　それからというもの、じいさまとばあさまは、長者のねずみがもってきたお金で、なん

の心配もなく、らくに暮らせるようになったということです。
どんどはれ。

この昔話を用いて、以下、昔話独特の時間や場所の設定について、物語構造、語り手と聞き手の約束事、人を喜ばせる要素などについて説明します。

まず、はじめとおわりを見て下さい。「むかし、あるところに、貧乏なじいさまとばあさまがいました」という語句で始まっていますが、このような導入の語句を発端句といいます。昔話は、不特定の時間、不特定の場所、不特定の人物で導入するのです。また「それからというもの、じいさまとばあさまは、長者のねずみがもってきたお金で、なんの心配もなく、らくに暮らせるようになったということです。どんどはれ。」という語句で結んでいますが、このおわりの語句を結末句といいます。幸せな結びをすることが多いのですが、「どんどはれ」というようなことばには、他にも「いきがぽーんとさけた」「めでたし、めでたし」などがあり、その昔話が終了することを表しています。こうしたはじめとおわりの語句は重要で、世界中の昔話に共通して付されています。そして、両者の間にはさまれているのが昔話の本体なのです。

昔話は発端句で導入されると、すぐ物語が展開します。この話でも、導入されるとすぐ、じいさまが山へ出かけて不思議な体験をします。昔話には不必要なことばや説明はありません。そして非常に動的に展開するものです。また昔話には出かけて行って、帰ってくる物語構造をもつ話が多いのですが、出発して帰還するので、このような物語構造をもつ話は「出発‐帰還型」と呼ばれています。このことは後にまた説明します。さらに、この場所の移動には一種の約束事があるのです。日本の昔話では、山は不思議なことが起こる場所、いわゆる異世界なのです（ヨーロッパでは異世界は森と設定されています）。ですから、山に行くことは不思議なことが起こる（怖いことが起こる、天狗や山姥《やまんば》など魔物に出会うなど）ことであり、聞き手はわくわく期待して聞き、また、家や村にもどることは現実の世界にもどる（安全な場所、安心できる）ことを意味しているのです。

ところで、昔話は、はじめに困ったことが起こったり、困った状態で始まることが多いのですが、こうした状態を「欠乏」と称しています。この話では、何かが足りない（じいさまの家が貧しい、家のねずみが弱い‐力がない）状態で始まっています。そして物語は、その問題を解決する方向に進み、最後にすっきりと解決するのです。解決するので、はじめの「欠乏」に対して終わりの状態を「欠乏の解消」と呼んでいます。この話では、足りないものが充足されて（じいさまの家が豊かになる、家のねずみが強くなる）終っています。聞き手は通常、じいさま（ばあさま）と家のねずみが幸せになることを期待しながら聞いていると思います。そしてそうなることは、聞き手の期待通りであり、聞いていて、聞き手も満足できるのです。以上、昔話の物語構造や話の展開の特徴について述べました。

続いて、話の語り口（語りの様式）について説明します。不思議なことですが、昔話の語り口も、世界中で共通しているのです。ヨーロッパであれ、アジアであれ、アフリカであれ、同じような語り口で語っています。そして、その語り口が子どもを喜ばせるといってもよいだろうと思います。なぜなら、こうした独特の語り口は簡潔でわかりやすいからなのです。

たとえば、昔話には繰り返しが多いのですが、この話でも、さまざまな段階の繰り返しがあります。じいさまはねずみのすもうを三度見ています。昔話では「三」という数字や「三回の繰り返し」を好んで使います。子どもは繰り返しが大好きです。まして、自分の親しい人や好きな人から知っている話を繰り返し聞くことに安心感や喜びを感じるのです。大人でも、知っている話やできごとに繰り返し出会いたいのは同じです。

また、同じ場面は同じことばや語句で繰り返し語られます。この昔話でも、「よいしょ」「どっこいしょ」「よいしょ」「どっこいしょ」「どっこいしょ」「うんとこしょ」「どっこいしょ」「はっきた」「ほっきた」は、三回とも全く同じ口調で語られています。リズム感があり、ユーモアを感じさせる語り口です。

昔話では、世界中で、共通した色や小道具が用いられることが知られています。この昔話では「赤い」ふんどし、もち米やもち（白いイメージ）のように赤や白を用いています。一般的に、好んで用いられる色は、白・黒、金・銀、原色です。そういえば、お金の色は金色、銀色をイメージさせます。また、この話で用いられている小道具は、もち（丸い形）、棚やふんどし（長くて細い形）です。昔話ではこういう抽象的な形態（はっきりした形態）が好んで用いられるのですが、その理由は、イメージしやすく、聞き手にとってわかりやすいからなのです。

昔話は大げさに極端に語る傾向があります。しかも極端に対比させて語ります。いえねずみ（痩せている）―長者のねずみ（太っている）、老夫婦・いえねずみ（貧しい）―長者・長者のねずみ（金持ち）、いえねずみ（すもうが弱い）―長者のねずみ（すもうが強い）、また、老夫婦は「貧しい」けれども「温かい」「気前がいい」に対し、長者は「金持ち」だけど「冷たい」「けち」と極端に対比して語っています。さらに、その関係が最後には逆転するのです。すなわち、老夫婦はお金をもらうことによって「豊か」になり、長者はお金を持って行かれることによって「損している」のです。このように単純でわかりやすい対比は、昔話が好んで使う様式で、子どもにも理解しやすいのです。主人公と敵役の善悪をはっきりさせるのは、わかりやすくするための工夫なのだと思われます。

とはいうものの、結び方は見事です。ねずみ同士のすもうが互角で終わり、「結末句」の「それからというもの、じいさまとばあさまは、長者のねずみがもってきたお金で、なんの心配もなく、らくに暮らせるようになった」という終わり方は、聞き手が何ともいえず幸せを感じる閉じ方で安心感を与えます。いわゆる、幸せな結末です。

この話を心理学的に分析すれば、きっとおもしろい分析が可能だと思います。「痩せている」↓「太っている」、「貧しい」↓「金持ち」、「弱い」↓「強い」への変化、「負ける」↓「勝つ」という変化、他にも「もち」はエネルギーの元を表すでしょうし、「お金」は、もしかすると

「温かさ」や「やさしさ」に対する褒美（正しい報酬）と解釈することもできるかもしれません。そして、こうした展開が子どもに与える影響はきわめて健全で、望ましい物語の展開と終わり方であると思われます。

構造や語り口以外で、この昔話の魅力をいいますと、物語の不思議な展開にあります。じいさまが山でいえねずみと長者のねずみのすもうを見る、しかもこっそり覗くという仕掛け（異世界の秘密を垣間見る）、動物であるねずみの会話を偶然聞く、という思いがけない展開は、聞く者を惹きつけるに違いありません。また、いえねずみがじいさま・ばあさまの経済的窮状を知っているのでお金を土産にするという提案は、単純で滑稽であると同時に、庶民の願いを代弁しているようで、「そうだ、そうだ」と聞き手が登場人物たちを思わず後押ししたくなる物語展開といえましょう。

昔話の説明として最後に付け加えたいことは、この物語が伝えるメッセージです。庶民は弱い者の弱さをよく知っています。それは、自分たちがいつもお上（支配者）やお金持ちに苛められ、虐げられていた（今も虐げられている）からです。ですから弱者を励まし、助け、せめて物語のなかでだけでも幸せにしてやりたい、というのは庶民の素直な思いなのです。いえねずみを長者のねずみ（というより、長者の力）に勝たせるというのは、その表れに違いありません。

しかし、弱者が強者をやっつけることを簡単に、たとえば魔法の力を借りて行うと、物語自体の魅力が欠けてしまいます。魔法で安易に簡単に解決すると、物語にリアリティがなくなります。この昔話では、じいさまが、痩せたねずみを強くする（弱者を応援する）という課題を与えられ、見事にその課題を達成するように展開すれば、物語は真実味を帯びます。また、貧しい老夫婦が、大切な正月用のもち米を提供する、つまり、惜しげもなく弱い者を助けるところに、この物語の重要な要素があると思われます。

こうして、貧しい老夫婦の弱い者へのいたわり、老夫婦の援助に対するねずみ（動物）の返礼は、子どもにもわかりやすい展開の筋運びになっています。困っている人が、自分よりもっと弱く、自分よりさらに困っている者を援助し、その結果が、最後に、助けた側が助けられる側になるという展開は、現代にも通用する展開の仕方であると思われます。地球の南北問題や各地で起こっている災害後の被災者の方々のことを思うとき、このようなメッセージは、今、私たちが子どもたちに伝えるべき大切な事柄であり、そこに、代々、語り伝えられてきた昔話の力があるといえるでしょう。これから厳しい人生に向けて歩み出す幼い方々に、人生に先だって、「ねずみのすもう」のような昔話を語ってやり、あるいは読んでやることは、子どもが先取りして人生を経験することでもあり、貴重な経験であろうと思います。なお、この昔話を語ってくれた鈴木サツさんのおじいさんは、五〇〇～六〇〇話のレパートリーをもち、昔話を催促されると、すぐにどれでも語ることのできる方であったと聞いています。幼いときに、そのような経験をできることは、昔の人々が人生のはじめをなんと豊かに過ごしていたかと、うらやましく思います。現代の幼い子どもたちが内容の薄いアニメーションや、勝つか負けるかに終始するゲーム（勝ったら取り上げ、負けたらすべてなくすという恐ろしいゲーム感覚――大人社会の縮図）、また力の弱い者を徹底して打ち負かす内容の物語（暴力シーンが多く、戦いの場面は仮想空間で痛みがともなわない物語）などで育つことを思うと、本当にこれでいいのか、と不安を感じます。私たちは昔の人々のように語ることはできませんが、しっかりした昔話を選んで、子どもたちにたくさん伝えていきたいと願うものです。

4　絵本と情報の伝達

筆者は若いときに絵描きになるつもりで上京し、毎日、絵を描いていました。何年か励んでいましたが、結局、画家にはなれませんでした。しかしそのお蔭で、結果的に絵を専門的に見る目を養うことができました。若いときの学びや修行が、絵（絵本）の歴史、絵の構図、描く手法、画材などについて執筆する際に大変役に立っています。筆者自身の経験からいうと、子どもの頃に絵画について専門的に教えてもらっていたら、もっと親子で絵本を楽しめたと思います。絵画の基本を学ぶことは、そんなに難しいことではありません。日本では、リテラシー教育（ふつうの識字教育）に比べて、メディア・リテラシー（視覚教育）が遅れていると思います。以前に比べ、幼いときから視覚的なものに触れる機会が多くなってきているのですから、幼いときから美術教育がもっとなされるべきだと思います。

さて、絵本は絵本というくらいですから、絵で表現する本です。しかし実際には、「テキスト」と「イラストレーション」で「情報」を伝える表現媒体です。ここで使う「情報」とは、さまざまなものを指しています。たとえば、ことばの絵本・詩の絵本などであれば、伝えるものは、ことばの豊かさ、おもしろさなどです。この種の絵本ではことばが重要な働きをしています。一方、物語絵本であれば、情報とは物語の筋や内容です。なかには、一冊の物語絵本に、一冊の小説や一本の映画に匹敵するくらいの豊かな情報が盛り込まれている場合もあります。また知育絵本は、自然の姿や事物の成り立ちを説明するものであり、教育的な絵本は、まさしくABCや123を伝え、場合によってはそれらのものを使えるように教えるものです。さらに、科学絵本や写真絵本というものもありますが、こうした絵本の伝えるものは、科学的なものの見方（考え方）や世の中のしくみ、社会の姿などといえるでしょう。

また、仕掛け絵本のように、ページを開くと何かがパッと飛び出してくる造形のおもしろさを楽しむ絵本もあります。そうしたものも一種の情報といえますし、仕掛けで読者を驚かせ、楽しませることを意図しているといえるでしょう。絵本は、このようにテキストとイラストレーションという表現手段を用いて、いろいろな情報を巧みに伝えるものなのです。しかし、子どもにとって大切なことは、絵本は「楽しい」と思えることです。絵本が学習のための道具となってしまうと、子どもたちは絵本が嫌いになってしまうかもしれません。その点は常に注意すべきです。

5　絵本の語り口

ここまで記したように、絵本はテキスト（ことば・文章）とイラストレーション（絵・図）で「情報」を伝えるのですが、情報を上手に伝えるために、つくり手はテキストとイラストレーションの関係を工夫してつくっています。では、テキストは何を伝え、イラストレーションは何を伝えるのか、といいますと、一言では説明できないほど複雑な要素をもっています。そこで、ここではテキストとイラストレーションについて、それぞれの伝達のありようとそのおもしろさについて記します。

まず絵本におけることば・文章の使い方について説明します。はじめに紹介する絵本は、いずれも昔話絵本ですが、見事な語りで展開されています。これら三冊は、海外でつくられていますので、原作はその国々の言語で見事に語られています。しかし、ここに紹介する絵本はいずれも翻訳された文章です。ところが、その翻訳がまた非常に優れているのです。

『おおきなかぶ』（ロシアの昔話、A・トルストイ〔再話〕、内田莉莎子〔訳〕、佐藤忠良〔画〕、福音館書店、邦訳出版、一九六六年：図7-2）はロシアの昔話絵本です。あらすじは、おじいさんがかぶを植え、そのかぶが巨大なかぶに育ちます。あまりに大きくて、おじいさん一人の力ではかぶを引き抜くことができず、おじいさんはおばあさんを呼んできて力を合わせて引き抜こう

図7－2　『おおきなかぶ』表紙
出所：A. トルストイ，内田，佐藤（1966）

とします。しかしかぶはなかなか抜けません。そこで、さらに次々に孫、犬、猫、ねずみも連れて来て、最後にかぶが抜けるという内容で、段々話（登場者がだんだん増えていったり、逆に減っていったり、あるいは小道具がだんだん変わっていったりする昔話）の一種といえます。

さて訳者の内田莉莎子（一九二八－一九九七）は、ロシアの昔話を素朴で力強い文章で訳しています。その語り口は活きのいい、聞いて身体が動くような文体です。「うんとこしょ　どっこいしょ。……かぶはぬけません。」というフレーズが何度も繰り返し語られ、読者は登場者に自己移入して、一緒にかぶを抜こうという気持ちにさせられます。また、加わるものがおばあさん、孫、犬、猫、そしてねずみと、だんだん小さくなっていって、最後に一番小さいねずみの参加でかぶが抜けるという意外性がおもしろいです。全体的に大らかで、力強く、ユーモアがあり、昔話の楽しさを存分に味わうことができる一冊といえましょう。

子どもの本で大切なことは、「ことばの活きの良さ」です。この絵本の一番の特質は、ことばが生きているということです。それは実際に子どもに読んでやるとわかります。絵本を読む際に、よく声色を使ったり、感情を込めて読んだりする方がいます。上手に読んでやろうという意図から、そうされるのでしょうが、良い文体で書かれた絵本は語りそのものが惹きつける力をもっています。ですから、読み手が故意に演出する必要はありません。すぐれた文体は、淡々と読むだけで、内容や魅力が伝わるものです。ただ、子どもに読んでやる前に必ず自分で読んで内容を把握し、その絵本のいわんとすることをきちんと伝えるように努めることが必要です。ぶっつけ本番で読むことは避けるべきです。

なお、絵を描いた佐藤忠良（一九一二-二〇一一）は日本を代表する彫刻家でした。美術大学を卒業後、第二次世界大戦で召集され、戦後、そのままシベリアに数年間抑留されています。ですから彼は、ロシアで暮らしながら、その自然、風土を肌で感じて知っていた人です。帰国後、しばらくは大変苦労されたようですが、一九八一年にはパリの国立ロダン美術館で日本人初の個展を開催し、それらの功績などによって、国際的にも高い評価を得ました。絵本画家としても、すぐれた絵本を何冊も残しています。佐藤は制作するとき、芸術家として力あるデッサンを描き、時間をかけて作品に取り組むことで知られていますが、『おおきなかぶ』を制作した際、かぶを引っ張る動作がなかなか描けず、アトリエの鏡の前で、何度も自らポーズを取って、その姿を見ながら、原画を描き直したそうです。

一方、再話をした内田は、ロシア語の翻訳家として知られており、ウクライナの昔話絵本『てぶくろ』（エウゲーニー・M・ラチョフ〔絵〕、内田莉莎子〔訳〕、福音館書店、邦訳出版一九六五年）など、他にもたくさんの絵本を残しています。佐藤、内田二人の共作に、同じようにロシアの昔話絵本『ゆきむすめ』（福音館書店、邦訳出版一九六六年）があります。

『三びきのやぎのがらがらどん』（マーシャ・ブラウン〔絵〕、瀬田貞二〔訳〕、福音館書店、邦訳出版一九六五年）はノルウェーの昔話絵本で、名作中の名作です。良い絵本は長く読み継がれます。この絵本も出版して五〇年近くになりますが、今も書店の書棚に必ず置いてあります。良い絵本であるかどうかを知るには、奥付を見るとすぐにわかります。何年読み継がれているかが年数で示されているからです。名作は時間が証明しているのです。

翻訳をした瀬田貞二は、昔話の語りの特質をよく理解し、味わいのある文体で訳しています。トロルとやぎたちの掛け合いのおもしろさ、擬態音や繰り返しなどを巧みに活かして訳してあり、昔話として整った文体の翻訳絵本といえます。

6　文字の魅力――タイポグラフィー

絵本はテキストとイラストレーションで情報を伝えるということを述べましたが、テキストに関していえば、語りのおもしろさ以外に、他にも見事な表現方法があります。そのひとつは、タイポグラフィーというものです。いわゆる、文字の型、大きさなどを含め、活字の配置や組み方で読者を魅了するものです。たとえば、アメリカ絵本の名作〝*The Little House*〟（1942）は、物語の完成度、イラストレーションの芸術性の高さに加えて、テキストをデザイン化した工夫があります。邦訳の『ちいさいおうち』（バージニア・リー・バートン〔作・絵〕、石井桃子〔訳〕、岩波書店、邦訳出版一九五四年：図7-3）も、原作のタイポグラフィーを重んじて制作されており、原作における書体や文字の大きさ、配列の仕方などの視覚効果を同じように表現した名訳です。波線上に並ぶ文字列の配置や原文への追加や省略を含め、原作の感じがそのまま出るように翻訳、再現した絵本といえます。それでは、この絵本を紹介しながら、さらに絵本について考えてみたいと思います。

バージニア・リー・バートン（Virginia Lee Burton, 1909-1968）の『ちいさいおうち』は、一九四三年、アメリカで前年に出版されたもっともすぐれた絵本として、コールデコット賞を受賞しました。『ちいさいおうち』は、木々と、小鳥たちと、花畑に囲まれた田舎にある小さい家の物語です。あらすじは、小さい家は大きな町から遠く離れた丘の上にあったのですが、年月とともに、市が発展し、まわりも含めて、のみ込まれてしまいます。やがて所有者に見捨てられ、高層ビルに取り囲まれ、地下には地下鉄が通り、家の目の前に高架鉄道がガタンゴトンと行き来するようになってしまいます。荒々しい都会の人々や事物に取り囲まれて、そのなかで孤立した姿に、読者は深く心を動かされます。それでも最後は、この家を建てた人の子孫が、小さい家は自

図7-3 『ちいさいおうち』表紙

出所：バートン，石井（1954）

分の祖先が建てたことを知り、小さい家が田舎に移動されて終わります。小さい家は、もとのように木々と、小鳥たちと、花畑に囲まれた田舎に落ち着きました。

この物語は、抗うことのできない都市化、田園生活の破壊という、悲惨な結果を描いているように思えますが、一方で、バートンがこの絵本を描くことで伝えようとしたことは、幼い子どもが、歴史的な移り変わりを、時間の流れのなかで学び知るということでした。日の出と日没を描くことは一日の移り変わりを教えています。月の満ち欠けは、一か月の時間の流れを示しています。四季の周期を描いたページでは、一年間の移り変わりを表示しています。こうした時間、つまり日、月、季節の経緯をわかりやすくテキストとイラストレーションで見せた後、バートンは引き続き、交通手段（乗り物）の発達の経緯、道路の整備・舗装、高層ビルの建築、人口の増加する様子などを描くことによって、時代の変化する様を見せているのです。

バートンがこの絵本で目標としたことは、テキストと絵を完全に調和させることでした。『ちいさいおうち』は見開きページ上に、視覚的なデザイン要素として、テキストを配置しています。たとえば、春、夏、秋、冬の場面では、テキストの並べ方が曲線を描いていて、さらに、テキスト（文字列）とイラストレーションが並べてあるだけでなく、テキストの回りに、春は花と小鳥、夏はデイジーの花、秋は落ち葉、冬は雪の結晶が配置され、その美しさは子どもも読者に詩的な美を感じ取らせるといえるでしょう。

また、読者の視点にも配慮が行き届いています。はじめのページと家が移動されるページ、そして最終場面以外では、家は右ページのやや下の中央にじっと置かれ、読者は、家の正面から見下ろすような位置から、終始、家を見ることになっています。時代の変化とともに、家の表情はだんだん悲し気になっていき、読者は家に感情移入して、家の行く末を心配しながら見ることになります。絵本で、これほどまでに読者を惹きつけるデザインは芸術的でさえあるといえるでしょう。

バートンはこの絵本を作成した当時を思い出しながら、「私は何度も文書の長さを変えたり、デザインに合わせるためにテキストを調整しました」と述べています。バートンは、視覚的な情報を非常に大切にしたのです。彼女は「ページを上手に描き、デザインがよくできた時、それを見る子ども読者は、良いデザイン感覚を身につけ、それが、子どもの審美眼と良い嗜みを育てるのです」と述べています。一般的にいえば、まだ文字の読めない幼児は、ことばではなく、絵を見てものをとらえます。視覚的にものをとらえるということが、人がものを見るときの基本的な尺度になるのであって、審美眼を身につけるには、ものを見て認識することが必要なのです。

7　行きて帰りし物語

物語というのは、通常「はじめ」があって「おわり」があります。その「はじめ」と「おわり」の間に、登場者たち（たとえば主人公、敵役、仲間や脇役など）が登場し、互いに関係し合い、さまざまなできごとを引き起こします。そのできごとが時に喜ばしいものであったり、腹立たしいものであったり、時に哀しいものであったり、楽しいものであったりし、読者はその展開に一喜一憂し、はらはらドキドキして楽しむのです。こうして、書き手は読み手を楽しませ、感動させるのです。そしてこれが物語の原理です。この伝達の基本パターンは、大人向けであってても子ども向けであっても、さらに表現のジャンルがファンタジーであっても絵本であっても、よく似ているといえます。

物語の展開を、「序破急」とか「起承転結」という用語を用いて説明することは多くの方の知るところです。いずれも、物語の「はじめ」「中」「おわり」を指すことばです。名作といわれる作品の構成を分析してみると、確かに「はじめ」「中」「おわり」が上手に描かれているのがわかります。

また子ども向けの作品には、いくつかの決まったパターンがあることも知られています。児童文学には昔話の構造によく似た物語構成をもつ作品が多いことは周知のことですが、たとえば、主人公が出発して帰ってくる型（出発－帰還型）などは読者を惹きつける独特の物語形式です。

では、児童文学に「出発－帰還型」の物語が多いのはなぜでしょうか。これは大変興味のあることです。筆者の経験から、「主人公が出発して、冒険し、成長して帰ってくる」というパターンの物語は、子ども読者をしっかり惹きつけることは確かといえます。好まれる物語を思い浮かべてみると、多くの作品が、この種の物語構造で展開されているのがわかります。ファンタジーでいえば『ライオンと魔女』『ホビットの冒険』など、絵本では『ピーターラビットのおはなし』『こすずめのぼうけん』などが、その典型的な作品といえるでしょう。

子どもの文学の名編集者であり、また翻訳者としても数々の名作を残した瀬田貞二は「子どもたちが喜ぶお話には、一つの形式があり、ごく単純な構造上のパターンがある」と述べています。そして、その構造上のパターンというのは、「行って帰る」ということにつきるのではないか、と記しています。もともと、この「行きて帰りし物語」ということばは、「トールキンの『ホビットの冒険』（一九三七）〔瀬田貞二訳、岩波書店〕の副タイトルに出てくるんですね。あの本の原題は、*The Hobbit*〝かのホビット〟ですね。そして『行きて帰りし物語』（*or There and Back Again*）という副題になっている。この「行って帰る」ということは、トールキンの全体験の中から一つの結びとして出た哲学だろうという気も、久しくしています」と述べています（瀬田、一九八〇）。

さらに、瀬田はこの「行きて帰りし物語」について、大変興味深いことを語っています。以下も、彼の講演集からの引用です（瀬田、一九八〇）。

人間というものは、たいがい、行って帰るもんだと思うんです。それは幼児体験のほうに行って戻ったり、さまざまあるでしょうが、小さい子どもの場合は、単純に、自分の体を動かして行って帰るという動作がとても多いわけですね。子どもの遊びを見ても、「花いちもんめ」なんて、こうずっと寄って行っては帰ってくる。そういう型のものが、単純な遊びのなかにはずいぶんあるように思います。

そんなふうに、しょっちゅう体を動かして、行って帰ることをくり返している小さい子どもたちにとって、その発達しようとする頭脳や感情の働きに即した、いちばん受け入れやすい形のお話ということになりますと、ただ一つの所でじっとしているんじゃ、こりゃ話になりません。とにかく何かする、友だちの所へ行ったり冒険したりする。そしてまた帰ってくる。そういう仕組みの話を好むのは、当然じゃないでしょうか。

つまり、瀬田は、しょっちゅう体を動かして、「行って帰ること」を繰り返している発達段階にある子どもにとって、最も受け入れやすい物語が、この「行きて帰りし物語」であるというのです。確かにそういわれてみれば、納得できることばです。自宅を開放して「子ども文庫」を運営していた瀬田は、「小さい子どもたちは、「行って帰る」という構造をもったお話にいちばん満足を覚えるというのがぼくの仮説なんです。じっさい、昔話にしても、創作童話にしても、お話を聞く子どもたちの様子を見ていると、そうなんですね」と述べています（瀬田、一九八〇）。

8　絵本『ちいさなねこ』

瀬田のいう「行きて帰りし物語」の典型的な絵本のひとつは『ちいさなねこ』です（図7-4）。この絵本は、一九六三年五月号に「こどものとも」の八六号として出版されています。文章は石井桃子、絵は横内襄が描いています。物語のあらすじは、ある日、ちいさなねこ（主人公）が、飼い主の家の部屋から庭におり、門を出てしまう。そしてすぐに、子どもに捕まったり、自動車にひかれそうになったりします。初めて出た外の世界には危険なことがいっぱいあり、その後、大きな犬に追いかけられ、やっと逃れて、高い木の上で泣いていると、お母さんねこが探しにくる。お母さんねこは大きな犬を追い払い、無事にこねこを家に連れ戻す、というものです。福音館書店の紹介欄には「こねこの冒険心と、お母さんといっしょにいる安心感が、子どもの心をとらえてはなさない絵本」と記されています。この作品は読者に好まれた絵本であったため、一九六七年に「こどものとも傑作集」として刊行され、現在も読み継がれている名作です。

さて、この絵本は主人公が家を出発して冒険し、怖い思いをし、しかし無事に帰宅する物語で、まさに典型的な「出発-帰還型」の物語ということができます。ですから、瀬田のいう、子どもが最も満足を覚えるタイプの絵本といえるでしょう。

図7-4　『ちいさなねこ』表紙
出所：石井，横内（1963）

この物語では、こねこが出発して帰るまでの間に、こねこの生命さえ脅かす危険な場面が三回あり、こねこはその三回の危険を回避しています。特に三回目は、こねこは、親ねこの援助でやっと助けてもらっています。ほんとうにスリルのある話です。

また、この作品が子どもの読者にもわかりやすいのは、「ちいさな　ねこ」と「おおきな　へや」の対比、途中で、「おおきな　いぬ」と「ちいさな　ねこ」の対比、さらに「ちいさな　ねこ」と「たかい　き」の対比、「のぼれる　ねこ」と「のぼれない　いぬ」との対比、最後にまた「おおきな　へや」と「ちいさな　ねこ」が比べられているからです。厳密にいえば、「おおきな　こども」と「こねこ」も、「おおきな　じどうしゃ」と「こねこ」も対比されて語られているといえます。そしてこうした対比が横内裏のイラストレーションで的確に描いてあるのです。名作といわれる理由は、文章とイラストレーションとの絶妙の協力にあるといってよいでしょう。

イラストレーションを説明しますと、この絵本では最初に、ちいさなねこをだだっ広い部屋にぽつんと置く（大小の的確な比較表現）、余白による広さの演出（横に広がる空間表現）、だれもが知っている具体的な事物との対比関係を見せて、大小を感じさせる（知覚認知による大小の比較）、空間を感じさせる的確な動きと方向性、事物の部分のみを紙面いっぱいに描いて、大きさを感じさせる（部分描写と裁ち落としの表現手法）、動物の躍動感、伸びやかさ、しなやかさ、高低や距離感を出す「裁ち落とし」、事物の部位の「切断描写」、見せたいものを前方に、小道具は後方（背景）に描く「遠近法」、などの表現法が効果的に用いられていることも挙げられます。以上のように、この絵本では、縦横、さほど大きくない紙面の空間に、事物のサイズをリアルに見事に表現しているのです。

9　帰巣本能と人が帰るべき場所

動物には不思議な能力があるといわれています。たとえば、渡り鳥はなぜ驚くべき距離を越えて、正確にある土地に行ったり来たりできるのか。魚でも、鮭などはなぜ生まれ故郷の川に間違いなく戻ってこられるのか。こうしたことは論理的には説明できませんが、彼ら動物には確実にできるのです。こうした行動は種の保存のためなのか、他に理由があるのか、筆者にはよくわかりませんが、一般には「帰巣本能」と呼ばれています。生物は一定の住み処や巣などから離れても、再びそこに戻ってくる性質や能力を備えています。これを英語では「ホーミング（homing）」といいます。

ここでは、子どもの好む物語構造のひとつに「行きて帰りし物語」があるということを述べました。もしかすると、子どもが「行きて帰りし物語」を好むことと帰巣本能には、深い関係があるのかもしれません。瀬田は、「小さい子のためのお話というのは、単に、わかりやすく衛生的であればいい、なんか面白い言葉が入っていればいい、といったものでは絶対ない。それが納得され、満足されるだけの強い力がそこに内在していなければ、お話は成り立たない」と述べています（瀬田、一九八〇）。いずれにせよ、戻る場所があること、家庭や両親のもと、安心していられる場所があることは、子どもにとって大切なことだと思われます。私たちも、生きることは苦労の連続ですが、最後は土に戻ります。もし戻る場所が、天国であったり、やさしい神さまのみもとであると思えたら、安心できるのではないでしょうか。そうであれば、生きることに意味を感じることができますし、それはなんとありがたいことでしょうか。

子どものとき、家庭や保育施設で、信頼できる親や先生に読み聞かせをしてもらった思い出は、幸せの原点として心に残るのです。そして、そうした経験が、その人の一生を支える要因となる、といってもよいと思います。「魂に宿る」ということばがありますが、読み聞かせは人が生きていく核になる経験なのです。

10　ハッピー・エンディング？

最後に、子ども向けの物語（絵本や幼年童話）の結末について考えてみましょう。よく私たちは「ハッピー・エンディング」ということばを使います。その意味は「幸せな結末」ということですが、このことばは充分理解されてはいないようです。もちろん、子ども向けの物語は、主人公が幸せになって終わるのが望ましいですし、子ども読者にふさわしい結末があるはずです。しかし、何でもかんでも「最後は良かった」というのが、必ずしも良い結末ではないのです。たとえば、英国の名作絵本『ピーターラビットのおはなし』（図7－5）では、一日中、親の言いつけに背いて行動した主人公ピーターが、帰宅後、食べ過ぎと疲れで具合が悪くなり、寝かされて終わるのですが、にもかかわらず、この物語は見事な「ハッピー・エンディング」といえるのです。ピーターは、母うさぎに、「お父さんが捕まって殺されてしまったマグレガーさんの畑には決して行ってはならない」と警告されていたにもかかわらず、そのいいつけを守らず、すぐにその畑に行きました。そして、野菜を食べたいだけ食べて、農夫に見つかってしまい、あやうく捕まりそうになり、命からがら逃げ帰りました。帰宅後、彼は具合が悪くなり、苦い薬を飲まされて寝かされます。表面的には、悪い結果に終わったようですが、実際には、ピーターは命を落とさなかったばかりでなく、多くのことを学ぶことができたのです。そして、この作品を読む子どもたちの心には、ピーターの冒険の楽しさと恐ろしさが、あたかも自分が経験したかのように、確実に残るのです。『ピーターラ

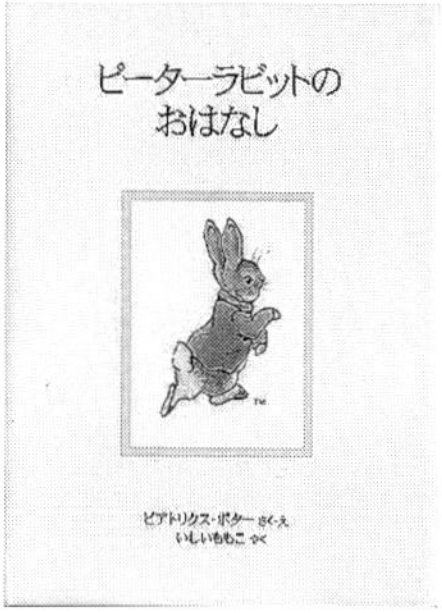

図7－5　『ピーターラビットのおはなし』表紙

出所：ビアトリクス・ポター、いしい（2002）

ビットのおはなし』のようなすぐれたハッピー・エンディングの絵本が、世界各地にあります。ハッピー・エンディングを単純で安易な終わり方ととらえないで、しっかり読み込み、何が幸せな結末なのかよく判断して、子どもたちに与えてほしいものです。

子どもの活字離れが心配されて久しいですが、今はそれどころではなく、幼児がごく幼い時期からゲームやパソコンなどで遊ぶことが不安視されています。世にすばらしい昔話や名作絵本がたくさんあるのですから、親も保育者も、労を惜しまず、良い昔話、絵本を選別し、できるだけ生の声で語り、絵本を読んであげてほしいものです。すぐれた昔話や絵本は、子どもの一生を支えるくらいの力をもっています。そして、なにより楽しい時間を大人と子どもで共有してほしいものです。すぐれた作品は、子どもの心に入り、その子の人生の指針となるのです。

文　献

A・トルストイ（再話）、内田莉莎子（訳）、佐藤忠良（画）（邦訳出版一九六六）『おおきなかぶ』（ロシアの昔話）福音館書店
ビアトリクス・ポター（作・絵）、いしいももこ（訳）（邦訳出版二〇〇二）『ピーターラビットのおはなし』福音館書店
石井桃子（作）、横内襄（絵）（一九六三）『ちいさなねこ』福音館書店
小澤俊夫（再話）、赤羽末吉（画）（一九九五）『日本の昔話5　ねずみのもちつき』福音館書店、一三〇頁。
瀬田貞二（一九八〇）『幼い子の文学』中央公論新社、六－八、三一－三二頁。
バージニア・リー・バートン（作・絵）、石井桃子（訳）（邦訳出版一九五四）『ちいさいおうち』岩波書店

第8章　読み聞かせは〝心の脳〟に届く

泰羅雅登

子どものはじけた笑顔、話に聞き入って目をきらきら輝かせる子ども。読み聞かせは子どもによいと言われていますが、なぜそのような効果があるのかについての科学的な検証は、これまでなされていません。

1　どのように検証するのか

幼児期の読み聞かせの効用を調べようとすると、その子が大きくなるまでずっと追跡調査をする必要があります。しかも、その間のその子の生育環境など外部要因も関わってきます。また厳密にいえば、全く読み聞かせをしてもらっていない子どもとの比較も必要です。さらにかなりの人数を集める必要があります。ですから、どのような効果があるのか、なぜそのような効果が生まれるのかについて、正確な研究をすることはほとんど不可能に近いといえます。しかし、人の思考、行動を支配しているのは脳であり、脳の各領域は別個の機能をもっています

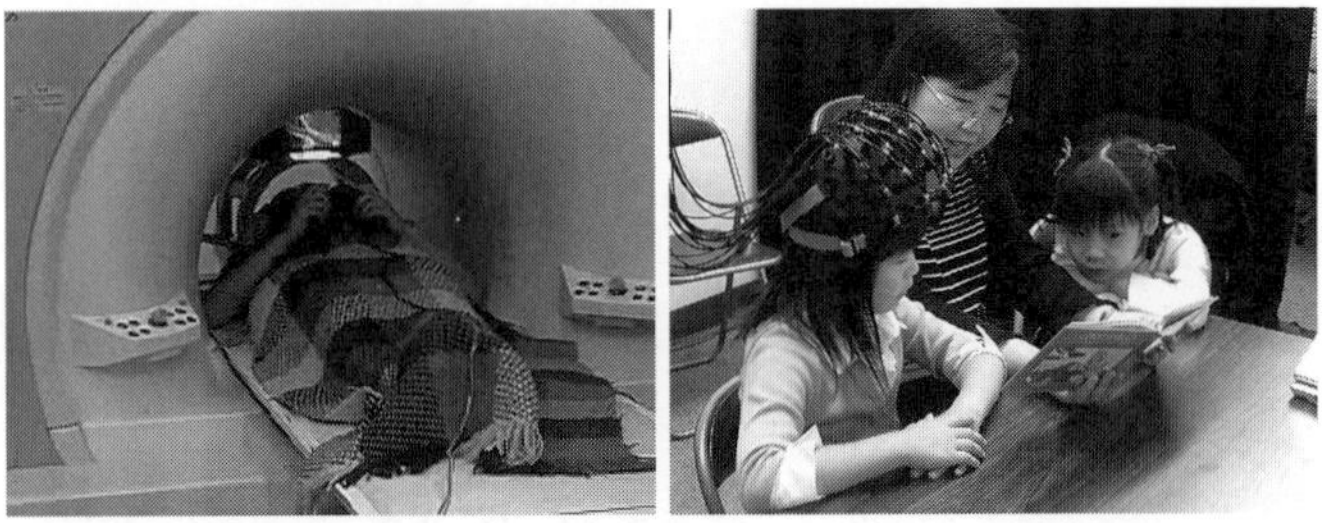

写真８－１　脳機能イメージング：機能的 MRI（左），光トポグラフィー（右）

から、読み聞かせをしてもらっているときの子どもの脳の活動を調べ、どこが活動しているのかがわかれば、少なくとも、読み聞かせが脳のどの領域にどのように作用して、その領域の脳の機能から、子どもにどのような働きかけをしているのか推測できます。

　近年の脳科学の技術の進歩によって、高次な営みをしているときの人の脳活動を可視化して調べることができるようになりました。脳機能イメージング研究と呼ばれる研究分野で、機能的ＭＲＩや光トポグラフィーといった装置を使って、何かを行っているときの人の脳活動を可視化します（写真８－１）。脳はそれぞれの場所がそれぞれ違った機能をもっています。人が物事を考えたり、わかろうとしたりするとき、脳全体が働くのではなく、必要な場所だけが働きます。そのとき、その部分に血液が一時的に多く流れます。脳機能イメージングは、脳のどの部分で血流が増えたかを計測することによって脳のどこが働いたかを調べる技術です。

　しかし、それぞれの装置には長所と短所があります。光トポグラフィーは普段と変わらない自然な状況で計測できますが、計測できる範囲は限られ、解像度も悪く、また、脳の表面部分の活動しか計測できません。機能的ＭＲＩは解像度もよく、脳の深部の活動まで計測できますが、ＭＲＩ装置のなかに入るので、計測する状況が普段とは大きく異なります。したがって、両者の特性を生かして研究を進めることになります。

2　脳の構造と機能

研究を始めるにあたって、脳のどの領域が活動するか仮説を立てました。その仮説を説明するために、まず、脳の構造と機能について簡単に解説します。

脳の構造は複雑で、その機能も当然複雑です。アメリカの生理学者マクリーンは、脳の構造と働きを簡単に説明する三位一体の脳という考え方を提唱しました（図８－１）。単純な説明ですが、脳の本質をよく説明しています。脳の基本構造は、脳幹と大脳辺縁系（以下、辺縁系）と大脳新皮質（以下、新皮質）です。東京大学脳研究所の時実利彦先生はそれぞれの機能を、脳幹は「生きている」ことに関わり、辺縁系は「たくましく」生きることに関係し、新皮質は「うまく」そして「よく」生きることに関わると解説されています（時実、一九六九）。

脳幹には呼吸、循環、体温などを調節する機能があり、人を生かしています。この部分が機能しなくなると、たとえその他の脳が機能していても、その人は生きていけなくなる、つまり脳死状態になります。また逆に、この部分だけが生きていると、脳の他の部分は死んで意識が

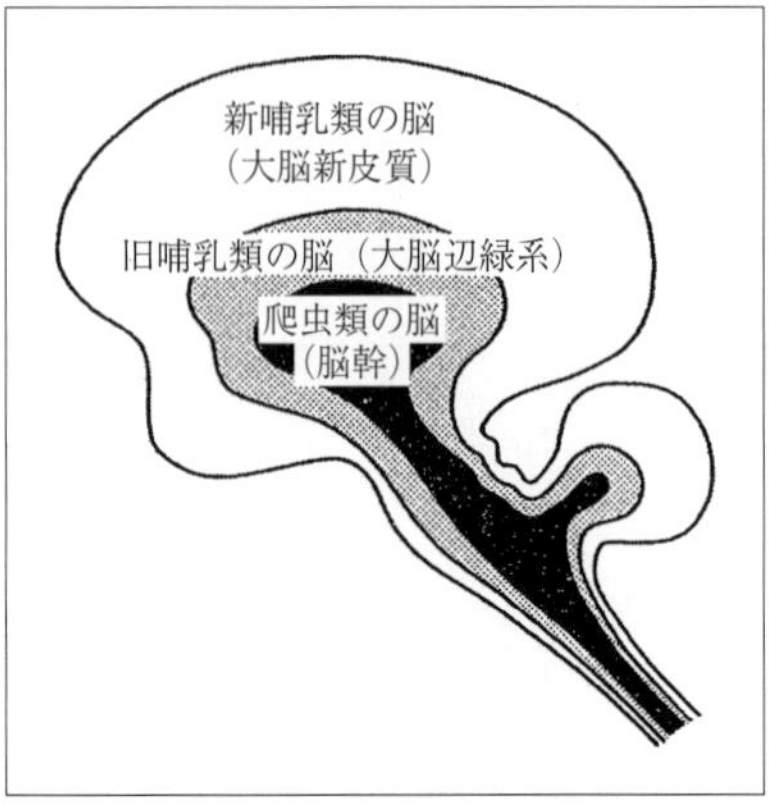

図8－1　脳の階層性

注：爬虫類の脳（脳幹）：個体維持（生きている・生きてゆく）
旧哺乳類の脳（大脳辺縁系）：自律機能，情動脳（たくましく）
新哺乳類の脳（大脳新皮質）：高度な機能（うまく・よく）
に関係する。

なくても人は生きている、つまり植物状態になります。辺縁系は情動・本能に強く関係した領域です。本能が「たくましく」生きることと関係があるのはなんとなくわかります。しかし、情動、いわゆる喜怒哀楽が「たくましく」生きることとどう関係があるのかについては直感的には理解しにくいと思います。この点については後で詳しく述べます。新皮質は人で大きく発達した部分で、我々の知覚、認識、行動、さらには思考、創造、意図をつかさどります。「うまく」そしてさらに「よく」生きようとするために働く脳です。新皮質のなかでも前頭前野は特に「よく」生きることに関係した場所です。動物のなかで比べると、人でもっとも発達した領域であり、人を人たらしめる領域と呼ばれています。アルツハイマー病では前頭前野が著しく萎縮し認知症の症状が出ることを考えれば、この領域の機能がよく理解できると思います。

3　最初の仮説と仮説に反する結果――子どもの前頭前野は活動していない

読み聞かせの効果として、様々なことを考え、イメージをふくらませることで子どもの想像力が伸び、読み手との関係でコミュニケーションの能力が養われるなどと言われています。また、経験的には言葉が早く出る、覚える、語彙が増えると言われ、さらには本好きな子どもに育ち、いわゆる賢い子どもに育つとも言われます。つまり、これまでは読み聞かせの知育的効果が強くうたわれていました。これらのことを考慮すると、まず考えられるのは、私たちの高度な機能に関わる新皮質の前頭前野が活動するのではないか、つまり、読み聞かせをしてもらっている子どもは前頭前野を活発に使っているのではないかという仮説が考えられます。

そこでまず、母親八名、子ども一四名の協力を得て、普段から読み慣れた絵本をもってきてもらい、光トポグラフィーを使って読み聞かせの最中の前頭前野の活動を計測しました。そのうち安定してデータがとれた母親六名、子ども五名（男三：女二、四歳七か月～一〇歳七か月、平均：七歳三か月）のデータを見ると、仮説に反して子どもの前頭前野は読み聞かせをしてもらっているときにあまり活動していませんでした。原因として、この装置では子どもの脳活動がうまく記録できないのではないかという原因が考えられます。これまでの経験で、計算は前頭前野を活動させることがわかっていますから、子どもが計算をしているときの前頭前野の活動を計測すると、しっかり活動していることが確認できました。したがって、読み聞かせをしてもらっているときに、子どもの前頭前野はあまり活動していないことがわかりました。

一方、母親の前頭前野は、読み聞かせをしているときのほうが単に本を音読しているときより活発に活動していました。何が違うのかを母親に尋ねたところ「感情を込めて読んでいます」「主人公に感情移入しています」「聞いている子どもの気持ちを考えながら読んでいます」との答えが返ってきました。たしかに、これは前頭前野の機能です。

4　次の仮説とその検証――「心の脳」が活動する

光トポグラフィーでの母親の脳活動の結果は、二つのアイディアを与えてくれました。ひとつは読み聞かせをすることで、母親、父親、さらにはおばあちゃんおじいちゃんの前頭前野が活発に活動し、脳を健やかに保つことに貢献できる可能性があるということです。前頭前野は人を人たらしめている領域で、先に述べたように、アルツハイマー病では前頭前野が萎縮し認知症の症状が出ます。脳をうまく働かせるには脳を使うしかありません。使わなければ機能するようにはなりませんし、使わなくなると機能が落ちていってしまいます。そして、使っていれば機能を保つことができますから、前頭前野を普段から活発に働かせることで、この領域の衰えを予防できる可能性があります。つまり、読み聞かせは読み手の脳にいいのです。

もうひとつのアイディアは、読み聞かせと感情・情動との関係についてです。手元に乳幼児に読み聞かせをしている場面の写真が何枚かあります。その写真のなかには笑顔があふれています。母親の笑顔、子どもの笑顔、笑顔があふれています。この写真を母親に見せると、ああ、読み聞かせっていいんだなとすぐに納得してもらえる、すばらしい写真です。ところで、写っているのは〇歳児です。当然、言葉はしゃべれません、また、日本語だとわかったとしても言葉の意味は理解していません。しかし、読み聞かせをしてもらって、はじける笑顔を見せているのです。おそらく、怖い場面ではおびえているでしょうし、おどかされてびっくりもしているでしょう。つまり、この子たちは、言葉の意味は理解できていなくても、喜怒哀楽の感情・情動が確かに内側から湧きあがり、それが表情になって表れているのです。母親が感情を込めて読むことが、言語としてでなく子どもに伝わっているのです。

そこで、次の研究では、機能的ＭＲＩを使って読み聞かせをしてもらっている子ども六名（男二名：女四名、五歳三か月～一〇歳一一か月、平均七歳一〇か月）の脳活動を調べました。すると、辺縁系、すなわち感情・情動に関わる脳の領域が活動していました。辺縁系とか、感情・情動という言葉は堅苦しいので、私はこの部分を「心の脳」と呼んでいます。つまり、読み聞かせは「心の脳」を活発に活動させていたのです。ですから、言葉の意味がわからなくとも、その子は「心の脳」で何かを感じ取り、笑顔、おびえ、びっくりといった表情を表したのです。私たちもそうでしたが、読み聞かせを考えるとき、つい知育的な効果についてのみ考えがちです。言葉を早く覚える、文字を早く覚える、本好きの子どもに育てる、そして、頭のいい子に育てる。確かに、言葉を早く覚える、文字を早く覚える効果があることは経験的にわかっていますし、否定はしません。しかし、読み聞かせの最大の効用は子どもたちの「心の脳」を活発に活動させることにあるのだと思います。

5　「心の脳」の大切さ

では「心の脳」を活動させることがなぜ大切なのでしょうか。

私たちの行動を決定する一番根源的な要因は、誰でも同じだと思いますが、「好き」か、「嫌い」かだと思います。私たちは社会で生活していますから、「嫌い」でもやらなければいけないことはたくさんあります。そのときは「理性」が「嫌いだ、やりたくない」という感情を押さえ込んで「嫌い」でもその行動をすることになります。つまり、「好き」「嫌い」の感情・情動は、理性以前に私たちの行動をコントロールする根源的な要因なのです。

森に住む小さな動物のことを考えてみると、生きていくためには餌を探す必要があります。どこかに餌を探しに出かけて、天敵に襲われたとき、その動物は「怖い」思いをしたはずです。

そしてその「怖い」思いは、二度とその場所に近づかないという行動を選ばせることになります。逆に、たくさんおいしい餌を食べることができたときの「うれしい、楽しい」思いは、動物がまたその場所に行く大きな動機になります。動物にとって、「怖い」思いをすることは、天敵を避けて生き延びる確率を高め、「うれしい・楽しい」思いをすることは、餌をたくさん食べて生き延びる確率を高めるのです。ですから、東京大学脳研究所の時実先生は、「心の脳」つまり辺縁系は「たくましく」生きることに関係すると表現されたのです。

人は動物から進化してきました。そして、理性をもちましたが、やはり根本には動物の機能が残っています。人にとっても感情・情動は単に喜怒哀楽の心の動きだけではなく、行動と密接に関わっているのです。しつけをするとき、私たちは「叱り」ます。叱ることで「いや」な思いをさせる、そのことで二度とその行動をとらせなくするのです。理屈ではなく、叱られたことによる「いや」な思いが大事なのです。逆に、何かをやらせようとするときには「ほめ」ます。ほめて「うれしい」思いをさせることがもっとやろうという動機になるのです。大人の世界では叱って伸びるということがあるかもしれませんが、「叱る」ことは子どもの行動を止めてしまいます。さまざまな能力をのばしてやるには「ほめる」こと、「うれしかった」、「楽しかった」と感じさせることが一番大切なのです。

しかし、子どもが叱られても、ほめられても、それを受け止めることができなかったときのことを考えてみます。叱られてもいやな思いがしない、ほめられてもうれしい思いがしないとなると、しつけもできませんし、ほめて能力を伸ばしてやることも難しくなります。「うれしい」ことが「うれしい」とわかり、「いや」なことが「いや」だとわかる「心の脳」をしっかり育てることは、とても重要なことなのです。

6　「心の脳」が「育つ」とは

脳は使わなければ機能するようにはなりません。勉強をする、スポーツの練習をする、などがそのいい例です。脳はほっておいては何の働きもしません。漢字を何度も書いて覚えたように、脳は使わなければ働くようにはなりません。「心の脳」も例外ではありません。喜怒哀楽をしっかり体験しないと正しく機能するようにはなりません。

人の幼児は動物とはちがって、自然のなかに放り出されているわけではなく、しっかりと保護されています。こちらから働きかけをしないかぎり、「怖い、悲しい」「楽しい、うれしい」体験はできません。読み聞かせはその環境で「心の脳」をしっかりと育てる役割をもっているのです。バーチャルな体験かもしれませんが、読み聞かせを通じて、「怖い、悲しい」「楽しい、うれしい」を体験し「心の脳」を使うことが、「心の脳」を機能させるようになるのです。子どもたちは何度も同じ本を持ってきて、何度も読んでくれとせがみます。読んでもらって「うれしかった」「楽しかった」という思いがまた同じ行動をとらせていて、「心の脳」をしっかりと育てているのです。

大学で教えていて最近感じることは、学生のほめがいがなくなったことです。全員が全員というわけではありませんが、よくできたね、とほめても、うれしそうな表情がないのです。逆に叱っても、叱られているということがわかっていないと思われるときもあります。子どもをとりまく地域、コミュニティーの環境が変化した結果、この学生たちはしっかりほめてもらったことも、しっかり叱られたこともないのかなと考えさせられてしまいます。

7　読み聞かせは「親子の絆づくり」につながる

読み聞かせのもうひとつの大きな効用は「親子の絆づくり」にあります。読み聞かせを続けている母親に意見を聞くと、「以前より子育てが楽しめるようになった」「育児が楽しく、以前より穏やかな気持ちでいられるようになった」という回答が多く得られます。

多くの母親は読み聞かせの際に感情を込めて読んでいて、その結果、子どもは様々な反応を示します。自分の経験からも、読み手の一番の楽しみは、子どもの反応を「見る」ことにあると考えます。子どもは何度も何度も同じ本を読んでくれとせがみます。最後には、その本をすべて覚えてしまっていますが、いつも同じところで「笑う」し「びっくり」します。読んでいる親も、だんだんそのことがわかってくると、よし、今度はもっと笑わせてやろう、もっとびっくりさせてやろうと読み方に工夫をするようになります。そしてそのために、子どもの様子をしっかりと「見る」ようになります。読み聞かせを通じて、親は「子どもをよく見る」（観察する）習慣がついてくると思います。そして、この子は暴力的なことは嫌いなんだな、動くものに興味があるんだなと、読み聞かせをして「子どもをよく見る」ことで、子どものことがよくわかってきます。

読み聞かせによって得た「子どもをよく見る」習慣は、おそらく、普段の生活のなかでも自然と身についていると思われます。普段の生活のなかで子どもをよく見ていれば、その子の少しの変化にも気がつくようになります。こんなことができるようになっている。少しの変化にも気がつけば、親は「ほめて」あげることができます。ほめられた子どもは「うれしい」思いをして、もっと努力しようというモチベーションが生まれますし、親が自分のことを見てくれていたという安心感、信頼感も湧くと思われます。この気持ちは、親ともっと一緒にいたいという動機となります。一方、ほめた親も、子どもがこんなことができたんだという発見が、自分を「うれしく」させます。次は何をほめてあげようかと、また、子どもをよく見るようになります。また、ほめるにはタイミングが重要です。いつもほめていると、単なるおべんちゃらです。相手がほめてもらいたいと思っているときにほめることが、最大の効果を生みます。つまり、子どもをよく見ることで、ほめ上手な親になることができるのです。

親と子どもの「ほめて・うれしい」「ほめられて・うれしい」は良い親子関係をつくり出し、

さらに正のスパイラルとして働いて、「親子の絆」をしっかりとしたものにすることにつながると考えます。読み聞かせをしている母親が、「以前より子育てが楽しめるようになった」「育児が楽しく、以前より穏やかな気持ちでいられるようになった」という背景には、このように「親子の絆」がしっかりしてきたことがあるのだと考えます。

8　母親の声の重要性

幼児に読み聞かせをしている母親から、子どもがすぐにあっちを向いてしまって聞いてくれないからはりあいがないという声を聞くことがあります。これまでの研究で、聴覚系は感覚系のなかで最も発達が早いことがわかっています。その理由のひとつは、お腹のなかの胎児にも母親の声が伝わっているからです。また、生後五日目の幼児に母親の声、その逆回し、雑音を聴かせると、母親の声を聞いたときに脳が最もよく反応することがわかっています。幼児もちゃんとお母さんのことばを他の音とは聞き分けていることがわかっています。ですから、そっぽを向いていても背中から読み聞かせをしてあげれば、かならずその子の「心の脳」に届いています。

最近の母親は真面目ですから、どんな本を、いつ、どのくらい読めばいいですかと質問されることがたびたびあります。先に述べたように、楽しくないことは動機になりません。読み聞かせを継続するためには、まず、読み手が楽しむ必要があります。堅苦しく考えるのはやめ、自分が楽しく本を読んで、子どもがよってきたら反応を楽しむことが大切だと考えます。

文　献

時実利彦（一九六九）『目で見る脳――その構造と機能』東京大学出版会

第9章　乳幼児への読み聞かせが豊かな言語発達を育む

岩崎衣里子

1　絵本の読み聞かせとは

絵本の読み聞かせをすることに、お母さんや保育者など働きかける人は、何を期待しているのでしょうか。

まず、頭に浮かぶのは情操教育、語いの獲得でしょうか。あるいは頭が良くなることでしょうか。もちろんそのような力もつくでしょう。しかし、そこに大きな落とし穴があります。ただ絵本を読み聞かせするだけで、そのような力がつくわけではありません。

絵本の読み聞かせによってそのような力がつくためには、あるプロセスを経る必要があります。そのプロセスを経るためにはまず、絵本を介した母子の対話的なやりとりが一番重要であると、発達心理学では考えられています。

その母子の対話的なやりとりに関して、心理学でいうヴィゴツキーの三項関係という概念があります。

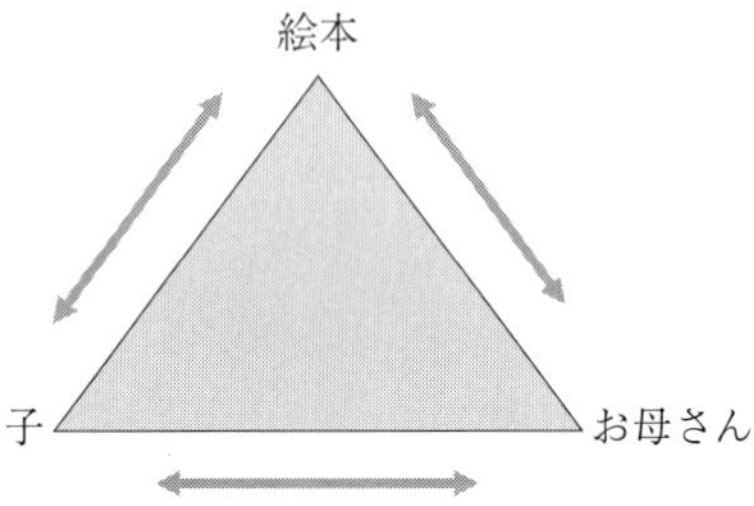

図９－１　ヴィゴツキーの三項関係

三項関係とは、お母さんと子どもがひとつの対象を共有している状態のことで、図９－１のように、「子ども」が「お母さん」と「絵本」を読むという三つの間の関係のことです。つまり、絵本を介したお母さんと子どもの対話的なやりとりであり、絵本の読み聞かせの構造とは、この三項関係の構造なのです。

そして、この絵本を介した母子の対話的なやりとりが一番重要であり、子どものその後の対人関係の基盤となっていくのです。その上で、情操教育や語いの獲得がなされると考えられることがわかってきたのです。

こうしたプロセスについて以下に詳しく説明していきたいと思います。

2　絵本の読み聞かせは対人関係の基盤をつくる

一般的に、絵本の読み聞かせは母語獲得などの言語発達に効くと言われており、ブルーナーの研究（Bruner, J. S., 1988）によっても証明されています。

ブルーナーらの研究（Ninio & Bruner, 1987）では、お母さんが絵本の読み聞かせのなかで子どもの言語発達の足場となるようなフォーマットという枠組みをつくることで、子どもの言語や語いが発達していくと述べています。フォーマットとは、日常的な相互作用のなかで反復されるパターンのことで、ブルーナーらは、母親が読み聞かせを子どもに行う際に、母親の会話は「注意喚起」（見て！）、「質問」（これは何？）、「ラベルづけ」（それは○○よ）、「フィードバック」（そうね）という四つの基本的会話に分類され、一定のフォーマットが形成されていることを報告しています。

しかし、お母さんがそのようなフォーマットをつくることで、直接的に子どもの語いが発達していくのでしょうか。

岩崎（二〇一三）の研究によって、絵本の読み聞かせが子どもの語いを発達させるまでの間には、まず子どもの社会情動的発達が必須であることが証明されています。社会情動的発達とは、人と人とのやりとりのなかで、お互いの関係を調整し社会力を育んでいく発達のことです。

絵本をお母さんと子どもで共有し、やりとりをしながら読み聞かせすることで、子どもの社会情動的な発達が促され、対人関係の土台がつくられます。この社会情動的な対人関係がその後の子どもの認知・語い発達のベースとなるのです。

そしてその土台がつくられることによって、子どもはそれまでのお母さんとのやりとりを、自分のなかに取り込みます。そして今度は、頭のなかでお母さんとのやりとりを思い出しなが

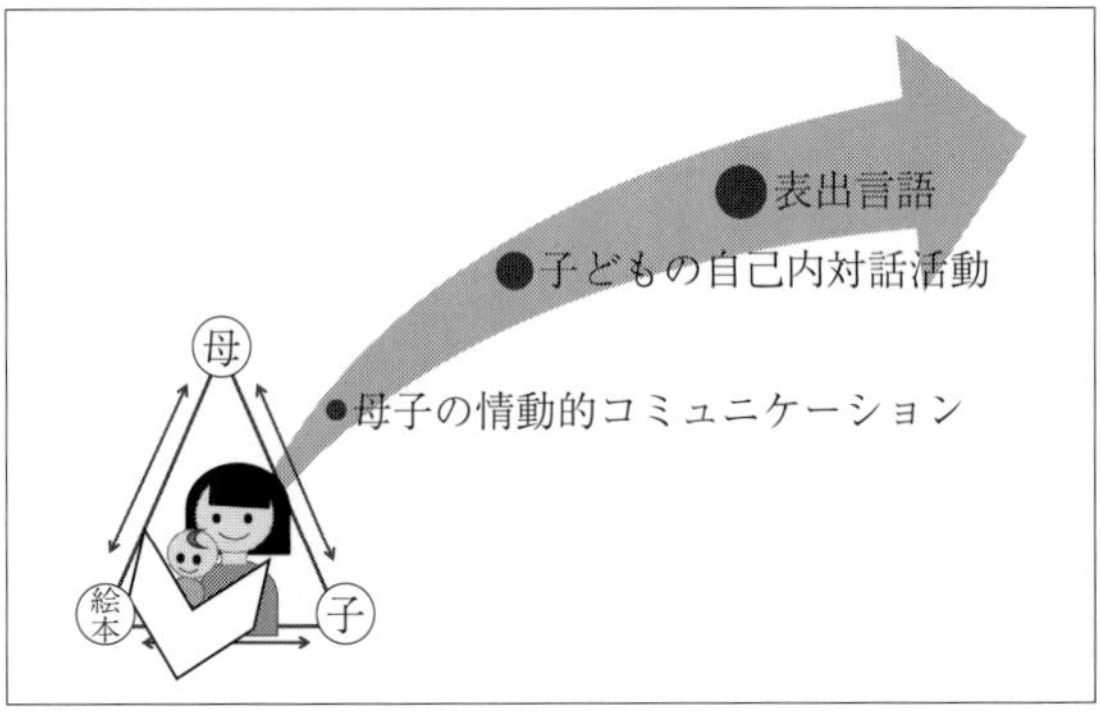

図９－２　読み聞かせによる母子相互行為が語い発達に関連するプロセスモデル

ら、絵本と接していくのです。

絵本の読み聞かせをしているときによく、子どもが絵本の言葉をつぶやいたり、お母さんが読むのに合わせて「白くまちゃん」「ホットケーキ」などと言ってみたりする光景を目にしたことがありませんか？

これがまさに、お母さんとのやりとりを思い出し、頭のなかで絵本の読み聞かせを聞いているために起こる現象で、この現象を「自己内対話活動」といいます。そしてこの自己内対話活動も、子どもの語い発達を促す重要なファクターとなります。

これらのことをまとめると、図９－２のような母子相互的な絵本の読み聞かせによって、子どもの社会情動的な対人関係の土台がつくられ、その土台を子どもが自分のなかに取り込むことで自己内対話活動が起こり、子どもの語い発達が促されるというプロセスが考えられるのです。このプロセスを検討した研究の詳細を次にご紹介します。

3　絵本の読み聞かせが子どもの語い発達に影響するまでのプロセス

岩崎（二〇一三）は、「絵本の読み聞かせによる母子相互行為により、子どもの社会情動的な対人関係が成立し、子どもの自己内対話活動が起こることで、子どもの表出言語が促進される」というプロセスを検討するために、関東在住の〇歳から六歳までの子どもとそのお母さん計一二九ペアを対象に、観察調査を実施しました。

観察の場面は、お母さんが子どもに絵本を読む「読み聞かせ場面」に加え、絵本の読み聞かせを行ったあとに絵本を題材としたやりとりである展開活動を行ってもらう「展開場面」の二つを設けました。

読み聞かせ場面以外にこのような展開活動を行う場面を設けた理由としては、次の二つのことがあります。まず一つ目は、絵本の読み聞かせ場面のなかだけでは、お母さんや子どもが絵本から学んだものが表出されにくく、絵本の読み聞かせによって得られたものは、その後の展開場面で発揮されるのではないだろうかということ、そして二つ目は、絵本の読み聞かせによって学んだものをその後の展開場面を通してみることによって初めて、読み聞かせの成果というものが得られるのではないかということです。このように考えたため、読み聞かせ場面と展

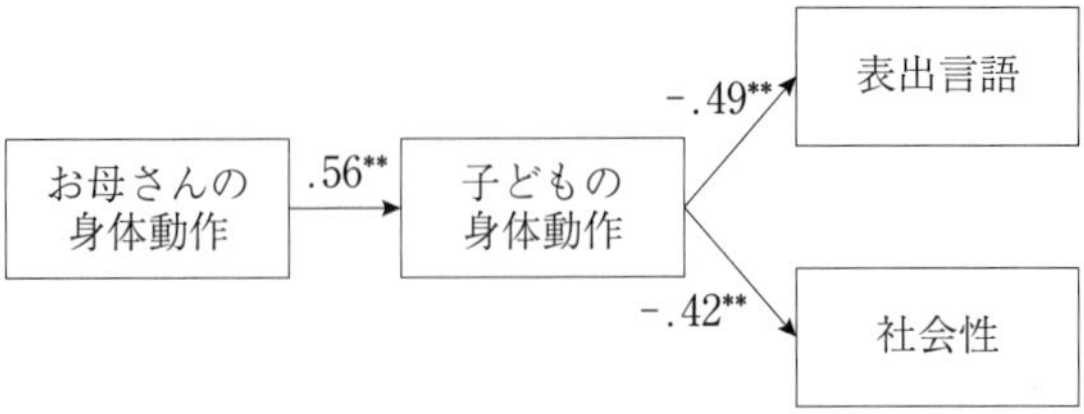

図９－３　第一段階の読み聞かせ場面でのプロセス

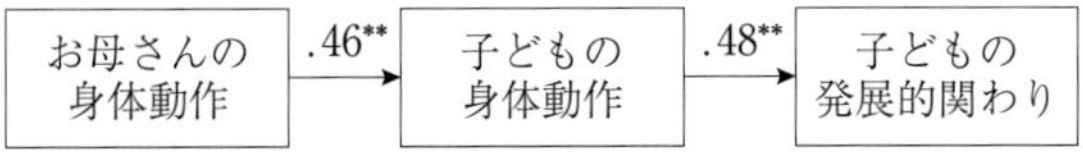

図９－４　第一段階の展開場面でのプロセス

注：.56という値が１％の有意水準で有意差が認められたことを示している。

開場面を比較検討してみました。

そして、乳幼児期における発達的変化過程をとらえるために、子どもの発達段階を乳児期にあたる第一段階（〇、一歳）と、幼児期にあたる第二段階（二、三、四、五、六歳）に分け、読み聞かせ場面と展開場面でお母さんと子どもの社会情動的なやりとりがどのように変化して、子どもの語い発達に影響していくのかを検討したところ、明らかな変化過程がみられたのです。

各段階ごとに場面別にみていくと、第一段階（〇、一歳）の読み聞かせ場面では、図９－３のように、母子のやりとりは身体動作的な情動的関わりですが、そのようなやりとりによって、子どもの言語や社会性の獲得は低くなる（マイナスの値になっているため）ことが示されました。

これは、この時期の子どもは母と子の間における密着的なやりとりのベースをつくる段階であり、ま

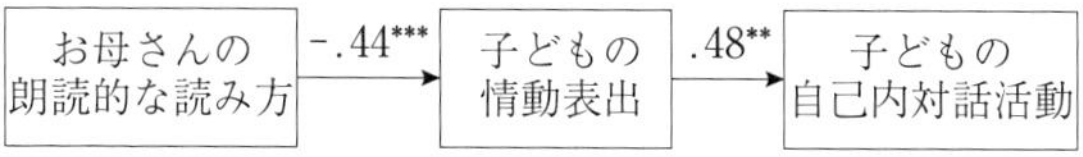

図９-５　第二段階の読み聞かせ場面でのプロセス

だ外へと人間関係が広がっていない時期のため、子どもの社会性としては表れにくく、また遠隔的なコミュニケーションに必要な語いの表出もマイナスの値となっていると考えられます。

つまりこの段階では、母子間での情動的なやりとりによって、その後の対人関係の土台をつくっていると考えられます。

次に第一段階（〇、一歳）の展開場面をみてみると（図９-４）、図９-３のように、読み聞かせ場面と同様に母子のやりとりは身体動作的な情動的関わりであり、そのことが子どもの発展的な関わりと関連していることが示されました。

子どもの発展的な関わりというのは、子どもが「これ何？」という簡単な質問ではなく、「くまさんはどうして泣いているんだろうね」といった少し考える事が必要な発展的な質問をしたり、お母さんの質問に対して「はい、いいえ」で答えるのではなく、「（くまさんが）お腹すいていたから（食べたんだよ）」など子どもが自ら考え発展させた応答をする行動のことです。

このことから、子どもは読み聞かせ場面で学んだことを、展開場面において発展的な関わりとして発揮していると考えられます。

第二段階（二、三、四、五、六歳）の読み聞かせ場面では、図９-５のようにお母さんが朗読的な読み方ではない（マイナスの値になっているため）方が子どもの

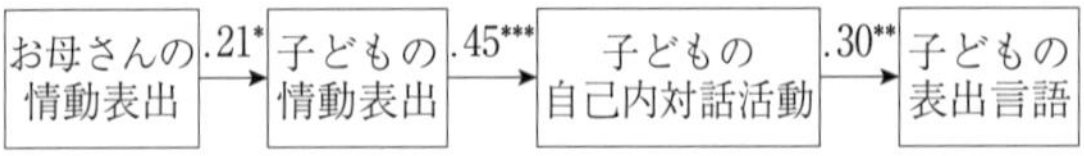

図9－6　第二段階の展開場面でのプロセス

情動表出も多くなり、そのような母子間での情動的なやりとりによって、子どもの自己内対話活動が促進されることが示されました。このことから、情動的な母子のコミュニケーションの土台がつくられ、子どもがその情動的なやりとりを自分のなかに取り込み自分のものとすることで、自己内対話活動が活発に行われることが推測されました。

さらにこの結果から推測されることとして、この段階では、お母さんと子どもの情動的なやりとりがベースとなって子どもの自己内対話活動がでてくることがわかりましたが、この子どもの自己内対話活動が活発になることで、お母さんは子どもの自己内対話活動を阻害しないように、情動的というよりも淡々とした朗読的な読み方となる段階でもあります。しかし、この結果では、朗読的な読み方ではない方が子どもの情動表出と関連があるという結果になっています。これはどのようなことなのでしょうか。考えられることとして、子どもが望むときは情動的に読み、子どもが自己内対話活動を行っているときは朗読的に読むといったように、お母さんは、子どもの様子を見ながら読み方を変える必要があるということです。

第二段階の展開場面では、図9－6のように、読み聞かせ場面と同様に展開場面においても二歳以降の母子のやりとりは情動的なやりとりとなっており、その

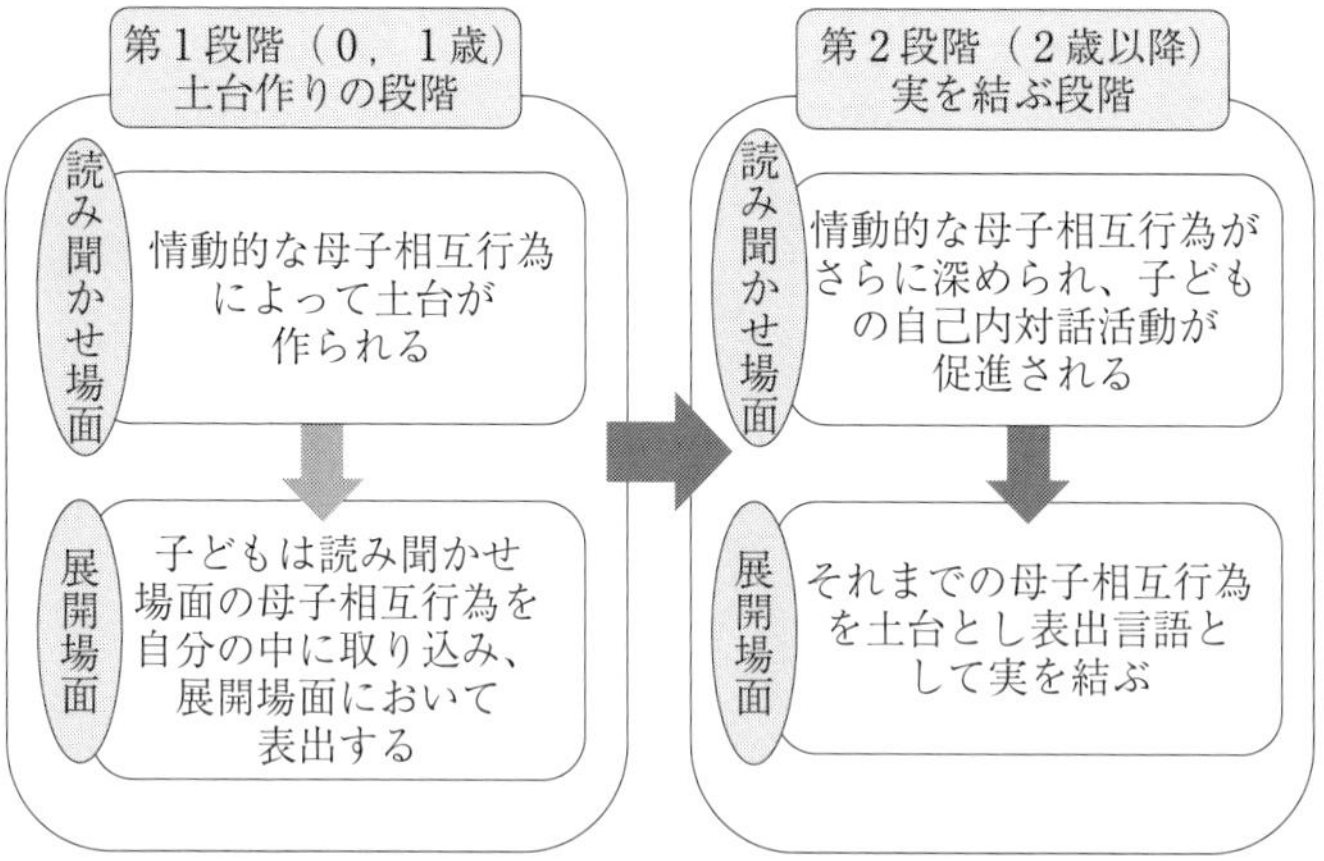

図９－７　絵本の読み聞かせによる母子相互行為の発達的変化のプロセス

ことが子どもの自己内対話活動を促進させ、さらに子どもの表出言語の獲得へとつながっていることが示されました。

このことから、第一段階、第二段階の読み聞かせ場面での母子の情動的なやりとりをベースとして、この第二段階の展開場面において、それまでの母子のやりとりが子どもの自己内対話活動を活発化させ、子どもの表出言語の獲得を促していると考えられます。

これら第一段階、第二段階の読み聞かせ場面、展開場面の結果をまとめたものが図９－７になります。第一段階の読み聞かせ場面では、お母さんと子どものやりとりは社会情動的なやりとりとなっており、それによってその後の対人関係の土台がつくられます。その土台を子どもは自分のものとして内面に取り込み、展開場面において取り込んだものを発展的な関わりとして表出していると考えられます。

そして第二段階の読み聞かせ場面において、第一段階でつくられた対人関係の土台をもとに、社会情動的なお母さんと子どものやりとりがより深められ、やりとりそのものを自分のなかに取り込むことで子どもの自己内対話活動が活発化します。そして展開場面において、今まで得たものが実を結び、子どもの表出言語となり花開いていくのでしょう。

このことからわかるように、読み聞かせ場面と展開場面は相互に関連しあっており、子どもは読み聞かせ場面で得たことを、展開場面において表現し、より深めていると考えられます。つまり、絵本の読み聞かせは、読み聞かせをしたあとに、子どもと母親とが共有した体験をそれぞれにおいて深めるために、展開活動をする必要があるのです。

乳児期、幼児期ではなく、第一段階、第二段階と表現したのには理由があります。それは、対象としては乳児期、幼児期の現象として出てくるのですが、これには個人差があり、第一段階のようなことが遅れて出てくることもあり得ます。

しかし、遅れて出てきたとしても、第一段階を経て第二段階へと変化がみられるので、読み聞かせの実践が遅れたとしても、第一段階を踏まえれば、第二段階へと移行していくのです。そのため、私は子どもに読み聞かせをするのが遅くなったと思う必要はないのです。

以上のように第一段階において母子間で社会情動的な土台がつくられ、その母子相互行為を子どもが自分のなかで内面化することで自己内対話活動が起こり始め、第二段階において自己内対話活動が活発になり子どもの表出言語が促進されることから，「絵本の読み聞かせによる母子相互行為により，子どもの社会情動的な対人関係が成立し，子どもの自己内対話活動が起こることで，子どもの表出言語が促進される」というプロセスは支持されたと考えられます。そしてこのプロセスを経ることで初めて，絵本の読み聞かせが子どもの語いの獲得に生きてくるのです。

4　実践現場への提案

これまでの研究結果に基づいて，絵本の読み聞かせを行う実践現場へ提案したいことが二点あります。

まず一つ目は，絵本を家庭や保育所や幼稚園などで子どもに読む際，絵本を読み聞かせたあとに，ぜひ展開活動を行う場面を設けてください。

具体的には，絵本に出てきたものを絵に描いてみたり，絵本の内容を一緒に話し合ってみたりと，子どもの自己表現の場をつくるということです。

ここで気をつけなければいけないのが，子どもが絵本の読み聞かせを聞いて感じたことを，子どもの意志で話してもらうということです。お母さんが強制的に感想を聞いてしまうことにより，子どもが絵本の読み聞かせの後には毎回感想を求められると思い，否定的にとらえることがないようにしましょう。

二つ目は、絵本の読み聞かせを行うとき、まずはじめは、対話的に感情豊かに絵本を読んであげてください。そのことによって、お母さんと子どもの間で情動的なやりとりが生まれ、対人関係の土台となり、その後の子どものさまざまな認知的発達の礎となるからです。

そしてこの対人関係の成立後に、子どもは自分の頭のなかで想定したお母さん像と対話をし、さらに自分のなかで考えながら、お母さんの読み聞かせを聞くようになります。そう、前述しました自己内対話活動が始まるのです。

この自己内対話活動がみられはじめたら、子どもの様子をみながら、お母さんの絵本の読み方や接し方も以前のものと変えていく必要があります。どのように変えるのかというと、子どもが求めてくるときは、今まで通りに情動的で対話的に絵本を読んであげていいのですが、子どもが自己内対話活動をしているときには、それを阻害しないような接し方や読み方をするというように、子どもの様子によってお母さんも臨機応変に働きかけを変えてください。

以上の二点を、発達心理学の基礎データから得られた絵本の読み聞かせが子どもの語い発達に影響を及ぼすプロセスについての研究結果より、実践現場へ提案したいと思います。

文　献

Bruner, J. S.（1983）. *Child's talk : learning to use language.* New York : Norton.（寺田晃・本郷一夫（訳）

（一九八八）『乳幼児の話しことば——コミュニケーションの学習』新曜社）
岩崎衣里子（二〇一三）「絵本の読み聞かせによる母子相互行為が子どもの語い発達に及ぼす影響——子どもの社会情動的発達との関連から」『白百合女子大学大学院文学研究科博士論文』（未刊行）
Ninio, A., & Bruner, J. S. (1978). The achievement and antecedents of labeling. *Journal of Child Language*, 5(01), 1-15.

第10章　地域活動における読み聞かせが豊かな生涯発達を導く

宮下孝広

1　読み聞かせの社会的広がり

絵本の読み聞かせは、ふつうは、家庭で親子の間でなされることに始まります。子どもを膝の上に座らせながら、あるいは一緒に腹這いになって絵本をのぞき込みながら、また子どもが寝る前に添い寝をして本を上にかざしながら、親子が横並びになって本を読んであげている姿は、家庭でよくみられる光景のひとつでしょう。時には祖父母や年長のきょうだいが親の代わりに読み聞かせをすることもあるかと思います。いずれの場合も、読み手の方では、絵本を「読んであげる」とは言っても、「読み聞かせ」としての意識は薄いかもしれません。第1章、第9章で述べたように、家庭における読み聞かせは、親子間のコミュニケーションを媒介する活動であり、親子の社会情動的な関係の土台を形成し、その関係性のもとでその後の認知発達および社会性の発達が導かれるという重要な発達的意義を担っています。たとえば、『いないいないばあ』（松谷みよ子〔文〕、瀬川康男〔絵〕、童心社、一九六七年）は赤ちゃんの絵本としてポピュラーなものですが、絵本を一緒に読みながら、親子で「いないいないばあ」をする光景もまた見られることでしょう。絵本を楽しみながら、それ以上に、親子のやりとりを楽しみ、結果として親子のコミュニケーションが密になっていくことに意義があると考えられます。

ここで注意しなければならないのは、読み聞かせは、親がしようと思わなければなされない活動であるということです。〇～二歳台の子どもをもつ母親、一八四六名を対象とした調査（ベネッセ次世代育成研究所、二〇一三）によれば、二〇一一年調査時における子どもの生活時間のうち、「絵本を読む」時間として最も多かったのは「三〇分くらい」（六六・七％）で、全体の平均値は三一・六分でした。このうち、一六・二％の母親が「〇分」と答えています。もちろん、絵本の読み聞かせを始める時期は家庭によって異なっており、別の調査（赤羽、二〇一二）では〇～六歳台の子どもをもつ親一一四名のうち、読み聞かせをしている九九名中、二歳以降に始めた人が一〇名います。また、子どもの年齢が三歳以上で読み聞かせを「行っていない」という回答も一四名ありました。行っていない理由としては、「子どもが興味を示さない」「きちんと聞いてくれない」「一人で読めるようになった」「時間がない」などが挙げられていますから、読み聞かせを「したことがない」という親は少ないと思われますが、読み聞かせに消極的な態度の親は少なからず存在すると考えなければなりません。また、現在のように絵本の読み聞かせが盛んに行われるようになった背景には、さまざまな領域の数知れない人々の努力の歴史があることを考えれば、多くの親が読み聞かせに対する意識をもち、実際に家庭で行うようになっている現状こそ、むしろ驚異的と言ってもいいのかもしれません。

伝統的に、読み聞かせのもつ発達的・教育的な意義に注目してきたのは保育・教育の分野です（鳥越、二〇〇一）。子どもは保育所や幼稚園に通い始めると、保育士や幼稚園教諭に読み聞かせをしてもらうようになります。歴史をたどると、読み聞かせは明治三〇年頃にすでに保育の内容を規定する「談話」の領域に位置づけられました。それは現在の「言葉」の領域へと引き継がれています。つまり、子どもの言語の発達をはじめ、知的な発達を促す文化財として絵本が活用されてきたのです。

読み聞かせは、一斉活動の内容として意識的に、また活動から活動への合間に、子どもたちの自由な時間のなかで、折々に展開されています。聞き手の子どもは、クラス全員のこともあれば一人の場合もあります。子どもたちのなかに入って読み聞かせをしているときには、本をのぞき込む子もいれば、少し離れて聞くともなく聞いている子もいるでしょう。しかし、読み手が絵本を片手に持って、絵を子どもたちに見せながら、横目で文字をたどりつつ読んでいく姿、おそらくこれが読み聞かせの場面として誰しも思い浮かべる光景でしょう。つまり、読み手が絵本を介して聞き手と向き合い、ことばのやりとりをする活動が、読み聞かせの典型となっているのです。

園での生活は、それを垣間見る親たちを通じて家庭にも浸透していきます。当然読み聞かせも親子間でなされるようになっていったでしょう。加えて、戦前から園を通じた月刊の保育絵本の家庭への普及などもあって、絵本とその読み聞かせが一般に広められていったと考えられます。

また、民間の子ども文庫・子ども図書館の運動は、読書を社会的に促していこうとする動きであり、高度成長期前後から続けられてきました。子どもにとって真にためになる絵本を求め、誰でも手にできるような読書環境を整備することを目標としてきた草の根の活動が、広がりと高まりをみせていました。そのようななかで、二〇〇〇年は国立国会図書館の分館である国際こども図書館の設立に合わせて「子ども読書年」と定められ、翌二〇〇一年の「子どもの読書活動の推進に関する法律」の公布とそれに対応した各自治体における「読書推進計画」の策定・実施にともなって、各地の公立図書館の子ども部門が拡充されていきました。

さらに、二〇〇一年から各地で行われるようになった「ブック・スタート運動」は、一九九二年にイギリスで始まった運動が日本に導入されたものですが、リテラシーの獲得を促すという元々のねらいよりも、絵本を読む楽しみや満足感を親子で共有するという子育て支援における意義が強調されるかたちで広まっています（秋田、二〇〇四）。具体的には乳児健診などの場で、絵本を介して行われる親子のコミュニケーションの重要さを啓発し、実際に絵本を手渡すことで、家庭での読み聞かせを促していくというかたちです。

現在、各自治体の図書館、子育て支援センターや児童館などで、「お話し会」や「読み聞かせ会」と称しての読み聞かせ活動が日々活発に行われています。そして、それを担う人材の育成も、講座の開催や資格の認定を通して行われていて、読み聞かせはかつてないほどに我々の生活に根づいた状況にあるといえます。

さらに昨今の読み聞かせの広がりは、これまで考えられなかったところにも浸透していっています。小学校では朝の自習時間や図書の時間などを利用して読み聞かせが行われていますが、これはこれまでにもあったことでしょう。ただ、実施されている学年は低学年とは限らなくなりましたし、読み手も、保護者や地域のボランティアを中心に、教師以外の読み手が子どもたちと向き合う時間をもつようになっています。中学校でも、授業時間に教師による読み聞かせが行われる実践例が報告されたり、高校でも、図書館で図書委員の生徒が生徒対象の読み聞かせの会を行ったことが報告されたりもしています。また中学生や高校生になれば、職場体験やボランティア活動等で保育所などに出向いて、読み聞かせをする立場に立つこともあるでしょう。また、昨今では大人に向けた読み聞かせも行われています。「聞かせ屋。けいたろう」氏は、ストリート・ミュージシャンよろしく、大人に向けて読み聞かせを行っており（坂口、二〇一二）、パフォーマンス・アートの活動として成り立たせてもいます。

このように広がりをみせている読み聞かせが、文字の読めない乳幼児のための代替的な手段だという意識はもはやないといえるかもしれません。しかも家庭での読み聞かせに対して、家庭外での読み手は保育者や教師であったり、保護者や地域のボランティアであったりなど、社会的にも広がりをみせているのが昨今の特徴であるといえるでしょう。読み聞かせは、家庭の営みと社会的な活動の双方が影響しあいながら発展してきたといえるのです。

このような絵本の読み聞かせの広がりは、何によってもたらされてきたのでしょうか。まず挙げられるのは、絵本そのもののおもしろさや奥深さであり、それが私たちの生活の身近に豊富にあるということでしょう。詳細は第7章に譲りますが、大正の終わりから昭和の初め頃に「絵本」という名が定着して以降、戦争の時代を経てここ数十年の目覚ましい発展をみることができたのは、このジャンルにおける作家たちの創造性の発揮によって内容的な充実がもたらされたからと言っていいでしょうし、デザイン・印刷・製本・流通といった技術的な面の支えによって、現在の絵本の活況がもたらされたのだともいえるでしょう。

しかし何よりも、読み聞かせを実際にやってみるとわかりますが、聞いている幼児の食い入るような視線は、絵本そのものと読み聞かせのもつ秘めた力を実感させるのに十分ですし、幼児とともに過ごす時間の楽しさは、またやってみたいとの思いを募らせるものです。

ここで改めて絵本という「文化的人工物」（トマセロ、二〇〇六）について考えてみると、次のようなことがいえるでしょう。絵本が元来、子ども、特にまだ読み書きのできない乳幼児のためにつくられたものであるならば、絵本には、大人と子どもとの交流が、その成立の段階ですでに織り込まれていると考えるべきです。絵本は絵とことばとが融合し、本という形式によって成り立っているとされています。絵本本来の機能は、大人ないし文字の読める年長の子どもによって読み聞かせられて初めて成り立つものです。絵本のおもしろさは、親子におけるように、読み手と聞き手のやりとりのなかに存在するのだとすれば、やりとりの相手として読み手の人間がそこにいることが、絵本の機能を成り立たせるための最も重要な要素であるといえましょう。つまり絵本は社会的な相互作用のなかで成り立ち、社会的な相互作用を促進する媒体となっているのです。聞き手は一方的に聞かされているわけではありません。問いかけ、確認し、寄り道をし、発展させながら、絵本の世界に浸っていくことができるのです。

2　「読み聞かせ交流会」——長野県塩尻市市民交流センターの実践

ここで、読み聞かせを社会的な実践活動として、これまでとは少し異なる視点で行った事例について報告します。長野県塩尻市の市民交流センターのスタッフによって運営された、読み聞かせコミュニケーター育成講座・読み聞かせ交流会（以下、「育成講座」「交流会」）の実践です（田島ほか、二〇一二）。これは、「読書から始まる人づくり」事業の一環として、二〇〇九年度に試行、二〇一一年度から二〇一五年度まで継続して実施された読み聞かせ活動の実践です。日本公文教育研究会と白百合女子大学生涯発達研究教育センターが共同で活動の企画と評価に加わって、ともに進めてきました。市民交流センターは、二〇一〇年度に開設した「えんぱーく」と名づけられた複合施設を拠点として、図書館、子育て支援センターを中心に、子育て支援・青少年交流、シニア活動支援、ビジネス支援、市民活動支援を重点分野と定め、各分野の連携・融合を促す交流事業を興していくことを目指して運営されています。育成講座・交流会は市民交流センターの事業のひとつとして、図書館、子育て支援センター、塩尻ロマン大学・大学院（高齢者のための社会教育の場）をつなぐ活動としての側面をもつだけでなく、小学生を介して間接的にではありますが、社会教育と学校教育をつなぐ役割をも担っていると考えられます。

交流会の内容は、ロマン生（塩尻ロマン大学生・大学院生の高齢者）と市内から応募した小学生とが、同じ「読み聞かせコミュニケーター」の立場で、幼児（および保護者）に対して小グループでの絵本の読み聞かせを行うものです。そのねらいとしては、絵本の読み聞かせを媒介としてロマン生・小学生と幼児・保護者との交流の場をつくり出すこと、さらに、ロマン生と小学生、およびロマン生同士、小学生同士といった重層的な交流の機会をつくり出すことです。また育成講座は、交流会での読み聞かせ活動を目標としながら、読み聞かせコミュニケーターとして、読み聞かせ活動の意義の理解と読み聞かせの力量を形成することを主なねらいとしますが、ここでもロマン生と小学生をはじめとして、さまざまな交流の機会をつくり出すことが織り込まれています。以上すべてを通して、幼児、小学生、そしてロマン生の発達を促し、支える活動とすることが、この実践を通じて実現されるべき課題です。

絵本の読み聞かせを媒介として多世代間の交流を促し、それを契機として参加者個々の発達を支えるという交流会の実践のねらいについては、図書館や学校などでボランティア等によってすでに広く行われている読み聞かせ活動とはニュアンスを異にしています。それは、図書館等における読み聞かせが、絵本やそこで描かれている世界の豊かさや広がりを聞き手に紹介し、読書活動へと誘うことが主眼とされているのに対して、交流会における読み聞かせは、家庭における親子間での読み聞かせの延長線上にあり、その発展を目指しているところです。交流会の場合、読み手と聞き手の間に、親子間におけるような関係があらかじめ成り立っているわけではありませんが、絵本およびその読み聞かせを通じて、世代間の交流と関係の構築を図ることを企図しており、絵本を通じて親子間の関係をロマン生や小学生という他者との社会的な関係に拡張し、そのような関係性のもとで発達の過程を展開することをねらいとしているところが大きな特徴だと考えられます。

さて、交流会の具体的な内容について紹介しましょう。ここでは二〇一二年度および一三年度の活動を念頭におきながら記述します。交流会は原則として月一回、土曜日の午前一一時から約四〇分間、子育て支援センターのこども広場に隣接する交流室で開催されています。毎回の参加者は、二〇一二年度の実績で幼児が平均一四名、保護者も同じく一二名です。保護者は母親が多いですが、父親も同じくらいで、両親ともに参加することも少なくありません。また祖父母が孫を連れて参加する姿も見受けられます。参加者は、こども広場に遊びに来ている親子連れにその都度声かけしているほか、チラシや市の広報でも案内しています。こども広場は各種遊具や親子で遊べる広々としたスペースをもつ屋内の遊び場で、いつも多くの利用者で賑わっています。読み聞かせコミュニケーターは、ロマン生一五名、小学生一〇名ほどの参加が毎回あり、あらかじめ四つのグループが形成されています。

プログラムの前半は、参加者全員で、まず歌と手遊びで身体と心を解きほぐし、初めて出会った人たちを打ち解けさせ、読み聞かせに向かう準備を行います。企画と進行は子育て支援センターのスタッフによって担われていますが、市内の保育所で経験を積んだベテラン保育士ばかりです。当然、歌や手遊びの技量も豊かであるのは言うまでもありませんが、読み聞かせに向かう準備として、声を出し、身体を動かし、読み手と聞き手の心の距離を近しくすることの大切さを深く認識している方たちです。それにとどまらず、かつて担任した子どもたちが小学生になってコミュニケーターとして参加してくることもあって、小学生の参加のよりどころともなっています。

次に、大型絵本の分担読みやパネルシアター、紙芝居など、複数のコミュニケーターが協力して読み聞かせを行うプログラムとなります。『おおきなかぶ』（A．トルストイ〔作〕、内田莉莎子〔訳〕、佐藤忠良〔絵〕、福音館書店、一九六六年）はレパートリーのひとつですが、おじいさん、おばあさん、孫、犬、ねこ、ねずみ、そしてナレーターが大型絵本の傍らに並び、台本を手にしながら役割分担して読んでいきます。

これが終わると、あらかじめ指定された幼児と保護者を連れて各グループに分かれ、数人の幼児と保護者に対して読み聞かせを行う部分となります。交流室は可動の壁で仕切られた二つの部屋に分かれており、一部屋に二グループが隣り合うかたちで読み聞かせを行っている関係で、隣のグループの読む声が聞こえたり、拍手の音が聞こえたりなど、決して理想的な条件とはいえませんが、読み手も聞き手も絵本に集中する時間を過ごしています。また、コミュニケーター一人につき一冊の読み聞かせをするくらいしか時間が取れませんが、聞き手の側からすると数冊、数人の読み手が入れ替わり立ち替わり登場するので、このあたりが丁度良いのかと思われます。この部分が交流会後半のメインプログラムです。

最後にもう一度全員で集まって、『しあわせならてをたたこう』〔デビッド・A・カーター、きたむらまさお〔訳〕、大日本絵画、二〇〇三年〕の仕掛け絵本を使いながら、全員で歌を歌って締めくくりとなります。リードするのは当番制で、コミュニケーターが絵本を見せながら、前の方にいる子どもたちに声をかけながら歌いかけていきます。

全体の進行は市民交流センター交流支援課のスタッフが担当し、開会・閉会のことばは当番の小学生コミュニケーターが、そしてロマン生コミュニケーターから選ばれた会の代表が開会時に挨拶をしています。できるだけコミュニケーター自身が運営していけるようにとの、市民交流センターのスタッフの配慮が感じられます。

育成講座・交流会全体の企画も交流支援課のスタッフが行っており、開催日の設定、交流室等の場所の確保と設営、受付やスケジュール表などの作成配布などの当日の準備や、コミュニケーターとの連絡、そして二〇一三年度からは、こども広場交流室から外に出て、保育所や児童館での出前交流会も企画されるようになったのですが、その際の関係各部署との調整などもすべて担っています。

図書館スタッフ（読書アドバイザー）は当日交流会で使用する絵本の選書を担当しています。絵本と読み聞かせに通暁しているベテラン職員が参加しているおかげで、定評のある名作から最新の話題作まで、参加する幼児の年齢構成や、読み手であるコミュニケーターの力量、そして交流会の趣旨に沿って選書してもらっており、コミュニケーターも手に取った絵本をしばしば熱中して読む姿がみられます。また当日の一〇時から交流会の準備会が開かれますが、そこで分担読みの練習も行われていて、その際の読みのコーチはこのスタッフが行い、また個人の読みの練習の際にも個々にアドバイスして、全体の力量形成に力を尽くしています。

さらに、読み聞かせコミュニケーターの力量向上を図って、「聞かせ屋。けいたろう」氏に読み聞かせの実演・指導をしてもらい、子ども広場での幼児に対する読み聞かせ会の参観も行いました（七月、一二月の二回）。秋には県内の絵本館への遠足も実施されています。また、ロマン生・小学生の読み聞かせコミュニケーター間の交流を深める意味で、一二月の交流会終了後には「クリスマス会」を、また三月にはその期の読み聞かせコミュニケーターへの認定証授与をお祝いしての「昼食会」が催されました。食事とともに余興も行われて、交流会とはまた異なる雰囲気のなかで懇親を深める機会でした。活動を継続し深めていくために、なくてはならない工夫であり、実際に交流を深める機会になっていると思います。

このような状況、つまり図書館、子育て支援センター、高齢者の大学などが一体となって共同で事業を行うことは、「縦割り行政」ということばから抱きがちなイメージに反していて、まれなことかもしれません。塩尻市の場合、市民交流センターという行政組織のもとに各部門をまとめ、「えんぱーく」という機能的で人を集める施設の裏づけがあり、しかも市民との協同・交流を第一義とする方針があって初めて可能になっているものと考えられます。

3　交流会の発達的意義

活動として軌道にのってからは、毎回一定の水準で読み手聞き手ともに満足して終わることができるようになりましたが、それまでの道のりは、率直にいって、この活動の意義を模索するプロセスでもありました。すでに述べた通り、小学生を読み手として参加させること、それと組み合わせてロマン生に役割を果たしてもらうこと、交流を主たる目的とし、参加した保護者に家で読み聞かせをするモティベーションを高めてもらうこと、そして読み聞かせを通じて親子のコミュニケーションを活性化してもらうことなどは、当初からのねらいであり、会の仕掛けでもあったわけですが、思えば誰でも考えつくことかもしれません。なぜことさらにこのような会をする必要があるのか、この会にどのような意義があるのかなどについて、自問自答を続けてきた、というのが偽らざるところです。

さて、読み聞かせの効用は聞き手である幼児にとってのものとして論じられることが多いわけですが、それは本書の他の章でも論じられている通りですし、また他の諸実践とも共通するところです。「読み聞かせ交流会」についてもその面での効果はいくつも指摘することができます。読み聞かせ交流会に参加する乳幼児の年齢は幅広いのですが、ほとんどの子どもが読み聞かせに対して深く入り込んでいる様子を観察することができます。絵本に注がれるまなざしは、時に読み手を圧倒するくらいで、その反応に応えなければとの思いを読み手に抱かせ、自然と読み聞かせも熱を帯びてきます。特に幼児期後期の四歳・五歳といった子どもたちは、絵本のストーリーを理解し、描かれている世界に浸ることを楽しんでいます。一方で、幼児期前期の三歳前後の子どもたちは、絵本に描かれた世界に、読み手との交流を手掛かりにしながら入り込んでいくのを楽しんでいるようです。ページに仕掛けられた問いかけや考えさせるきっかけを、読み手が注意を引くように子どもに提示してやることで、場合によっては子どものほうがそのきっかけを見つけ出して率先して反応し、読み手がそれに応じることで、当意即妙のやりとりが紡がれていきます。異なる年齢の幼児たちが同じグループにいるわけですが、他の子どもたちが各々楽しんでいる様子をお互いに邪魔に思うことはないようで、自分と絵本との関係を楽しんでいるようです。

保護者に対して行ってきた質問紙の結果からも好意的な反応が多く返ってきています。なかでも、読み聞かせが子どものためになることを実感し、いろいろな絵本の世界に浸らせたい、いろいろな人の持ち味を生かした読み聞かせに触れさせたいと願い、家でもっと読み聞かせをしてあげたいと思う結果が得られています。このように、聞き手である幼児本人と、家庭で豊かな読み聞かせの環境をつくる保護者に影響を及ぼすことは間違いないでしょう。

次に、読み聞かせコミュニケーターとして参加しているロマン生（高齢者）と小学生にとっての意義をそれぞれ指摘したいと思います。詳しくは別のところでも論じていますので、参照していただければ幸いです（宮下ほか、二〇一三）。

高齢者の場合、読み聞かせをすることが脳の前頭前野の活動を活性化すること、加えて読み聞かせの場で幼児や保護者、さらには他の参加者と社会的なやりとりをすることを通じて、脳機能の向上や日常生活における機能改善が期待されることは、読み聞かせ交流会の意義としてもまずは注目すべきところです（くもん学習療法センター・山崎、二〇〇七）。特に、ロマン生の多くは、自身の孫の世代も幼児期を過ぎてしまって、日常生活では読み聞かせをする機会がなくなっています。交流会で社会的に意味のある文脈で読み聞かせをすること、ロマン生・小学生、そしてスタッフをはじめ多くの人々と交わる公式的な機会をもつことは、他では得難いものでしょう。

さらにここでは、ジェネラティビティの発達という観点から述べたいと思います。「ジェネラティビティ」は「養護性」とも訳される専門用語で、本来、生殖性という文脈で次の世代を生み育てるということを意味するわけですが、生涯発達を考える場合、そのような直接的な意味を超えて、若い（幼い）世代を導き伸ばしていくこと、その活動に参加して役割を果たすことの意義が論じられています。同時に、若い世代との交流が自己の発達にも立ち返って、老後の生きがいや生活におけるメリハリをもたらすことも大きな実りです。高齢者が青年期の若者と共同の作業をしたことで得る心理的・身体的な効果に関する研究（Kessler & Staudinger, 2007）では、老年期の人々にとって、同世代との共同活動に比べて、青年期の世代との共同活動から得るもののほうが大きいことが明らかにされています。しかしあくまで自分が主導権を取れる内容でないと、そのメリットは薄いことも示されています。交流会は、青年期よりもさらに若い児童期の子どもたちとともに進める活動、いわば同僚となる活動であり、また読み聞かせを初めて人前でする経験をもったロマン生が多いわけですから、先行研究をそのまま敷衍するわけにはいきませんが、同様の効用が期待できるでしょう。実際、交流会の回数を重ねて、ロマン生と小学生との交流が深まると、子どもたちのことを「可愛い」と表現するロマン生が増え、グループをリードしようとする態度がみられるようになってきます。また、読み聞かせは、子育ての局面で親が子に行う働きかけのひとつです。家庭の場面と異なるとはいえ、ロマン生と幼児とのやり取りは保護者にとっても学ぶべきところが多いでしょう。子育ての先達として、自分の経験を保護者に伝える機会をもつことは、ロマン生が自分の熟達を生かす場として親の世代をリードすることができる場面ともなっています。

そして小学生についてです。読み聞かせをする立場に立つことで得るものは何なのでしょうか。読み書きの教育は、公式には小学校に入学してから始まります。学年を追うごとに次第に黙読が中心となっていきますが、声に出して読む音読や読み聞かせも、特に低学年では大切にされています。音読の意義についての研究（高橋、二〇一二）によれば、黙読のほうが音読に比べて文や文章の理解を容易にさせるのは高学年になってからで、それまでは音読、さらには人に読んでもらうことのほうが子どもたちに好まれ、わかりやすいと感じているという報告があります。人間の言語の発達は、話し言葉、すなわち聞いて理解することが基盤となっています。読み書きの習得過程にある小学生の子どもたちにとっては、音読の際に発せられた声が耳に聞こえること、つまり音声の処理を通じての理解がもたらされることの助けが大きいと考えられます。加えて自分で声に出して読むことが、文字を視覚的に追うだけの黙読よりも認知システムを動かす負荷が大きく、そのことが逆に理解をもたらすとする見解もあります。大人でも、ややこしい文章になると意識的に音読したり、環境的に読むことに集中できなかったりするときには思わず声に出したりすることがあるように、音読することの意味は黙読できるようになっても失われることはないのです。児童期から成人期にかけて黙読という読み方に習熟し、読解においてそちらが優位になっていく過程は、音読の音声が内化していく過程として考えることができ、児童期に十分に音読をする経験を与えることが、子どもたちの読解の発達に資することになるであろうと考えられます（高橋、二〇一三）。

ましで読み聞かせです。読み聞かせは音読の要素が基盤となっていますが、それだけではありません。自分が読んで理解することにとどまらず、他人に読み聞かせて、その人の理解を引き出したり、新たな発見に導いたり、感情を喚起したりすることが企図されているのです。しかもページをめくることで進行する本の形式をとっていることで、時間の流れをコントロールし、次の場面に移る頃合を見計らいながらストーリーの展開を自ら演出することが求められています。いわば台本を演じることによって出現する演劇の世界と重なることがそこで生じていると考えることができるかもしれません。

このことと関連して想起されるのは、「子どもは話すことによって学ぶ」とされ、演劇の要素が多く取り入れられているイギリスの国語教育についてです（山本、二〇〇三）。シェークスピアのお国ならではと言えるかもしれません。例えば読むということについて、通常我々が考える読解、すなわちどのように読むかということは、書かれたこと、あるいはいわゆる「行間を読む」ことも含めて、内容を読み取るということにとどまりません。それはひとつには、書かれたテキストがどのような目的で書かれているかは多様であり、読み手のほうでもそのテキストをどのように用いるかは、その人の目的によるのだということを理解することです。そして、読み手とはどのようなものか、読むことを通じてそのテキストにどのように応えたり、自分の趣向を発展させたりするのかもまた多様であるということを学ぶことだとされています。つまり、単に自分がテキストに向き合うだけでなく、テキストに他の人々がどのように向き合うのか、そこでテキストがどのような役割を果たすのかについても理解を深めることが目指されていると考えられます。ここでいうテキストは物語や小説のことだけではありません。あとあらゆる分野の熟考された成果が文章によって表現されることを考えれば、すべての教科にまたがる読みの意義ととらえるべきでしょう。また内容の読み取りがどちらかというと受動的な営みだとすれば、それをどのように用いるかを主とする部分では、能動的な読みを行うよう勧められているということになるでしょう。その典型が朗読であったり、演劇であったりと考えられているようです。

日本でも「小学校学習指導要領」（文部科学省、二〇一七）において、初等教育で物語や詩についての読みを通して学ぶべき事柄は、物語の登場人物や出来事そして場面についてわかること、物語について語るときに物語特有の言い回しや言葉遣いでできること、そして物語の好き嫌いに関して、率直に理由もつけて表現できることが挙げられています。そして実際に朗読したり演じたりすることも勧められています。ことばのリズムを感じ取ることや、表現として韻を踏むことなどは、実際に声に出してみなければわからないところでしょう。将来、内的な表象として音声的表象が重要になることを考えても、声に出して読んでみること、しかも一斉読みだけでなく、朗読や表現としての読みなどは重要です。

以上のような要素を、読み聞かせはすべて備えていると考えられます。読み聞かせを通じて、特に読み手となることによって、ここで目指されていることが活動の文脈で実現され、発達が促されていくのです。さらに、継続的な経験として読み聞かせを行うことで、多彩な絵本の世界に触れる機会をもつことは、小学生に言葉を読む機会を広げ、語彙の発達や表現の多様化をもたらすことも期待されます。

4　交流によって支えられる発達の場

幼児に読み聞かせをする機会をもたなかった小学生、つまり交流会に初めて参加する子どもたちは、読み聞かせる絵本を選ぶとき、往々にして自分の好きな本、自分が読みたい本を選んでしまいます。実際に読んでみると、長かったり、難しかったり、読み手のほうが読むことに一生懸命なばかりで、聞き手の幼児が読み聞かせから離れてしまうことも生じます。しかも自分が招いてしまった結果について、自分では意識できないことも多いのです。ところで子どもたちは、絵本を読むという行為にどうやって出会うのでしょうか。それは親が自分に絵本を読んでくれることに始まると考えていいでしょう。自分に向けて読んでくれている行為のうち、絵本（のなかの言葉）に向かっている大人の姿から書き言葉に向かう自分が生み出され、読むことができるようになっていくのです。しかし、読み聞かせを自ら行うようになって初めて、実はそれは自分に向けて読んでくれていたことに気がつくことができるきっかけが与えられるのです。言い換えると、読むという行為は、自分のためのようでありながら、実は他人のための行為から始まっているのだという事実に気づくのは、読み聞かせという行為を通してだけなのです。読み聞かせを通じて、もう一度社会的な行為として読むということを経験させる意義は、このように絵本を媒介にして、読むという行為が成り立つ経緯を、改めて認識させることでもあるのです。

さらに、教科書や参考書を読むときのように、勉強することの一環として読書がなされたり、自分の楽しみとして好きな本を読むこと、つまり自分のために読書する以外にも、読書活動は意義をもっているのだということ、つまり社会的な活動としての意義をもつことに改めて気づくことでもあります。しかも「交流会」を通じて、それは日常的な活動となり、この活動が続く限り、将来にわたって社会的な活動として成立し続けるわけです。自分が読むことが他者のためにも役に立つという実感は、読書ということの社会的な意義を実感させることにもつながります。

また、実際に生じたことですが、交流会に聞き手として参加していた子どもの一人が、翌年には小学生コミュニケーターになりました。私もやってみたい、お姉さんお兄さんに交じって、自分もコミュニケーターになりたいというあこがれは、読み聞かせ活動が、子どもたちにとっては未来の自分に出会うことでもあることを意味します。人は入れ替わっていくけれども、活動は受け継がれていくという基盤がなければ、それは成り立ちません。交流会のなかで人が育っていくという意味では、まさにそれは生産的な活動であり、再生産の過程をはらんでいることは、まさにそれが社会的活動であることを意味しています。

小学校を卒業した子どもたちも、なかには引き続き参加することを希望し、実際に参加してくれる場合もあります。中学生になって、部活や受験など放課後も忙しい彼らが参加し続けることは難しいですが、継続してくれることを期待しています。というのも、読み手としての彼らの将来像は、小学校を終えたらそこで切れるのではなく、いくつになっても続いていると感じてもらいたいからです。成人して今度は自分が親になって読み聞かせをする姿につながり、中年、そして老年期になっても、次の世代を育てるという意味での社会的な活動の意義は、一生涯続いていくとの感覚をもってもらいたいのです。その意味でも、ロマン生（高齢者）の存在は大きいと思われます。

交流会に参加するロマン生には、絵本に魅力を感じている人が多くいます。自分で図書館や本屋さんで絵本を見つけてきて、それを読み聞かせる人もいます。この人たちにとって、交流会で読み聞かせを経験する過程で、多くの絵本に接し、また技量にたけた専門家から技術や読み聞かせに対する考え方など多くのことを学ぶことが喜びとなっているようです。本を読むことが好きで本に興味をもち、面白いと感じる人が身近にいることは、本好きな子どもたちを後押しすることでしょう。反対に、食い入るように見つめている幼児のまなざしは、ロマン生に、絵やことばに興味をもち、絵本が好きでたまらなかったかつての自分の姿を思い出させもするでしょう。人生の楽しみとして、読書というのはぜひ身につけておきたいものです。そのお手本が目の前にいることは、小学生にとっても乳幼児にとっても大きいでしょう。

これらは高齢者と小学生を組み合わせて、両者が同じ「読み聞かせコミュニケーター」として読み聞かせを行うことによってもたらされています。高齢者から学ぶ点は何ですかと小学生に聞くと、幼児と当意即妙のやりとりができること、人前でも物おじせず、ゆっくり声を張って読み聞かせができることなど、自分たちには難しいことをやすやすとやり遂げる頼もしさが挙がってきます。自分の祖父母かそれよりも高齢の、知らないお年寄りとの交流は小学生にとっては難しいことですが、高齢者のやさしさが小学生を支え、見守ることが力を与えているのです。

5　地域活動としての読み聞かせの意義

生活の場としての地域は、読み聞かせ活動を通して発達の場に変容します。通常、小学生は、個々が読み聞かせを受ける者としてイメージされ、読み聞かせを通じて言語や認知の発達を促すことが期待される立場におかれています。高齢者は一人ひとりをみれば、仕事や子育ての第一線から身を引いて、衰えつつある身体と付き合いながら、家族に面倒をみてもらったり、さまざまな公的な施策の対応を受けたりする立場におかれています。両者が読み聞かせを通じて幼児や保護者と出会うとき、受動的な立場から能動的な立場へと変わります。このような変化のなかで、小学生や高齢者に対するイメージが変わり、読み聞かせは教育のためのものや、表現の場としての意味から、この人々を結びつけ、能動的な活動を生み出す道具としての意味をもつものに変わります。小学生も高齢者も、個人の意識としては幼児のために読み聞かせをするために交流会に臨んでいることでしょうが、すでにみてきた通り、実は自分にとっての意義のほうが大きく、知らず知らずのうちに、これまでの自分とは違う自分を見出すことのできる発達の場がそこに現れてくるのです。

読み聞かせは、個人の意志で、場を見つけることさえできればすることは可能です。しかし、交流会という仕組みが組織されることで、そこに集まる人々の動機や目的が集まって、集合的な活動となっていきます。そこには行政をはじめとする組織的なサポートが必要ですが、それらも含めて、社会的な活動が成立し継続していくことで、そのなかで発達が促される場がつくり上げられていくのです。ここで地域の人々を結び合わせる媒介となっているのは絵本であり、読み聞かせであると考えられます。その意味で、絵本や読み聞かせもその意味が拡張され、そこに新たな意義の創造と展開が生じるのです。

山住（二〇〇八）は、活動のなかで人と人との組み合わせや課題の内容や意義が刻々と変化していくような創発的な協働のあり方を「ノットワーキング」と呼んでいますが、まさに読み聞かせ交流会は、地域にいるいろいろな人々を結び合わせ、それぞれが行う個人的な活動を協働的な社会的活動へと変容させ、その意義を分かち合う一方で、個人の発達が促されていく実践でもあると考えられるのです。

文　献

赤羽尚美（二〇一一）「家庭における絵本の読み聞かせ——親の関わりと子どもの発達への影響」『生涯発達心理学研究』第三号、三三一-四四頁。
秋田喜代美（二〇〇四）「子どもの発達と本［特集］子どもと本の出会い」『発達』第九九号、二一-七頁。
ベネッセ次世代育成研究所（二〇一三）「第二回妊娠出産子育て基本調査報告書」『研究所報』vol. 9、ベネッセコーポレーション
Kessler, E. & Staudinger, U. M. (2007). Intergenerational potential: Effects of social interaction between older adults and adolescents. *Psychology and Aging*, **22** (4), 690-704.
くもん学習療法センター・山崎律美、川島隆太（監修）（二〇〇七）『学習療法の秘密——認知症に挑む』くもん出版
宮下孝広・田島信元・小澤真由美・石川忍・佐々木丈夫（二〇一三）「読み聞かせ活動に関する社会的実践活動の効果——二〇一二年度塩尻市読み聞かせ育成講座・読み聞かせ交流会の分析」『生涯発達心理学研究』第五号、一三七-一四二頁。
文部科学省（二〇一七）「小学校学習指導要領」文部科学省ホームページ。
坂口慶（二〇一二）「絵本『聞かせ屋』大人も涙」日本経済新聞二〇一二年五月二日付朝刊文化面。
高橋麻衣子（二〇一二）「読解能力の発達における読み聞かせの有用性——聴解と読解での理解成績とわかりやすさの評定の比較から」『読書科学』第五四巻第三号・第四号、八九-一〇二頁。
高橋麻衣子（二〇一三）「人はなぜ音読をするのか——読み能力の発達における音読の役割」『発達心理学研究』第六一巻第一号、九五-一一一頁。
田島信元ほか（編集協力）（二〇一二）『〇歳からの「くもん」歌と絵本が育てるあかちゃんの脳とこころ（ｅｄｕコミュニケーションＭＯＯＫ）』小学館
トマセロ、M.（大堀壽夫ほか訳）（二〇〇六）『心とことばの起源を探る——文化と認知』勁草書房
鳥越信（編）（二〇〇一）『初めて学ぶ日本の絵本史Ⅰ』ミネルヴァ書房

鳥越信（編）（二〇〇二）『初めて学ぶ日本の絵本史Ⅱ』ミネルヴァ書房
鳥越信（編）（二〇〇二）『初めて学ぶ日本の絵本史Ⅲ』ミネルヴァ書房
山本麻子（二〇〇三）『ことばを鍛えるイギリスの学校――国語教育で何ができるか』岩波書店
山住勝広（二〇〇八）「ネットワークからノットワーキングへ――活動理論の新しい世代」山住勝広・ユーリア＝エンゲストローム（編）『ノットワーキング――結び合う人間活動の創造へ』新曜社、一―五七頁。

終　章　絵本を介した「分かち合い」

秋田喜代美

1　文化的活動としての、赤ちゃんとの絵本の分かち合い

ブックスタートの立ち上げからの文化的環境の変化

二〇〇〇年の子ども読書年の活動の一つとして、ブックスタートが始まりました。これは、〇歳児健診などの機会に、自治体の図書館のスタッフやボランティアが乳児検診の場に行き、「絵本」と共に、赤ちゃんと絵本を開く楽しい「体験」をプレゼントする活動です。赤ちゃんと保護者が、絵本を介して心ふれあうひとときをもつきっかけを届ける活動として、二〇〇〇年秋にパイロット地区の東京都杉並区から始まりました。そのたった一つの自治体でのパイロット実施から始まった活動は、一八年後の現在、一〇二〇市区町村（全自治体の約五八・五％）で実施されるようになっています。そして二〇〇〇年を契機に赤ちゃん絵本の出版点数は大きく伸びていくこととなりました。この活動をきっかけにして次第に赤ちゃん絵本のニーズは高まり、今は一年に約二〇〇冊の新刊赤ちゃん絵本が出版されているとも言われています。一つ

の文化的実践への取り組みが、我が国の子ども期の絵本体験を大きく変えてきているのです。

この活動は、当時二〇代で日本出版販売職員だった佐藤いずみさんが、子ども読書年の新たな企画募集に、英国のブックトラストが一九九二年から行っていたブックスタート活動をもとにアイデアを提案したことから始まっています。この若い女性のアイディアのおもしろさに出版業界をはじめとする多くの人の支援やつながりが生まれNPOになった活動です。筆者も、当時福音館書店の会長であった松居直先生に（現ブックスタート会長）にお声をかけていただき、英国のバーミンガムを数名で実際に訪問し、立ち上げの準備から活動の理念づくりや、杉並区でのパイロット調査などに研究者の立場から立ち会わせていただいてきました。

英国でのブックスタートは、母語を英語としていない移民親子の増えた多文化状況において、リテラシーの獲得の早期推進の一環として始まりました[(1)]。そのためにバーミンガムという地域から行われるようになったのです。そして、Sure Startと就学前教育支援の活動のなかで始まりました。それは、図終-1に示すように、家庭の社会階層や家庭の文化的環境によって乳児期からの語彙の獲得に、人生初期から大きな格差が生じているという知見や根拠データによって裏づけられ、乳児期早期からの親子で絵本を見て共有することで対話をするという絵本経験が子どもの語彙発達等の育ちに影響を与えるというエビデンス等に基づいて、ナショナルブックトラスト等がリードして実施されたものです。

このようにして、すべての子どもたちに確かな学校教育の出発をという学力保障が、英国で

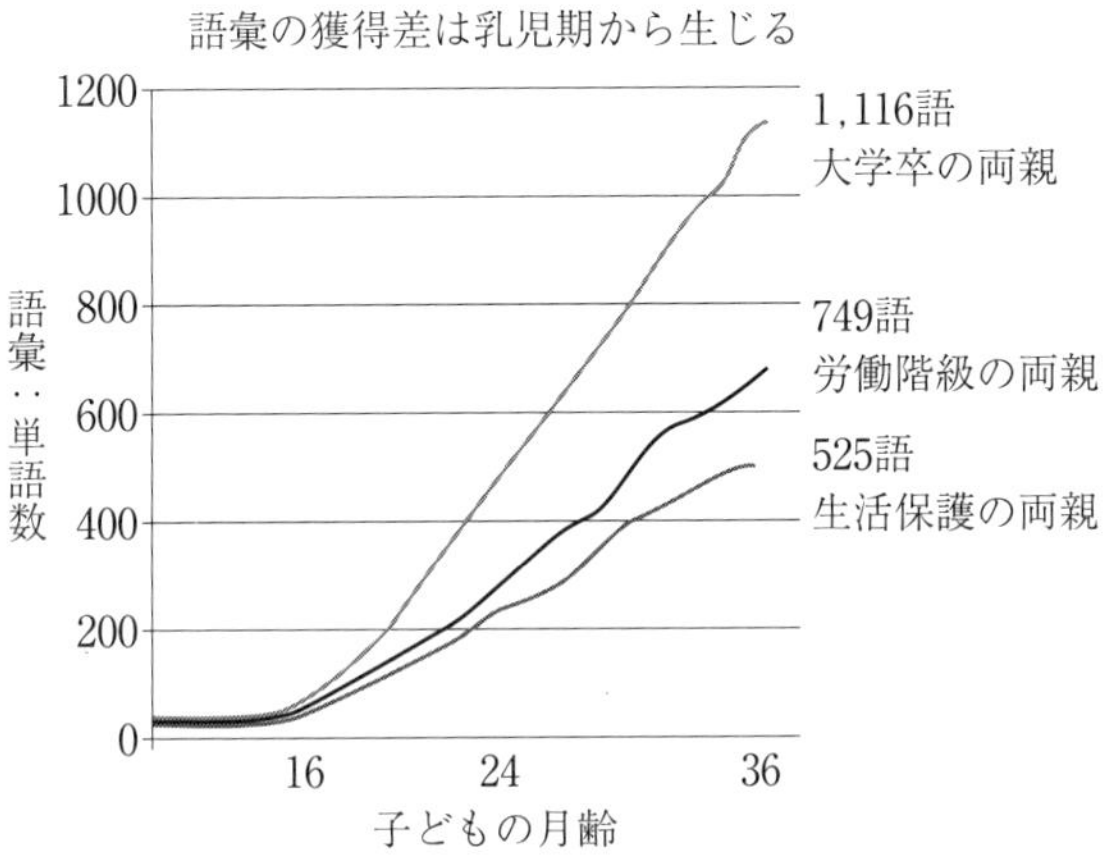

図終－1　両親の社会階層による乳児の語彙獲得の差

出所：Melhuish（2015）より。

は赤ちゃんに絵本を手渡す社会的活動のきっかけとなりました。地域の保健センターと公立図書館が連携して、すべての赤ちゃんに対して、家庭の格差なく、また母語や民族の相違なく、もれなくどの家庭にも行う活動である点、またその活動メッセージである「Share books with your baby（赤ちゃんと絵本を分かち合う）」という言葉に日本のブックスタートの立ち上げに関わった私たちは魅かれました。つまり「Read books to your baby（大人が子どもに絵本を読んで聞かせる）」運動ではなく、絵本を親子で分かち合うというメッセージに魅かれ、その日本版を実施することとなったのです。そして、英国同様に言語が違う家庭には母語で語

（1）Sure Start：一九九八年から英国において、乳幼児期からの幼児教育、健康、子育て支援を含む包括的な支援によって人生最初期からどの子どもにも教育機会を与えることでの生涯の学びの保障をということで行われた教育プログラム。

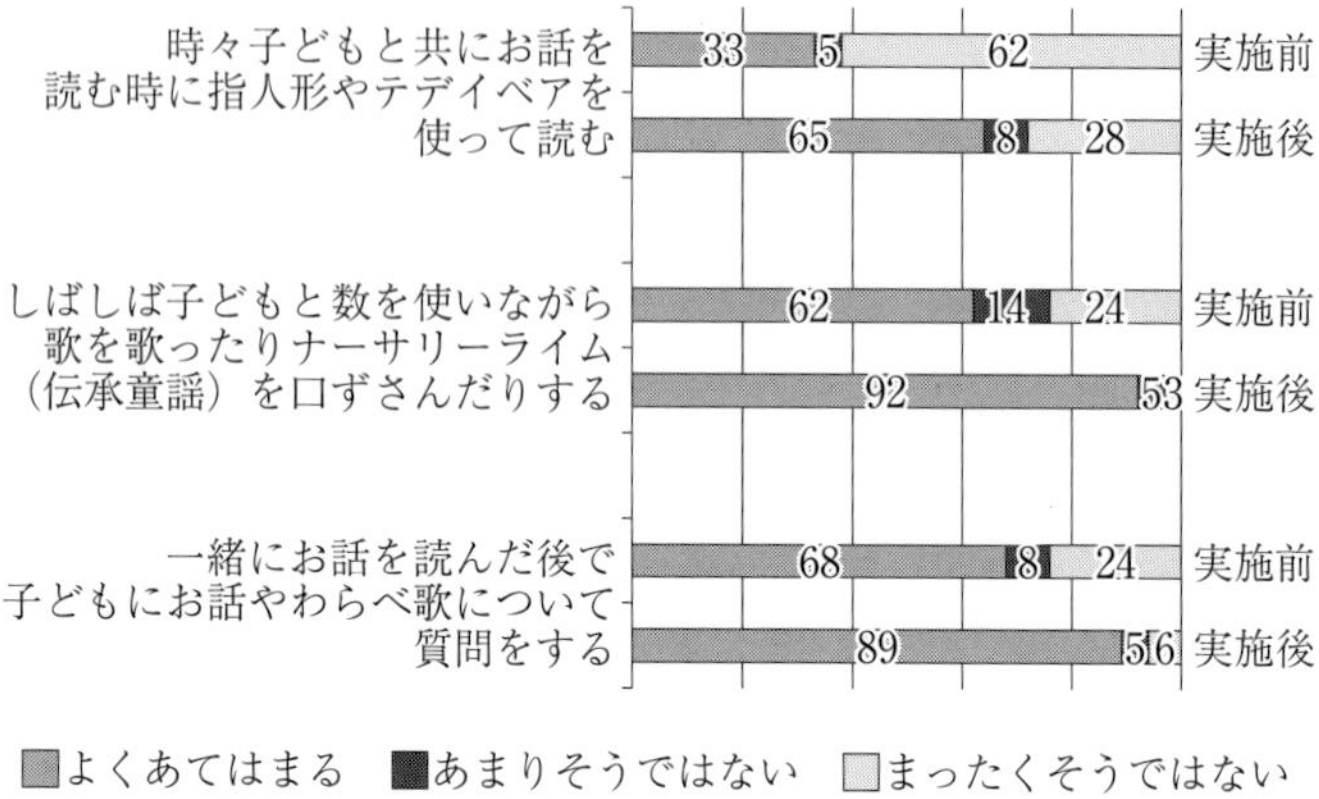

図終－2　親の関わりの変化　プログラム実施前―実施後

出所：Denmark & Stevens (2013) より。

りかけることができるように、アドバイス集をその言語に翻訳し、また視聴覚等に障がいのある子どもも絵本にふれあうことができるよう、真にすべての子どもたちが絵本と出会える機会をという英国で実施されていた理念のもとに日本でも同様に行うことになりました。そして今では英語／中国語／韓国語／ポルトガル語／タガログ語／スペイン語／タイ語／ベトナム語の八か国語と日本語を併記し理念を伝えるイラストアドバイス集も翻訳されています。このすべての子どもにという思想では、英国では現在、家庭において絵本にふれあう経験をもてない貧困層の家庭の一二〜三〇か月の子どもたちに対して、最初から絵本を手渡すのではなく、Children's Centerで親子参加でわらべ歌や絵本をみんなで読み合い、そのDVDなども手渡したり、センターのスタッフが家庭訪問をして、親にも絵本や歌の楽しさを知ってもらい、それがどのような文化的実践なのかを理解してもらい、その後に絵本を手渡すことを英国全土で行っています。そしてその有効性も検証されてきています。特にこうした支援対象層の焦点を絞った活動から、単に貧困層において絵本という物を提供するだけではなく、その活動そのものが、家庭に文化的実践を生み出すことで親子のコミュニケーションの変化などに有効性があることが、プログラム実施前後の変化からも明らかにされてきています（Demack & Stevens, 2013）。図終－2のように、親の意識と具体的な子どもへの関わりが変わることで子ども自身の絵本との関わりを変えていくことなどが示されており、特に子どもの権利を保障するという児童福祉の意識から実施されています。貧困格差を埋める手段としても英国では絵本の分かち合いが重要な意味を与えられてきています。

日本の文脈のなかでの独自性

日本でこの活動を取り入れるにあたって、英国とは異なる日本の独自性も考えられました。第一に、当初からいわゆるリテラシーや学力保障、貧困格差是正という目的よりは、ご家庭の子育てを応援し、愛情あふれる言葉で親子の絆を育むことを活動の意味づけとすることが日本のブックスタートの目的となりました。それはリテラシーの習得等に間接的に影響を及ぼすとしても、第一義的に大事にしたいのは乳児期には親子の愛情を深めることであると考えたからです。

第二に、英国では特定の大企業がスポンサーとなり、宣伝等も含み実施されました。これに対し、日本では、この活動の持続可能性や絵本を分かち合うことの公益性を考え、各自治体の税金により地域の公共の活動を草の根の地域ボランティアの方々の手を借りて行うことを目指しました。時には資金がない自治体では、ボランティアの人のバザーなどで経費が補塡され実施されたことも過去にはありました。そして各地域の子育て支援センターの情報等やその地域独自の絵本や図書館活動情報なども一緒に手渡されるようになりました。そして公共図書館では、子どもは〇歳から市民として子ども自身の氏名で図書を貸出しができることも、広く一般に周知されていくようになったのです。松居会長が当初言われたのは、この活動が成功だったかどうかは、絵本を乳児期に分かち合って読んでもらった子どもたちが、また大人になった時に自分の子どもたちに絵本を分かち合いたいと思うかどうかであるということです。長期的な文化的実践の視点から、どの子も大人になった時にも絵本の喜びがもたらされるようにという願いから、公共、公益が大事にされたのです。

そして第三に、日本では一歳未満の時点で開始するということです。この活動を開始する時期も立ち上げ時に議論となりました。第一に述べた英国と日本のブックスタートの活動目的の違いは、絵本を手渡す開始年齢にも影響を与えます。三、四か月の最初の健診か、一歳半の健診かという議論のなかで、一歳半ではすでに絵本を読んでいる家庭も多くなることから、生後四か月くらいからの人生最初の時期に手渡すこととなりました。その当時は赤ちゃん絵本の種類も限られておりまだ定番絵本が多かったのですが、今ではＨＰなどを見てもわかるように、多様な形で、かつ舐めたりしても絵本の角が痛くないようになどの安全性を考えられた赤ちゃん絵本が出されるようになっています。

そして第四には、ＮＰＯブックスタートの役割として、単に絵本を原価で卸す物流だけではなく、全国の多様なブックスタート活動の工夫の事例に学び、それらの活動事例を集めて、また他の地域にもその実践の知恵を共有したり、そのために必要な人材の育成や研修実施やニュースレター作成など共有の環を広げるハブの役割を担うことが目指されました。伝達より各地域発のさまざまな取組の共有が大事にされてきたのです。

開始から一四年後、ブックスタート活動を体験した家庭を対象に実施された調査結果（ＮＰＯブックスタート、二〇一四）からは、さまざまなことが明らかになってきています（図終‐３）。特に興味深いのは、ブックスタートの実施時期は自治体によって三〜四か月頃から九〜一二か月くらいまで散らばりがあることです。このことが図終‐３の実施時期Ⅰ期（三〜四か月）、Ⅱ期（六〜七か月）、Ⅲ期（九〜一一か月）と開始時期表記から読み取れるでしょう。それに対して累積の数値をみることでどの時期にどれぐらいの家庭が開始したかがわかります。

実施時期と家庭での開始時期をみると、実施時期に開始している家庭が多いことがわかります。つまり、この活動が赤ちゃんと絵本との出会いを始める具体的なきっかけとして機能している可能性が高いことがわかります。さらにそれを出生順位によって、第一子か第二子かを調

期	市			1～2か月	3～4か月	5～6か月	7～8か月	9～10か月	11～12か月	それ以降	総計
Ⅰ期	A市	(n＝284)	比率	10.9%	29.9%	17.3%	13.7%	9.5%	9.9%	8.8%	100.0%
			累計	10.9%	40.8%	58.1%	71.8%	81.3%	91.2%	100.0%	—
		ブックスタート実施月齢			↔						
	B市	(n＝501)	比率	11.2%	30.1%	20.6%	9.6%	12.2%	11.2%	5.2%	100.0%
			累計	11.2%	41.3%	61.9%	71.5%	83.6%	94.8%	100.0%	—
		ブックスタート実施月齢			↔						
	C市	(n＝249)	比率	8.8%	26.1%	21.3%	14.1%	12.0%	12.0%	5.6%	100.0%
			累計	8.8%	34.9%	56.2%	70.3%	82.3%	94.4%	100.0%	—
		ブックスタート実施月齢			↔						
Ⅱ期	D市	(n＝680)	比率	9.0%	16.6%	26.5%	20.0%	12.8%	11.0%	4.1%	100.0%
			累計	9.0%	25.6%	52.1%	72.1%	84.9%	95.9%	100.0%	—
		ブックスタート実施月齢				↔					
	E市	(n＝242)	比率	8.7%	14.5%	27.7%	21.9%	10.7%	10.3%	6.2%	100.0%
			累計	8.7%	23.1%	50.8%	72.7%	83.5%	93.8%	100.0%	—
		ブックスタート実施月齢				↔	↔				
Ⅲ期	F市	(n＝433)	比率	9.7%	15.2%	21.2%	14.3%	20.1%	13.9%	5.5%	100.0%
			累計	9.7%	24.9%	46.2%	60.5%	80.6%	94.5%	100.0%	—
		ブックスタート実施月齢						↔	↔		
	G市	(n＝344)	比率	5.2%	12.2%	16.0%	9.9%	28.8%	21.5%	6.4%	100.0%
			累計	5.2%	17.4%	33.4%	43.3%	72.1%	93.6%	100.0%	—
		ブックスタート実施月齢						↔			

○○% 25%以上　○○% 20%以上25%未満　○○% 15%以上20%未満

図終－3　ブックスタート実施時期と家庭での読み聞かせ開始時期

出所：NPO ブックスタート（2014）より。

べてみた結果からも、同じ傾向の結果がみられます。ここからは、すでに第一子で絵本経験をしている親でもまた第二子でブックスタートを受けることが、その第二子と絵本の出会いのきっかけになっていることが示されています。すなわち保護者を支える地域の社会文化的な活動が、子どもの絵本との出会いの機会となっているのです。

しかしまたその一方で全体としての傾向をみると、どの時期に手渡された家庭でも約九割が子どもの月齢が一一～一二か月頃には絵本を読み聞かせはじめているという事実です。そして保護者の見解としてはどの開始時期の親でも、生後六～一〇か月頃になると赤ちゃんが豊かに反応し、保護者がそれに応えることができ、その楽しさを感じていくことも、調査からは示されています。ここからは、いつ絵本を手渡されても、保護者は子どもの発達の様子をみて、我が子の育ちの状況に応じて子どもと絵本との出会いを楽しんでいることが伝わってきます。

保護者もまた育つ

「絵本を分かち合う」ことは、子どもにとって楽しい時間をもたらすだけではありません。保護者にもまた、絵本を分かち合うことによってさまざまな気づきが生まれます。ＮＰＯブックスタートが実施した全国調査での自由記述の回答からは、いろいろなことがみえてきます。調査報告書のなかから保護者の声を紹介してみましょう（ＮＰＯブックスタート、二〇一四）。

一つは、赤ちゃんの有能さに絵本を介して驚き、気づくことです。

次男が五か月の頃『はらぺこあおむし』（偕成社、一九七六年）を読みました。すると、いちごの絵に顔を近づけ、お口をつけてなめなめしました。食べ物だけが出てくるページでは、両手で本をにぎって、口をもぐもぐさせながらよだれを垂らしていました。絵本のなかの食べ物にもとても反応を示して、びっくりしました。（第二子、男）

八か月の終わり頃には『ととけっこう　よがあけた』（こぐま社　二〇〇五年）を読むと「うー」と声を出して喜び、「こっこさん、おはよう。」のところで手を挙げるようになった。話をよく聴いて絵をよく見ていたんだなあと感心し、絵本を読んでやるのがいっそう楽しくなった。（第一子、女）

このように絵本を介して子どもの成長に気づく声は、母親だけではなく父親からの回答でもみられます。そして、親はそこに手ごたえを感じ、またさらに二点目として、自分自身の成長や心の安定も感じています。

毎日はあっという間ですが。そんななかで絵本を間に挟んでゆっくりする時間は、貴重なものです。子どもの声を聴きながらマイペースでやりとりできるのが、テレビとはまた違う良さかと思います。私が気にいっている写真で、夫と娘が絵本を読んですごく楽しそうに笑

っている写真があるのですが、こういう笑顔が見られることこそ、絵本を楽しむ一番の醍醐味かなと思います。（第一子、女）

そしてまたそれが親の心もほっとさせてくれます。

本を読むことが苦手でしたが、子どものために少しずつできる限り毎日読むことで、自分が楽しんで読み聞かせするようになりました。絵本を読んであげることで、自分が一番リラックスした時間がもてることに気がつきました。読み聞かせは、子どものため……と思ってやっていますが実は自分のためなのかもしれない……と思っています。（第二子、男）

これらの文章から一冊一冊の絵本を分かち合うだけではなく、そのやりとりを介して親もまた絵本を子どもと分かち合うことの意味を見出し、それがまた次の分かち合う喜びややりがいを生み出す連鎖を生み出していっていると言えるでしょう。この意味で、絵本の分かち合いは、子どもの育ちを支えるだけではなく、親が親になっていく過程を支えているのです。そして、親は子どものためだけではなく、親自身が子どもと絵本を分かち合う時間のもつ意味にもまた気づいていっています。そしてそれを支えるのは、社会文化的な実践を立ち上げた創設の理念やビジョンと人の輪が生み出す意味づけであるということができるでしょう。

絵本との出会いを支える人のなかでの変容

乳児期から絵本を分かち合うことは、子どもと保護者の育ちをより豊かなものとしてくれます。またそれだけではなく、その輪に関わる人の意識も変えていきます。以下は、最初にパイロット地区としてブックスタートを実施した杉並区立中央図書館で、当時ブックスタート担当として、絵本を親子に手渡すことをなさっていた田中京子さんが、実施を始めた二〇〇〇年から二〇〇七年の間にどのように自分自身の意識を変えていったかを、田中さんが語ったさまざまな文書から筆者なりに整理した流れのなかでみてみたいと思います（秋田、二〇〇七）。

ブックスタートを開始した当初に、彼女は以下のように述べています。

> 私は、図書館員というのは、本と、未来の本を読む読者とをコーディネートする役割だと思って仕事をしてきました。その時私個人の気持ちとしては、ブックスタートという活動がさほど珍しいという印象を受けませんでした。図書館員の仕事は人と本の出会いを作ること、と認識していたからです。しかし行政の立場では、とても珍しく、新鮮だと受け止めたようです。……私たち図書館員にとっては、これまでにやってきたことであり、さほどの目新しさは感じませんでした。とはいえ、実際にブックスタートとしてやっていくなかで、少しずつ意識が変わり、得るものがたくさんあったことはたしかです。（二〇〇三年資料）

ブックスタートをやることが決まって、保健衛生部と児童部と図書館の三部の部長が集められました。……最初に壁になったのは図書館員でした。図書館というのは基本的に一冊でも多く本を貸し出して、〇歳からお年寄りまで誰でも本を利用できるようにするという活動をしていますので、区民に絵本を二冊差し上げるといわれた時には、抵抗がありました。しかもおはなし会に赤ちゃんが参加したりと、赤ちゃんに対しての活動は、ずっとやってきていました。それまでの活動には一度も光が当たったことがなかったので、当然絵本を差し上げるという話がもちこまれて、図書館員としては、すんなりとは受け入れられませんでした。

（二〇〇七年資料）

このように当初の困惑や抵抗感を振り返り語っておられます。そしてそのなかで田中さん自身の体験のなかで気づきが生まれていきます。

普段図書館のカウンターにいると、たくさんの人に会います。もちろん、子どもも赤ちゃんもいます。しかしブックスタートでは、毎回二時間くらい、四か月の赤ちゃんを見続けることになるのです。これまでそのような体験がなかったので、最初はどうなるかわかりませんでした。ですからあるとき、赤ちゃんに絵本をどうやってみせるのかをお母さんに説明している最中に、赤ちゃんが首をキューっと曲げて絵本のほうに顔を向けたので、私は説明しながらびっくりしてしまいました。「まだ早くて何の反応もないかもしれませんけど、そのうちに」と説明していたからです。「あらっ」と思ってよく見せてあげると、絵本を一生懸命に見ようとしていました。絵本の中身とか、選んだ本がよかったかということ以前に、声をかけながら絵を見せてあげると、赤ちゃんからの反応があるのだ、と気づきました……。

（二〇〇三年資料）

そして赤ちゃんと絵本の出会いの場に立ち会うことで、保護者だけではなく、その場に関わる人もまたその役割や意識を変えていくのです。

ブックスタートに取り掛かったころの私は、意識としてはまだ完全に図書館員で、いずれ赤ちゃんが育ったら、やがて図書館利用者になるんだな、という側面で関わっていたんです。ですが、三部の部長が協力してブックスタートをすると方向づけをしたわけですから、保健師や図書館員、児童館、保育園などの現場での職員が、「子育て支援」を共通の目的にして、そのためにやれることはなんでもやろう、という意識をもつように変わりました。

（二〇〇七年資料）

ブックスタートを図書館の仕事、どこの仕事という観点から考えるのではなくて、区内の赤ちゃんにどう育ってほしいのか、区民がどう育ってほしいのか、区民がどういう豊かな暮らしができるようにお手伝いをするのかということで、この問題を考えていくべきだと思っています。

（二〇〇三年資料）

ボランティアの募集をしたのは、人手が足りないから手伝ってほしいという気持ちからではなく、……地域の方たちが中心となってやってくださるのが一番よいと考えたからです。

（二〇〇七年資料）

そして、子どもと絵本を中心とした活動の輪が、親子だけではなく地域の人にまで、その喜びを分かち合うことで広がっていく、その推進役として田中さんは退職まで尽力されました。司書という専門家としてだけではなく、公務員として地域の子どもを絵本を介して支えることの喜びを分かち合っていくことを自覚されていったのです。こうして絵本を手渡す文化的な活動実践は、自分の子育てを終えた多くの中堅から高齢にいたるボランティアの人々の輪によって地域のなかで根付いていっています。ブックスタート活動を「広げる」のではなく、必ずいいものは「広がる」から「その広がりを支援しよう」ということが、当初から私たちが共有した志でした。

絵本との時間については、三つの時間を考えることが大事です。第一は、子ども自身が親子や保育者との間で分かち合う楽しいその時々の活動の時間です。そして第二には、その経験の積み重ねと繰り返しによってもたらされる記憶や経験と積み重ねを通して、子どもも大人も育っていく育ちの時間です。そしてそれがさらに第三に、子どもだけではなく、その子どもが保護者になり、大人になってまた絵本を、我が子と、そしてさらには地域の子どもたちと分かち合う文化が地域のなかに形成され、また新たにそこにさまざまなアイディアも生まれながら刷新されていく世代間伝承や文化形成の社会文化的時間です。

そこで次にこの第二の育ちの時間に関わる事例をみてみたいと思います。

2　絵本経験が子どもたちや保護者をつなぐ

園における絵本環境

現在乳児の約半数が保育所に通園する時代となっています。そして調査からは図終－4のように、次第に家庭での読み聞かせの頻度は減ってきています（ベネッセ教育総合研究所、二〇一四）。経年的な調査を行っていてもこの傾向に変化はありません。

保護者の多忙化とともに、園で絵本を仲間や保育者と分かち合うこと、また絵本に関して家庭と園が連携し合うことは、大きな意味をもっています。園では、生活や遊びと絵本の内容が密接につながっています。そしてまた、絵本から遊びへ、遊びの活動のなかで図鑑を開いて調べたり、遊びのなかで絵本の中身や表現を確認し取り入れられたりといったことも多く行われます。そしてその絵本の経験を家庭に伝えたり、園での絵本の貸し出しや園便り等での絵本紹介、また保護者が交替で絵本の読み聞かせボランティアをしたりといった活動をしている園も少なくありません。そして、園での活動の様子を保護者に向けて写真で掲示する園が増え、そ

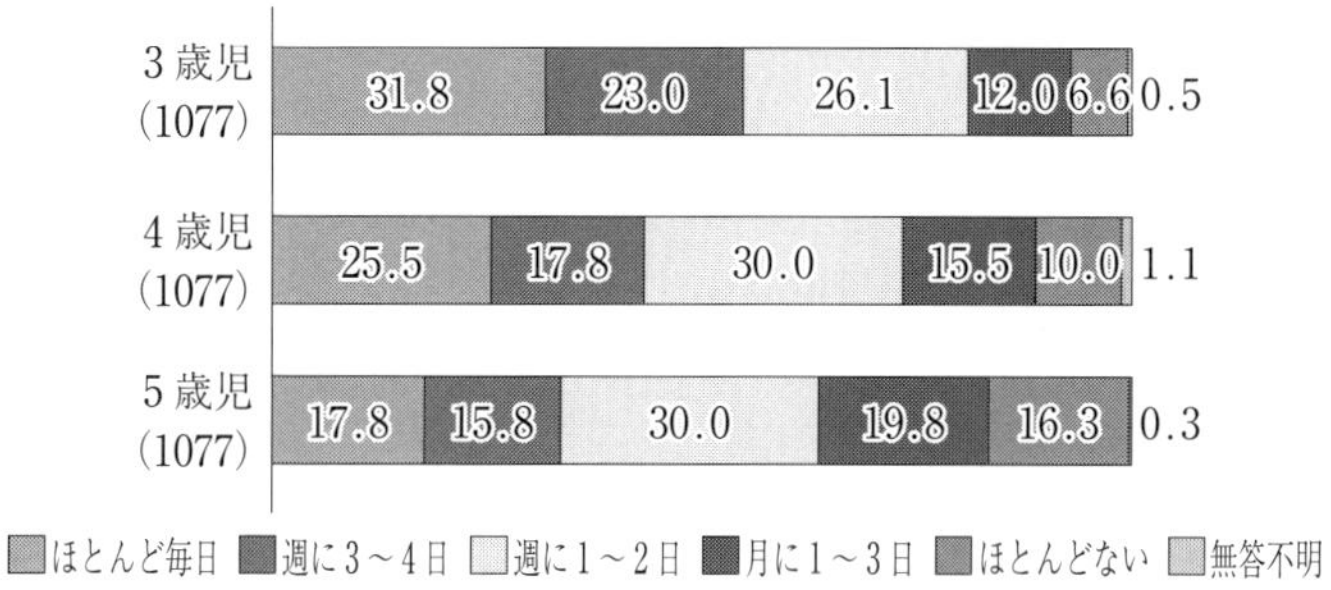

図終－4　絵本や本の読み聞かせの頻度

出所：ベネッセ教育総合研究所（2014）より。

のなかには、絵本に関わる写真も掲示し、それを園の送迎時に喜んでみる保護者がいる園もあります。

　絵本の作品の内容に出会うことで、保護者も子どもも特定の話題に関して深く考えることもできます。絵本を読むことは文化的活動ですが、その中核をなす絵本は文化的な媒体であり、特定の思想や価値を作家や画家が絵や写真と言葉で表現したものです。それによって親子や、保護者と保育者が共通の内容の事柄を考える機会もまた共有できます。それによって世界が広がったり一体感が生まれたりします。その一例として、赤ちゃんが生まれ育つことに関する絵本を、園のクラスの子どもと保護者が共有した事例を通して考えてみたいと思います。

（社福）あゆのこ保育園五歳児担当、山越先生のクラス。担任は五月の懇談会で、保護者に、「保育園最後の一年なので、ご一緒にたくさん楽しみ、たくさん感動を一緒に味わっていきましょう。そしてもう一つは、保育参加のときには、ぜひお子さんの生まれたときのエピソードを聞かせてください」とお願いをしました。その背景にある保育者の意図は、このクラスを受け持つのが初めてだったことで、保護者との距離をなるべく早く縮めたいと思ったことと、子どもたちに自己肯定感をより高め自信をもって就学を迎えさせてあげたいという思いでした。そして友達といいところをたくさん認め合って、少し弱いところは優しく補い合える、心の優しい子どもたちがたくさんいるクラスにしたいという願いがありました。保育参加のときには、できるだけ親子のつながりや子どもの成長をテーマにした絵本を読み聞かせるようにしました。たとえば、『もう、おおきいからなかないよ』（徳間書店、二〇一三年）や、『おへそのあな』（BL出版、二〇〇六年）、『いのちのまつり――ヌチヌグスージ』（サンマーク出版、二〇〇四年）など赤ちゃんの誕生に関わるものを読んでいきました。

そして「みんなあかちゃんだった」というテーマで選んだ絵本は、『きみのいたばしょ』（サンクチュアリ出版、二〇一〇年）です。そこには、「誰でもみんな祝福されて生まれてきて、大切に育てられているから、みんな、もっと自信をもっていい、友達も、みんな同じように生まれてきたから、お友達を簡単に傷つけないでね」という願い、また「命はずっとつながっているから大切にしてね」という願いがありました。

この絵本は、妊婦のおなかが大きくなりどんな人も二八〇日そこにいたことから語られます。「こどもも、おとなも、ろうじんも　おとこも、おんなも　日本人も、外国人も、いいひともわるい人も、すきなひともきらいなひともみんながいたばしょ」「ここできみは　おかあさんのたいおんとおなじ　あったかい水につつまれて、目をつむり、なにも気にせず、すこしづつおおきくなるだけでよかった」「おかあさんはむじょうけんできみを愛し、うけいれ、ぶじにうまれてきてねとまいにちいのった」そして途中に掲載されている写真の頁では、「みんなのかおやからだがぜんぶちがうように　きみたちはうまれるまえからおなじじゃない。きみはうまれるまえから、たったひとりのきみなんだ」と述べられます。そして、一人ひとりみんな、おなかの形も違う、つまり、生まれてくる前から、みんなそれぞれ違っている、……だけど、それぞれ誰もが大切に思われて、この世に生まれてきた、というメッセージが絵本で述べられています。先生は、五歳、六歳の子どもたちには少し難しいかなと思いながらも、子どもや保護者とともにこの絵本を共有しました。

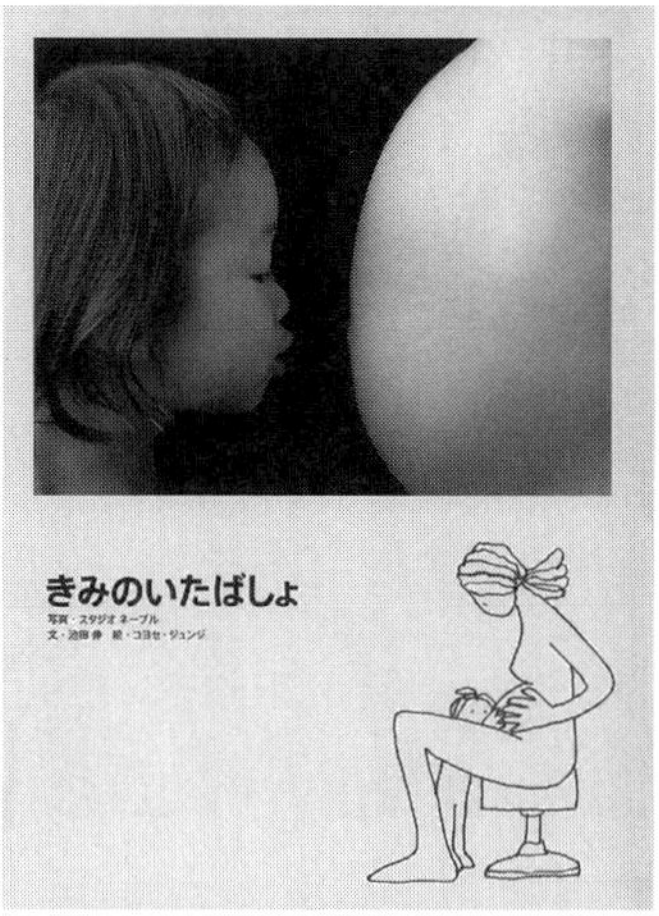

　この絵本を聴いている子どもの写真を見ると、子どもたちのなかには胸を手に当てて真剣に聞いている子もいます。保育者は後日同僚が撮ってくれた写真から子どもの真剣さに気づきました。写真をよく見ると、子どもと一緒にこの絵本を聴いていたお父さんやお母さんも、そっと涙をぬぐっている姿がありました。そして山越先生はこの絵本を読んだ後、保護者に子どもたちの前で、我が

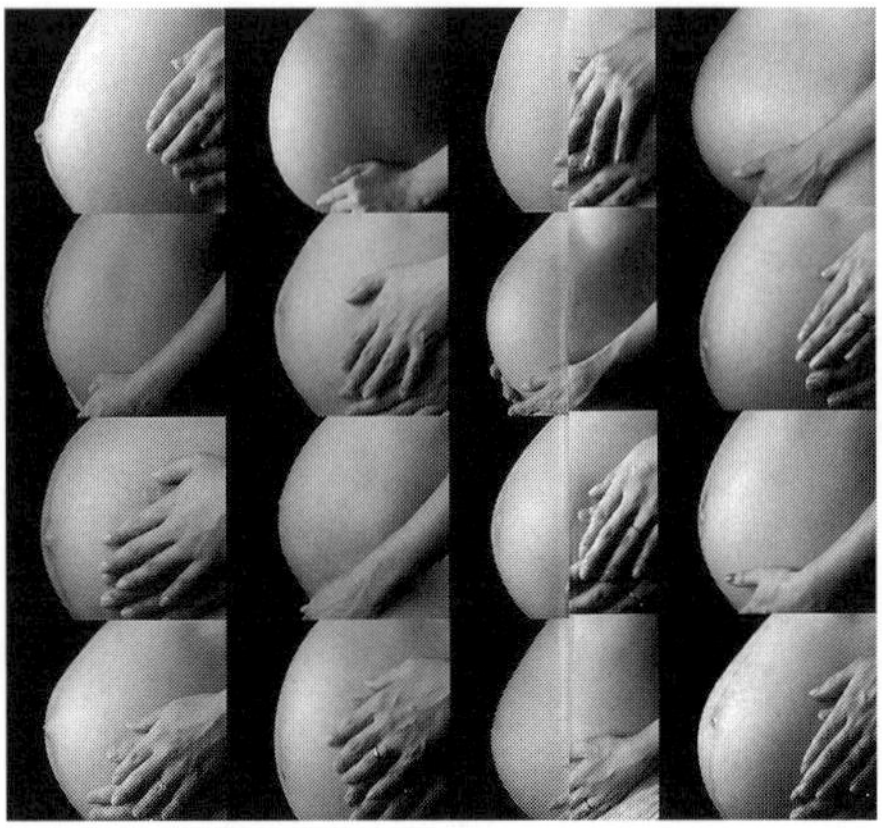

子が生まれたときの話をしてもらいました。「生まれてくるまでどたばたして、とても大変だったけれども、本当にうれしかった。生まれてきてくれてありがとうと思ったよ」「みんなもきっと同じだから、みんなも、命を大切にしてね」と子どもたちに伝えてくれました。

これは、保育者だけではなく、保護者が保育参加し、そして選んだ絵本を分かち合うことによって、子どもも保護者も、自分の育ちの原点に立ち戻ることで、子ども同士の関係、子どもと保護者の関係を改めて問い直し結び直している事例であり、絵本がどの年齢にも力をもつ証左といえるでしょう。

保育者自身、子ども同士のつながり、友達を思う心を育てたい、自分がとても大事にされているんだということにもっと気づいてほしいという願いから、次第に保護者自身も出産に関わる絵本に出会い、子どもたちの前で出産のときの話をすることで、後から子育てにまつわるいろいろなエピソードをたくさん思い出して、感謝と幸せを感じることができましたという感想を寄せてくれるという発見をしています。絵本の伝えるメッセージを子どもは子どもなりに、保護者は保護者なりに受け止めることを通して、保護者自身もまた子育ての楽しさを振り返ることへとつながっています。

これは、命の誕生をめぐるトピックの絵本です。絵本にはさまざまなジャンルやトピックがあります。どのような絵本を選ぶかということに、保護者や保育者の、子どもたちへの願いが込められています。そしてその選書やその絵本をいかに子どものために読んだり共有したりするのかにも、保育者の専門性が表れます。佐藤ほか（二〇〇七）は、保育者の経験年数によって、五年くらいから子どもの姿を思い浮かべながら絵本を選び、一二～一五年頃からは絵本の内容を吟味していること、またさらに経験の長い保育者では、一冊の絵本を読むという活動だけではなく、こういう子どもに育ってほしい、子どもの目線が広がってほしいという長期的な願いのなかで絵本が選択されていることを、三〇名の経験の異なる保育者への調査から明らかにしています。

また、同じ絵本でも子どもへの絵本の読み方や子どもへの目線の配り方も変化してきます。中楯・山内（二〇一六）は、養成校の大学生と熟達した保育者では、「登場人物の動き・感情・状況を読み方の工夫によって表現する」「登場人物の動きを自分の動きでも工夫する」など

注：（社福）あゆのこ保育園の了承を得て掲載。

読み方の工夫とともに、「微笑みながら子どもに視線を向ける」等の子どもへのまなざしも異なるなど、熟達者の一一の読み方の工夫を指摘しています。また実際に絵本読みの熟達者と非熟達者それぞれ一一名に近赤外線分光法を用いて脳血流計測を行い脳活動を調べた水谷ほか（二〇一六）からは、熟達者の読み聞かせでは抑揚の調整や努力性から右前頭前野の活動の亢進から血流増大が生まれていたという指摘がなされています。また奥山ほか（二〇一一）も集団での絵本の読み聞かせをＶＴＲに収め、それを振り返りながらのインタビューを通して、保育者はどこにどのような意図をもってまなざしを向けているかを調べています。そして読み聞かせ当初は、保育者のそばにいる群と離れている群の二つを意識しながらそれぞれにまなざしを向けて読み始め、その後次第に頁をめくりながら子どもの反応を待つ注視を行い、そして後半になると、子どもたちが絵のどこを見ているかにまなざしを向けながら次の活動への懸け橋としての注視を行っているといったことを示しています。このように、その絵本の特徴を考えた選書や、絵本のはじめから終わりまでの子どもとの分かち合いの流れのなかで、状況に応じて熟達者はよりきめこまかやかに工夫をしていくことがわかってきています。教育の意図を計画的に実施している集団での保育の場では、保育者はこうした場に固有のスキルや思考様式を熟達させ、子どもにとってより意味ある経験を保障しようとしているのです。

電子時代の絵本文化

現在は、数多くの新刊絵本が出されている時代です。絵本を保護者や保育者に向けて紹介するウェブサイトも多く準備されてきています。また近年では、ＮＴＴコミュニケーション基礎科学研究所では、発達心理学の知見と自然言語処理の技術に基づいて、子どもの興味や関心に応じて、言葉から選ぶだけではなく、絵をもとにして選べる絵本固有の検索システムを開発し図書館等に導入をするといった試行等を行ってきています（服部ほか、二〇一六）。乳幼児期は一年間でも発達の過程は大きく異なり、また個人によって興味にも幅があります。親や保育者にとって、今後多様な絵本との出会いを保障していくというための一つの手がかりとして、こうした検索サイトの活用なども、電子化時代の絵本の文化形成に寄与をするでしょう。

また絵本そのものも電子書籍としてのデジタル絵本（e-book）が刊行されてきています。それがもつ可能性について、紙絵本であると親が主導で読み聞かせるのに対し、タブレットＰＣの絵本であると、子ども主体の操作が増えることや絵本に接する時間が増え親子の発話数が増える（佐藤・佐藤、二〇一三）などの報告も、少数例での観察調査などの結果から出されています。また enhanced e-book と呼ばれるように、絵本の電子化に伴ってさまざまな機能が埋め込まれ操作が可能となった電子絵本への研究等も進められ（江連ほか、二〇一七）、また電子絵本と通常絵本との比較から文字習得への効用なども議論されるようになってきています（Masataka, 2014）。時代とともに絵本そのものの様式も今後変化していくでしょう。電子絵本等によって操作性が変化していくなかで、絵本を分かち合うという活動がどのように変化するのかを検討していくことが、生まれたときからデジタル社会環境で育つデジタルネイティブの子どもたちの時代の絵本研究として今後求められていくでしょう。

生涯における絵本との出会い

社会文化的な活動としての絵本は、書籍の変化だけではなく、絵本を販売していた書店そのものの店舗数の変化や電子書店の拡大等によってその選択の仕方も大きく変化していくでしょう。また絵本は乳幼児期のためのものというだけではなく、多様な世代が楽しむ「乳幼児から生涯の媒体」へと変化してきています。そうしたなかで、どのようにして絵本を分かち合う場をその年代や状況に応じて構成していくのかが問われています。

こうした絵本をめぐる変化のなかで、絵本に関する専門家がさまざまな場を構成したりその支援をすることが求められてきています。そのために、絵本専門士養成講座という絵本に関するより高次の実践知を育む専門家養成も行われるようになってきています。国立青少年教育振興機構によると「絵本専門士とは、絵本に関する高度な知識、技能及び感性を備えた絵本の専門家です。今日、子供の読書活動を充実させることが喫緊の課題であり、その実現にあたっては、読書に関する専門的知識や実践力を持った指導者を養成し、その指導者が学校、家庭、地域において様々な読書活動を支援することが大切です。特に子供たちにとって絵本は、言語力、感性、文脈理解力、物事の理解力を驚くほど発達させ、豊かな人格形成をもたらすものとして、また、大人になっても新たな世界を発見、体感できるものとして、極めて重要です」（http://www.niye.go.jp/services/plan/ehon/senmon.html）とされています。

二〇一二年一〇月に有識者による絵本に係る専門家の養成に関する検討会を立ち上げ、検討を重ねた結果、子どもたちの健やかな成長を促す絵本の可能性やその活用法を、学校や家庭のみならず地域社会全般に普及させるとともに、実際に絵本の読み聞かせやワークショップをはじめ、子どもたちの読書活動の推進に携わる、絵本の専門家（絵本専門士）を養成する必要があることから、制度が創設され資格認定の講座が始まりました。筆者はその講座カリキュラムガイドライン作成の座長を務めさせていただきました。絵本についてのより高次の知識をもつ人のための講座には、図書館司書だけではなく、保育者や教師、地域ボランティア、保育者養成校の教師等多様な人が含まれています。そしてその人々がいろいろな場でワークショップなどをはじめ、絵本の魅力の普及や活躍を始めています。

絵本の文化を日本の各地に根づかせていく試みは、文庫活動をはじめ多くの人の草の根の広がりのなかで根づいていきました。そして日々の保育や家庭での活動と共に、それをさらに地域で支えるブックスタートや絵本専門士の活動など、心ある人々のいろいろな活動によってさらにその輪を広げていきます。そしてそれを、今後さらに電子化されたさまざまなシステムもまた支援していくことになるでしょう。絵本を介してそのおもしろさや喜びを分かち合いながら人の絆がつながることは、各地域において都市化集中現象で人の環が分断されるなかで、人の育ちにとって大きな意味をもっています。そしてその出発点は、乳児期からの絵本の出会いと分かち合いの経験に始まります。急激に変化する社会や文化のなかでも、赤ちゃんと絵本との出会いや分かち合いの過程を見つめることは、人が学び育つなかで何が必要か、その未来を指し示す基点であり道標になるでしょう。

文献

秋田喜代美（二〇〇七）「子どもの発達に即した読書コミュニティの形成に向けて」『生涯にわたる読書能力の形成に関する総合的研究』（平成一六―一八年度科学研究費基盤研究（B）16330161 研究代表者立田慶裕）一六一－一七二頁。

ベネッセ教育総合研究所（二〇一四）「幼児期から児童期への家庭教育調査（プレスリリース版）」ベネッセ教育総合研究所

Demack, S., & Stevens, A. (2013). *Evaluation of bookstart England: Bookstart corner.* (http://booktrustadmin.artlogic.net/usr/resources/1133/bookstart-corner-final-report-full-version-with-appendices.pdf#search=%27Bookstart+corner%27)

江連さゆり・石川由美子・佐藤鮎美・佐藤朝美・斉藤有（二〇一七）「子供と読みあうEnhanced eBookに関する基礎研究――埋め込まれた仕掛けと操作との関連から」『国際幼児教育学研究』第二四巻、一七－三二頁。

Hart, B., & Risley, T. R. (1995). *Meaningful differences in the everyday experience of young American children.* Baltimore: Brookes.

服部正嗣・小林哲生・藤田早苗・奥村優子・青山一生（二〇一六）「ピタリエ：興味・発達段階にピッタリの絵本を見つけます」『NTT技術ジャーナル』第二八巻、第六号、五四―五九頁。
石川由美子・水谷勉・斉藤有・佐藤鮎美・河野武志・小林久男（二〇一七）「脳血流からみた絵本の読みと熟達化」『国際幼児教育研究』第二四巻、八九―九九頁。
水谷勉・石川由美子・佐藤鮎美・斉藤有・森下俊一・河野武志・小林久男（二〇一六）「絵本の読みの熟達化と前頭前野機能の側性化――近赤外線分光法を用いた検討」『日本教育心理学会第五六回総会論文集』四八四頁。
Masataka, N. (2014). Development of reading ability is facilitated by intensive exposure to a digital children's picture book. *Frontiers in psychology*. 5, 396.
Melhuish, E.（二〇一五）ヨーロッパにおける保育の質と長期縦断研究の動向（東京大学大学院教育学研究科附属発達保育実践政策学センター設立記念シンポジウム資料　http://www.cedep.p.u-tokyo.ac.jp/project_report/symposiumseminar/symposium_20150822/）
中橋茉奈実・山内淳子（二〇一六）「熟達した保育者の絵本の読み聞かせの特徴――保育者志望の学生の読み聞かせとの比較を通して」『山梨学院短期大学研究紀要』第三六号、七四―八七頁。
NPOブックスタート（編著）、佐々木宏子・秋田喜代美（編集協力）（二〇一四）『「ブックスタートがもたらすもの」に関する研究レポート』NPOブックスタート
奥山優佳・松述毅・香宗我部啄（二〇一一）「クラス活動の絵本読み聞かせにおける相互作用の意義――保育者と幼児の視線の変容プロセスの分析より」『東北文教大学・東北文教大学短期大学部紀要』第四号、七三―八二頁。
佐藤朝美・佐藤桃子（二〇一三）「紙絵本との比較によるデジタル絵本の読み聞かせの特徴の分析」『日本教育工学雑誌』第三七巻、四九―五二頁。
佐藤智恵・松井剛太・上村眞生・祝小力・超京玉（二〇〇七）「保育者の絵本選択の理由と経験年数との関連に関する研究」『幼年教育年報』第二九巻、五九―六四頁。

泰羅雅登（たいら　まさと）　第８章
元東京医科歯科大学大学院医歯学総合研究科教授（2017年逝去）。
主著：『カールソン神経科学テキスト――脳と行動（第４版）』（共著）丸善出版，2013年
『読み聞かせは心の脳に届く』（単著）くもん出版，2009年

岩崎衣里子（いわさき　えりこ）　第９章
白百合女子大学生涯発達研究教育センター研究員。

＊宮下孝広（みやした　たかひろ）　第10章
白百合女子大学人間総合学部初等教育学科教授。
主著：『新版　発達心理学への招待――人間発達をひも解く30の扉』（共著）ミネルヴァ書房，2005年

＊秋田喜代美（あきた　きよみ）　終章
学習院大学文学部教授，東京大学名誉教授。
主著：『認定絵本士養成講座テキスト　第２版』（共著）中央法規出版，2024年
『絵本で子育て――子どもの育ちを見つめる心理学』（共著）岩崎書店，2009年

《執筆者紹介》（執筆順，執筆担当，＊は編著者）

＊田島信元（たじま　のぶもと）　はじめに，序章，第１章
白百合女子大学名誉教授。
主著：『新・発達心理学ハンドブック』（共編著）福村出版，2016年
『共同行為としての学習・発達——社会文化的アプローチの視座』（単著）金子書房，2003年

＊佐々木丈夫（ささき　たけお）　第２章
公文教育研究会。

板橋利枝（いたばし　りえ）　第２章
公文教育研究会。

早川史郎（はやかわ　しろう）　第３章
作曲家，日本童謡協会会長，東洋英和女学院大学名誉教授。
主著：『明日へ歌い継ぐ日本の子どもの歌——唱歌童謡140年の歩み』（共著）音楽之友社，2013年
『最新現代こどもの歌1,000曲シリーズ（全六巻）』（単著）エー・ティー・エヌ，1986年（第７回日本童謡賞受賞）
2022年第20回童謡文化賞受賞（東京書籍・日本童謡協会，保育者養成における童謡文化の普及・発展に尽した功績）

黒石純子（くろいし　すみこ）　第４章
ピジョン株式会社中央研究所エキスパート。

春日　文（かすが　あや）　第５章
大妻女子大学人間関係学部人間関係学科社会・臨床心理学専攻専任講師。

牛山　剛（うしやま　たけし）　第６章
音楽プロデューサー。
主著：『夏がくれば思い出す——評伝　中田喜直』（単著）新潮社，2009年
『ユダヤ人音楽家——その受難と栄光』（単著）ミルトス，1991年

藤本朝巳（ふじもと　ともみ）　第７章
フェリス女学院大学文学部教授。
主著：『子どもと絵本——絵本のしくみと楽しみ方』（単著）人文書院，2015年
『絵を読み解く絵本入門』（共著）ミネルヴァ書房，2018年

歌と絵本が育む子どもの豊かな心
——歌いかけ・読み聞かせ子育てのすすめ——

2018年 4 月30日　初版第 1 刷発行　〈検印省略〉
2024年 4 月20日　初版第 2 刷発行

定価はカバーに
表示しています

編著者　田島信元
　　　　佐々木丈夫
　　　　宮下孝広
　　　　秋田喜代美
発行者　杉田啓三
印刷者　江戸孝典

発行所　株式会社　ミネルヴァ書房
607-8494 京都市山科区日ノ岡堤谷町 1
電話代表（075）581-5191
振替口座 01020-0-8076

共同印刷工業・新生製本

ISBN978-4-623-07015-2
Printed in Japan